항일무장투쟁의 별

대한군정서 총재 서 일

항일무장투쟁의 별

대한군정서 총재 서 일

정길영 지음

경인문화사

발 간 사

백포 서일 대한군정서(북로군정서) 총재를 알게 된 것은 2009년 12월 13일 「백포 서일의 사상과 독립운동」이라는 학술좌담회에서였다. 처음 듣는 이름이라 생소하였지만 발표와 토론을 통해 예사로운 인물이 아님을 알 수 있었으며 그때부터 서일에 대한 공부를 시작하게 되었다.

서일은 교육자이며 애국계몽운동가요, 종교지도자이며 철학자요, 군사전략가이며 항일무장투쟁의 중심이라고 표현할 수 있는 위인이었다. 그런데 이상하게도 독립운동사에서 그의 공적은 묻혀있어서 일반인들은 이름조차 모르고 있는 실정이다.

그 원인을 나름대로 생각해보면 그의 출생지가 함경북도 경원으로 북한에 위치해 있고, 광복 후에 그의 후손들은 중국에 거주하고 있었으며, 뒤늦게 후손들이 한국으로 돌아왔지만 그들은 할아버지의 위대한 업적을 밝힐 여력도 없어 아직도 서일 총재는 무후선열로 전쟁기념관 호국추모실에 모셔져 있다. 무엇보다 중요한 원인은 연구자들이 서일에 대한 관심이 없고 연구를 하지 않았기 때문이며, 오히려 서일 총재의 수하 장령이었던 김좌진, 홍범도, 이범석 등의 업적만을 집중적으로 연구한 결과 항일무장투쟁사의 중심이었던 서일 총재의 업적은 가려지게 되었음을 알 수 있다.

서일은 청소년시절 애국심이 강하고 국경문제 전문가인 학음 김노규 선생과 함경도지역에서 근대적인 애국계몽운동가이며 경성에 함일학교를 세운 신포 이운협 선생으로부터 역사의식과 민족의식을 통한 애국심과 학문적 소양을 갖추게 되었고, 대종교 중광교조 홍암 나철과의 만남으로 크게 감화를 받아 대종교 포교를 통한 항일무장 투쟁의 거점을 마련하면서 삼일철학을 사상적으로 체계화 하였다.

그는 일찍이 교육 계몽운동을 통한 민족의식 고취와 단군민족정신을 항일무장투쟁의 원동력으로 삼고, 일본으로부터 국권을 회복하고 이 땅에서 일본을 몰아낼 수 있는 길은 전쟁밖에 없다는 굳은 신념으로 10년 동안에 걸쳐 강력한 군대를 조직하고 키워왔으며, 1920년의 한·일전을 주도하였다.

서일이 주도한 간도 한·일전의 승리는 조국광복을 위한 대일무력투쟁 지도자들에게 많은 용기를 주고 자력으로 독립을 쟁취할 수 있다는 희망과 가능성을 열어준 쾌거였으며, 서일을 중심으로 준비한 대일항쟁의 첫 결과였다. 그는 객관적인 시각으로 볼 때 거의 불가능한 상황에서 병력양성, 군자금 모집, 무기 확보 등을 성공적으로 준비하여 당시 세계 최강 일본군과 싸우게 된 것이다. 그런데 지금까지의 연구는 이에 대한 과정은 무시하고 단순하게 청산리전투만을 가지고 간도전역(間島戰役)을 포장하고 있어 대일항쟁사를 바로 아는 데는 많은 어려움이 있었다.

특히 서일은 짧은 일생을 살면서 오로지 조국의 국권회복을 위해 자신의 목숨을 바쳐 살신성인한 인물이었음은 대한민국임시정부의 기관지인 『독립신문』의 기사를 보아도 알 수 있으며, 그의 애국 애족하는 숭고한 정신은 마땅히 오늘에 되살려야 할 것이다.

　　"오호(嗚呼) 통재(痛哉)라 선생의 서(逝)하심이여. 수(誰)를 위하야

vi

금일의 일거(一擧)가 유(有)하엿으며 수(誰)를 위하야 금일의 일사(一
死)가 유(有)하엿는가. 선생의 일거(一擧)는 과연 이천만 동포의 자유
존영(自由尊榮)을 위하엿스며 선생의 일사(一死)는 또한 13의사와 수
백 양민의 무고 피해함을 위함이시니, 일거(一擧)도 국(國)을 위하여섯
고 일사(一死)도 동포를 위함은 곳 선생의 고의(高義)가 기명(己命)을
기(己)의 명(命)으로 자인치 아니하고 오직 동포의 생명으로 곳 기(己)
의 명(命)을 삼으시며 동포의 사생으로 곳 기(己)의 사생을 정하여슴으
로 그의 생도 중(衆)을 종(從)하여 생(生)하여섯고 그의 사도 또한 중
(衆)을 종(從)하여 사(死)하섯도다. (중략) 우리들에게는 만리장성이 문
허졋스며 대하동량(大廈棟梁)이 꺽거짐 갓도다.1)

　이렇듯 서일과 같은 위인에 대한 글을 감히 공부가 일천한 사람이 쓴
다는 것은 외람되지만 간략하게나마 그동안 청산리전투로 알려진 간도
전역에 대한 분석을 통하여 묻혀진 서일의 공적을 재조명하는 작은 계
기로 삼고자 하는 것이며, 많은 연구자들의 관심과 조언을 바란다.
　이 책을 내기까지 많은 조언과 도움을 주신 인하대학교 복기대 교
수님과 편집에 도움을 주신 박지영 교수님, 자료수집에 도움을 주신
국학연구소 김동환 교수님, 그리고 어려운 여건에도 흔쾌히 책을 발
간해주신 경인문화사 한정희 사장님, 편집에 많은 수고를 하신 한명진
과장님께 감사를 드린다.
　올해는 3·1항쟁 100주년이자 서일이 본격적인 항일무력투쟁을 위
해 군대를 정비하여 대한군정서로 개편한 100주년이 되는 뜻깊은 해
이다. 조국의 광복을 위해 살신성인한 백포 서일 총재의 본 모습과
숭고한 정신이 되살아나기를 기대해 본다.

1) 「고 서일 선생을 조(弔)함」, 『독립신문』, 1921.12.6(1면).

추천의 글

서일장군은 외롭지 않습니다.

1990년대 초반 필자는 중국 심양 요녕대학교에 유학을 하였다. 아마 '93년 쯤으로 기억이 되는데 연변에 산다는 어느 어르신이 나를 찾아 왔다. 당시 심양시 북행시장에 동해라는 식당에서 만나 한국에 대한 이런저런 얘기를 하면서 당시 한 곡에 5원이라는 큰돈을 내고 노래도 몇 곡 불렀다.

그러면서 흥이 익어갈 무렵 그 어르신이 불쑥 '서일을 아십네까?', 하고 몇 번을 물었다. 언뜻 기억이 나지 않아 잘 모르겠다는 대답을 하고, 그분이 누구냐고 되물었다. 그 어르신이 답하기를 그는 조선인의 영웅이라고 극찬을 하면서 서일을 연구해야 한다는 말을 여러 차례 강조하였다. 그때 알겠노라고 건성건성 대답을 하면서 몇 푼 안 되는 차비를 손에 쥐어드리고 헤어졌다. 학교로 돌아오면서 서일이 누구인가 하고 곰곰이 기억을 되살려 보았다. 국사책에 대종교 지도자였다는 기억이 어슴푸레 떠올랐다. 그리고는 세월이 흘렀다.

한국에 돌아와서 활동을 하던 중 MBC에 근무하던 박정근 PD와 1주일 남짓 중국 답사를 하게 되었는데, 그 때 역사에 관한 많은 얘기를 나누는 과정에서 서일장군에 대한 얘기도 나누게 되었다. 박PD님이 서일에 대한 얘기를 하는데 매우 숙연한 모습을 보이면서 진지하게 얘기를 하는 것을 보고 내 마음을 흔들어 놓았다. 한국에 돌아 와 틈틈이 서일에 대한 공부를 하였다. 참 가슴이 찡하는 사연들이 곳곳에 배여 있었다.

천안에 있는 대학원대학에 근무를 하면서 간혹 학생들에게 서일에 대한 강의를 하였는데 그 영향이었는지 정길영이라는 이순(耳順)을 넘긴 학생이 서일연구를 하겠노라 하기에 그러라고 하면서 도울 것이 있으면 조금씩 도왔다.

지도를 하면서 조금 있으면 지치지 않을까? 하는 걱정과, 지쳐서 못하면 어쩌지 하는 조바심 속에서 나이 든 학생이 학교 오는 날이면 언제 오시나? 혹시 오늘은 지쳐서 못 오시는 게 아닌가 걱정을 하면서 문밖을 몇 번이나 나가보곤 하기도 했었다. 그렇게 논문의 한쪽 한쪽은 이어져 나갔고, 지도교수로써 그 논문에 기록된 서일장군의 행적을 보면서 몇 번을 울었다. 그렇게 논문은 완성이 되었다.

논문이 통과되고 이 논문을 그냥 두면 안 되겠다고 생각하여 출판을 하기로 마음을 먹었다. 그로부터 몇 년이 흐르는 동안 정길영박사님, 김동환교수님과 현장도 같이 답사하면서 어딘가 있을 것 같은 서일의 흔적을 찾아 다녔다. 많은 답사를 다녔지만 서일장군의 흔적을 찾아다니는 답사는 어디를 가나 가슴이 아팠다.

눈이 한 자는 쌓인 태평촌으로, 덕원리로, 용정으로, 그의 흔적을 찾았는데, 해란강이 아련하게 내려다보이는 둔덕에 나철, 김교헌, 서일의 무덤들이 있었다. 그 무덤에서 해란강을 바라보면서 많은 생각을 했다.

어려서부터 즐겨 부르던 '선구자'라는 노래로 잘 알려진 '용정의 노래'를 생각해봤다.

　　일송정 푸른 솔은 늙어늙어 갔어도, 한 줄기 해란강은 천년 두고 흐른다, 지난날 강가에서 말 달리던 선구자, 지금은 어느 곳에 거친 꿈이 깊었나
　　용두레 우물가에 밤새 소리 들-릴 때, 뜻깊은 용문교에 달빛 고이 비친다, 이역하늘 바라보며 활을 쏘던 선구자, 지금은 어느 곳에 거친 꿈이 깊었나
　　용주사 저녁종이 비암산에 울릴 때, 사나이 굳은 마음 길이 새겨 두었네, 조국을 찾겠노라 맹세하던 선구자, 지금은 어느 곳에 거친 꿈이 깊었나.

　용정의 노래 3절까지 가사이다. 다시 한 번 '일송정 푸른 솔은 늙어늙어 갔어도 한줄기 해란강은 천년 두고 흐른다. 지난날 강가에서 말달리던 선구자~~' 노래 가사를 곱씹어 보니 일송정이 주제가 아니었다. 이 노래는 천년동안도 변치 않는 해란강과 그 해란강 유역을 돌아다니던 그 누군가의 노래였다.
　혼자서 생각했다. '용정의 노래'에서 나오는 말 타고 해란강가를 달리던 사람은 바로 서일이었구나! 하는 생각이 들었다. 그래 서일장군이 간도회전을 준비하면서 해란강을 따라 병사를 배치하였고 비암산에 올라 대한군정서의 모든 군을 지휘하여 일본군과 싸운 간도회전에서 불멸의 대승을 거둔 것이다. 그의 승리는 나라를 잃고 방황하던 많은 대한민국 사람들에게 용기를 대일항쟁에서 이길 수 있다는 희망을 갖게 하였다.
　그런 많은 사람들의 용기와 희망은 자유시 참변을 맞으면서 용기

와 희망은 마음속으로만 간직해야 하는 처절한 상황에 처하게 되었고, 이 마음속의 다짐을 다시 한 번 솟구쳐야 할 용솟음은 서일의 조천으로 다시 마음속에 자리 잡아야 했다. 그렇게 서일을 보낸, 김좌진, 이범석 그리고 유민 아닌 유민이 되어버린 간도의 대한민국 사람들은 그 옛날 해란강물로 목을 축이며 대한군정서군을 이끌던 서일을 생각하게 되었으리라!

그런 이어짐은 신중국의 정책에 따라 대놓고 조선민족의 영웅을 말하지는 못했지만 대한민국의 후손들인 조선족들에게는 암암리에 이어져 내려오고 있었다. 그렇기에 나를 찾아왔던 그 어르신까지 이어져 오고 있었던 것이었다.

정길영박사님의 논문통과 후 정문헌의원의 도움으로 국회에서 서일장군관련 학술회의도 열었고, 서일연구단체도 만들어졌다. 그렇지만 서일에 대한 일반인들의 관심은 크지 않았다. 그저 대종교의 한 지도자로 이해하면서 그저 그런 대일항쟁을 하던 사람이었구나 하는 생각들이 대부분이었다. 그도 그럴 것이 서일에 대한 연구 성과들도 많지 않고, 후손들이 국내에 없었기 때문에 당연히 그랬던 것이다.

이런 현실에서 정길영박사님이 서일장군을 연구하여 한권의 책으로 엮었다. 참으로 다행한 일이다. 그냥 잊혀 질 뻔 하던 서일장군을 잊지 않게 하였고, 나의 생각이지만 용정의 노래의 주인공이 서일이었다는 것을 알게 해주었다.

이순을 넘어 서일을 연구하고, 칠순이 되어 서일을 세상에 알린 정길영박사님께 내 모든 것을 담아 고마움을 전해드린다.

차 례

표 차례

그림 차례

서일 아들 서윤제
(1908.2.7~1969.3.30)

서일 부인 채희연
(1875.1.10~1938)

서일 장손부 문매화

서일 장손 서경섭 가족

왼쪽부터 서일 증손자 서희우, 서일 둘째손자 서만섭, 서일 고손자 서영성
(전쟁기념관 호국추모실)

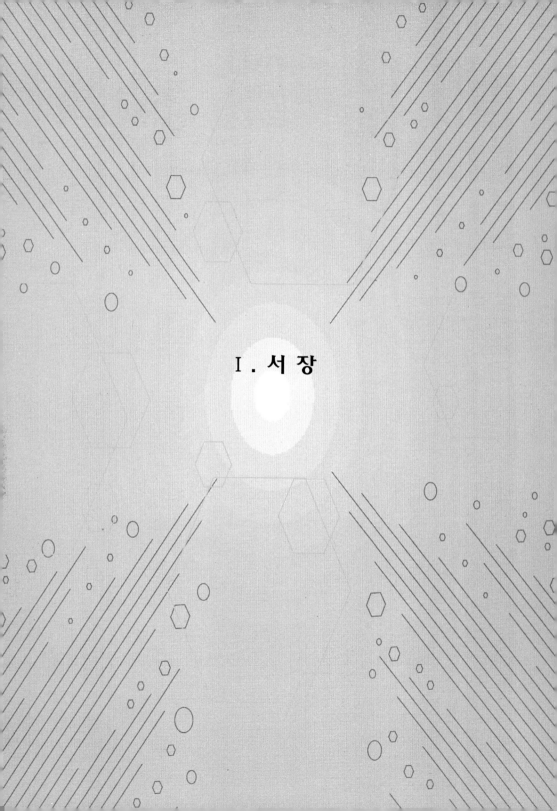

I. 서 장

1. 대일항쟁사 연구와 서일

　1860년대 후반, 조선은 국내외적으로 매우 어려운 상황에 직면해 있었다. 당시 조선의 지식인들은 약육강식의 국제질서 하에서 어떻게 하면 난국을 타개해 나갈 수 있을지 큰 고민에 빠져 있었다. 이런 상황에서 전통 사상을 바탕으로 외세의 침략에 항거하고 국권을 지키기 위한 민중운동이 거세게 일어났다. 바로 동학의거이다. 동학교도들은 사람의 도리가 무엇보다도 중요함을 주장하며 사람의 도리에 어긋난 관리들을 규탄하고 무분별한 외세 의존 세력에 강력히 저항하였다. 이들의 의거는 외부 세력인 일본과 청나라의 개입으로 실패하였지만 그들의 정신만은 더더욱 불타올랐으며, 동학은 민족의 운명을 짊어지고 스스로 민족운동의 가시밭길을 선택하여 그 정신이 3·1항쟁과 대일항쟁기1)의 신문화운동으로 이어졌다.2)

---

1) '대일항쟁기'라는 용어는 복기대가 「'일제강점기'라니, '대일항쟁기'다」(『주간동아』 583호, 2007. 5.1)에서 공시적으로 처음 주장했다. 이후 국회에서 일본 식민 지배를 정당화하는 '일제 강점기' 등 유사 표현의 수정을 촉구하는 결의안이 정문헌 의원 외 58인 발의(의안번호 6611)로 제출 되었으며 2007년 9월 20일 제269회 국회 제3차 회의에서 통과되었다(재석의원 167인 중 찬성 155인(92.8%), 기권 12인). 현재 대한민국 공식 문건에는 '대일항쟁기'라는 용어를 사용하고 있다. 이 책에서도 한민족 광복운동사에서 혼용되고 있는 '일본 식민시대', '일제강점기', '독립운동' 등의 용어는 일본의 식민 지배를 정당화하고 한민족의 자주성을 훼손한다고 보고 '대일항쟁기', '광복운동' 등으로 대체하고자 한다.

1905년과 1910년, 두 번에 걸친 대한제국과 일본 간의 조약을 통해 대한제국은 황실을 보존하는 대신 일본에게 자국의 권한을 대부분 이양하고 말았다. 그러자 국민들은 일본과 대한제국의 행태에 격렬히 저항하는 한편 대한제국 이후의 정체(政體)에 대해서도 고민하게 되었다. 국내에서 일본과의 항전을 지속한 동학의 직계들은 이러한 고민 과정에서 3대 교주 손병희(孫秉熙)와 4대 교주 박인호(朴寅浩)를 중심으로 연성회를 조직하고 본격적인 대일항전에 돌입하였으며 3·1항쟁을 주도하게 된다.

한편 단군 신앙을 다시 일으킨 대종교(大倧敎) 교도들은 국내보다는 국외로 망명하여 일본에 대항하는 전투를 벌였다. 해외로 망명한 세력들은 간도, 연해주, 중국 상해를 중심으로 조직적으로 일본에 대한 항쟁을 전개하였다. 이러한 각각의 항쟁은 3·1항쟁이 실패로 돌아간 후, 광복을 위한 새로운 방법을 논의하는 과정에서 중국 상해의 프랑스 조계지에 대한민국 임시정부를 수립하게 되었다. 이때 대한민국 임시정부의 주요 지도부는 대종교 지도자들이 주축을 이루었다. 대한민국 임시정부에 대종교 교도들이 많았던 것은 한국의 역사와 고유사상을 지키고 외세의 침략을 막기 위해서는 외래 사상에 의존해서는 안 된다는 교훈이 바탕에 있었다.

대한민국 임시정부 수립 초기에 지대한 영향력을 행사한 대종교 교도들을 이끈 여러 거목 중 단연 찬란히 빛난 별이 백포(白圃) 서일(徐一, 1881~1921)이다. 서일은 개방적 사고와 뛰어난 포용력을 갖춘 지도자로서, 조국과 민족을 구하고자 하는 뜻을 이루기 위한 불굴의

---

2) 박성수, 『한국독립운동사론』, 한국정신문화연구원, 1996, 157쪽.

의지와 고난을 극복해 나갈 수 있는 능력을 두루 갖춘 사람이었다. 그는 전통적인 유림가문에서 성장하였지만 당시 척사론을 주장하는 유림과는 달리 민족종교를 수용하였고, 민족운동에 큰 도움이 된다고 판단했기에 많은 세력들과 친교를 맺었다. 따라서 서일은 비록 임시정부와 지리적으로 먼 거리인 동북 지역에서 활동했지만 그의 지도력은 대일항쟁을 벌이던 모든 이들에게 미쳤다. 서일이 당시 광복운동에 끼친 가장 중요한 역할은 자신을 믿고 따르는 제자들에게 민족에 대한 믿음을 주고 쇠잔해 가는 한민족의 민족주의 운동에 새로운 봉화를 지펴주었다는 것이다.[3] 그는 종교 지도자로 시작하여 민족의 참지도자로 거듭나서 대일항쟁의 중요한 정신적 기반이 되었던 것이다.

다시 말해서 서일은 민족정신을 되살리는 계몽운동가이자 저명한 교육자였으며, 대종교 교리를 천명한 종교지도자이자 사상가였고, 동시에 조국광복을 위해 항일무장투쟁을 선도한 군사 지도자이면서 전략가였다. 그렇다면 대일항쟁사를 연구하고 이해하고자 할 때 가장 먼저 분석해 보고 가늠해 봐야 할 것은 백포 서일의 사상과 항일무장투쟁의 활약상 등에 대한 것이라고 볼 수 있다. 하지만 현재 한국의 사상사나 대종교, 그리고 대일항쟁사를 볼 때 서일의 생애 전체에 대한 구체적인 연구는 어디에서도 찾아보기 힘들다. 따라서 서일은 항일 무장투쟁을 선도한 광복군 지도자로서도, 단군신앙을 계승한 민족의 정신적 지도자로서도 제대로 된 평가를 받지 못하고 있

---

3) 서굉일, 「서일의 생애와 민족운동에 관한 자료검토」, 『선도문화』 제8권, 국학연구원, 2010, 274쪽.

는 실정이다. 이는 서일 개인의 평가에 대한 문제가 아니라 대일항
쟁사의 핵심 부분에 대한 연구가 누락된 것으로도 볼 수 있다.

서일은 일본과의 전쟁만이 광복을 쟁취할 수 있는 유일한 방법으
로 보고 10년 동안에 걸쳐 국외 항일 무장단체 중 가장 강력한 무력
부대를 만들고 키워서 '간도회전(墾島會戰)'[4]을 이끌어낸 인물이다.
따라서 항일무장투쟁 분야의 연구에서 대한군정서(별칭: 북로군정
서)나 간도회전과 관련하여 서일이 언급되기는 하지만, 항일 무장단
체의 수장 정도로만 소개될 뿐 그의 업적에 대한 종합적 평가는 이
루어지지 않았다. 또 전투의 결과에만 집중하여 과대평가나 자의적
인 해석이 난무하는 점도 없지 않다. 이는 전투를 수행하는 데 있어
서 빼놓을 수 없는 준비 과정에 대한 고찰을 간과한 결과이다.[5] 즉

---

4) 일명 청산리대첩이다. 이 명칭은 '청산리전투', '청산리전쟁', '청산리전역'
   등 여러 가지로 표현되는데, 허중권은 청산리대첩은 여러 개의 전투(battle)
   로 이루어진 하나의 전역(戰役, campaign)으로 보는 것이 적절하다고 했다.
   전역은 "주어진 공간 및 시간 내에 공동 목표를 달성하도록 지향된 일련의
   관련된 군사작전"(『미 육군 지휘참모대학 교재』, 1979)이며, 전투는 "작전
   을 성공적으로 이루기 위한 행동의 한 수단으로써 적을 섬멸하여 승리를
   획득하기 위한 직접적인 행동"(육군본부, 『육군 군사술어사전』, 1988)으로
   정의된다. 허중권, 「한국 고대 전쟁사 연구방법론」, 『軍史』 제42호, 2001.4,
   230/239쪽 참조.
   필자도 청산리전쟁이라 하기에는 규모가 너무 작기 때문에 전역이 적절하
   다고 생각하지만, 이 책에서는 보다 이해하기 쉬운 '회전(會戰)'을 선택하
   여 '간도회전'으로 표기하고자 한다. 전투가 벌어진 지역이 청산리에 국한
   된 것만이 아니라는 점도 고려한 것이다.
5) 전쟁은 당사국간의 무력충돌 행위 자체를 의미하는데 비하여 군사(軍事)는
   전쟁을 핵심요소로 하되 평시의 전쟁 준비 상태까지를 포함하기 때문에 군
   사의 범위에는 전쟁 외에 군사제도, 군사사상, 교육훈련 등이 포함된다. 허

간도회전을 중심으로 한 항일무장투쟁을 제대로 이해하기 위해서는
서일의 생애나 사상적 배경에 대한 검토가 필수적인 것이다. 서일이
수많은 대일항쟁군을 통솔한 지혜와 용기의 바탕은 무엇이며, 종교
적 수행과 연구 속에서도 무장투쟁을 함께 할 수 있었던 수전병행
(修戰竝行)의 삶의 토대는 무엇인가 하는 등의 문제에 대한 해답은
그의 사상에 대한 이해 없이는 불가능하다.6) 그럼에도 불구하고 그
의 삶의 근본이 되는 사상과 정신세계에 대한 연구는 현재까지 극히
미미한 상황이다.

　따라서 이 책은 서일의 생애를 고찰함에 있어 그의 사상의 형성
과정을 추적하고 그의 가치관이 독립운동에 어떻게 작용하였으며
항일 무장투쟁을 어떻게 전개해 나갔는지 살펴보고자 하는 것이다.
먼저 성장기의 학습 과정과 대종교 교리에 대한 이해, 구국활동과
대종교의 종교사상을 통한 민족운동이 무력 항쟁으로 전환되는 계
기, 항일 단체 운영에 있어서 대종교의 역할을 차례로 고찰할 것이
다. 나아가 서일의 생애에서 가장 중요한 대일항쟁 활동에 대해서는
무장단체 육성과 간도회전을 군사사(軍事史)적인 측면에서 분석하여
광복군 지도자로서 서일의 실체를 밝혀보고자 한다.

　서일은 광복운동의 유일한 동력을 군대라고 보았기 때문에 무장
부대의 건립을 위해서 남달리 끈질긴 노력을 경주하였다. 그런 무장
부대가 '자유시 참변'과 '당벽진 토비습격사건' 등 거듭되는 불행을
겪으며 대일항쟁군이 와해되어가는 상황 속에서 '조천(朝天)'이라는

─────────

중권, 위의 글, 230쪽 참조.
6) 김동환, 「백포 서일의 삶과 사상」, 『올소리』 제6호, 북캠프(한뿌리), 2008,
　93쪽.

형식을 빌려 구국 일념의 삶을 마친 것으로 알려져 있다.[7] 따라서 그의 죽음의 의미는 무엇이었는가를 분석해보고 서일이 모든 것을 바쳐 추구했던 바가 오늘날 우리에게 주는 시사점은 무엇인지를 알 아보고자 한다. 이는 곧 한국 근대사의 첫 장을 이해하는 중요한 과 정이 될 것으로 생각한다.

2. 서일에 대한 기록과 연구사

1) 당대 기록 속의 서일

서일은 한국 근대사에서 매우 중요한 인물임에도 불구하고 전하 는 기록들이 많지 않다. 그 이유는 일찍 세상을 떴기 때문이기도 하 지만 서일이 죽은 후에도 계속된 고난의 대일항쟁과 일본의 집요한 색출작업으로 인해 그에 관한 자료를 보존하기 어려웠기 때문이다.

서일 관련 기록은 우선 대일항쟁기의 역사를 정리한 자료 속에서 찾을 수 있다. 한국 광복운동사의 고전이라 할 수 있는 박은식(朴殷植)[8]의 『한국독립운동지혈사(韓國獨立運動之血史)』와 대한민국 공

---

7) 서일은 자살한 것으로 알려져 있으며 대종교에서는 그의 죽음을 '조천'이라 하여 최고의 경지에 오른 영생의 과정으로 표현한다.

8) 박은식(朴殷植, 1859~1925)에 대해서는 독립운동가이자 사학자로 인식하는 것이 일반적이다. 그러나 그는 1924년 6월 임시정부 의정원이 '이승만 대통령 유고 안'을 통과시킨 다음 임시정부 국무총리 겸 대통령 대리로 추대되어 당시 위기에 빠진 대한민국임시정부를 안정시킨 인물이다. 1925년 3월

보처 발행 채근식(蔡根植)의 『무장독립운동비사』, 애국동지원호회에서 출간한 『한국독립운동사』가 대표적이다. 이 외에 서일에 대해 가장 많은 기록을 전해주는 것으로 대종교 총본사의 『대종교 중광육십년사』를 들 수 있다. 이 책들은 『한국독립운동지혈사』를 제외하면 모두 훗날 출간된 것이지만 당대의 기록을 정리한 것으로 다수의 1차 자료를 제시해 주는 것이다.

당대의 기록으로서 서일에 관한 최초의 자료는 『매일신보』 1911년 7월 19일자에 "서일이 북간도에서 독립운동단체인 중광단(重光團)을 조직하고 군사운동을 일으켰다." 라고 한 기사이다. 이 기사를 통해 서일은 개인이 아닌 공인으로 처음 모습을 드러냈다. 중광단을 조직하여 항일 무장투쟁을 시작한 것이다.

[그림 1] 대한군정서 총재 백포 서일

21일 임시정부 분쟁의 원인이었던 위임통치청원과 구미위원부 자금의 자의적 사용, 한인사회 파쟁(派爭) 선동 등의 책임을 물어 임시대통령 이승만의 탄핵안이 통과되었다. 이어 3월 23일 박은식이 임시대통령으로 선출되고, 24일 의정원에서 제2대 대통령으로 취임했다. 3월 30일에는 대통령제를 폐지하고 국무령제(國務領制)를 신설하여 국무령을 중심으로 하는 내각책임제로 바꾼 헌법개정안을 의정원에 제출했고, 개정된 신헌법 하에서 7월 이상룡(李相龍)을 국무령으로 추천해 선출하게 한 다음 대통령직을 사임했다. 이렇게 볼 때 사실상 대한민국 임시정부가 자주적인 대일항쟁을 할 수 있는 제도를 만든 것은 박은식이었다. 그러므로 박은식은 당연히 대한민국 2대 대통령으로 인식되어야 한다.

이후 초기 기록으로 비교적 잘 정리된 것이 박은식의 저작이다. 박은식의 『한국독립운동지혈사』는 당시 상해 임시정부에서 편찬한 『한일관계사 자료집』과 대한민국임시정부 기관지인 『독립신문』 등 광범위한 자료들을 활용하여 저술한 독립운동에 관한 1차 자료집이라 할 수 있다. 『한국독립운동지혈사』에는 서일과 관련해서 1920년 4월 일본 신문에 게재된 총독부 경무국 발표를 인용하여 길림(吉林) 지방에서 한국 독립군 수령 홍범도(洪範圖, 1968~1943), 서일, 최명록(崔明祿, 1883~1941) 등 항일 무장투쟁 지도자들이 8회에 걸쳐 온성(穩城), 무산(茂山) 등지의 국내 진공작전을 결행한 것이 기술되어 있다.[9]

1920년 4월 대한군정서 총재 서일이 임시정부에 보고한 내용이 수록되어 있는데 그 일부를 인용하면 다음과 같다.

> 1911년부터 중광단을 조직하고 광복을 도모하기 위하여 동지를 규합하고 정신적 교육에 노력하였다. 지난해 3월의 독립선언 이후 정의단(正義團)으로 개칭하고 강령을 반포하였으며, 단원을 증원 모집하고 신문을 발행하여 국민의 독립사상을 격려하였다. 8월에 드디어 군대를 편성하여 무기를 구입하고 사관을 배양하였다. 12월에는 군정서(軍政署)로 개칭하여 군사기관이 되었다. 지방 각처에 경신분국(警信分局)을 두고 기타 설비도 균형 있게 모두 착수하였다. 그리하여 원근의 백성들이 하나같이 혈전을 결행할 생각을 가지고 있다.[10]

이를 통해 서일이 대한군정서가 결성되기까지 10년간 항일 무장투쟁을 위해 준비한 과정과 관할 지역 내의 모든 백성들의 임전 태세

---

9) 박은식, 『韓國獨立運動之血史』, 上海 維新社, 1920, 130쪽.
10) 위의 책, 130쪽.

를 알 수 있다. 박은식은 대한민국임시정부 대통령을 역임하였기 때문에 서일의 보고 내용을 정확하게 알 수 있었을 것이다. 다만 그의 저작에서 볼 수 있는 서일 관련 기록은 순수하게 국가적인 문제와 관련된 공적인 자료에 한정되어 있다.

[그림 2] 중광단을 조직한 왕청현 덕원리

그 외 종교 활동과 관련된 기록은 대종교에서 편찬된 자료에 비교적 상세하게 남아 있다. 『대종교 중광육십년사』에 의하면 서일은 10세에 향리에서 한학을 수학하고 1902년 함일사범학교(咸一師範學校)를 졸업한 뒤 10년간 본적지에서 계몽운동과 교육 사업에 전념하다가 1912년 도만(渡滿)하여 동만주 왕청현(汪淸縣)에서 명동학교(明東學校)를 세워 육영사업을 자임하였다.[11] '중광단(重光團)'이라는 항일 투쟁군단을 조직하여 청년동지들의 정신교육과 군사훈련에 힘쓴 것에 대해서는 다음과 같이 기록되어 있다.

> 북로군정서(北路軍政署)의 전신인 중광단은 군단 조직 후 무기의
> 불비로 군사활동을 본격적으로 하지 못하고 청년동지에 대한 정신교육
> 과 계몽운동에 주로 힘쓰고 있다가…[12]

> 서일 종사는 지용(智勇)을 겸비한 당대의 명철(明哲)로서 삼진귀일
> (三眞歸一)의 종도(倧道) 연구를 중단하고 1911년에 월강(越江) 입만
> (入滿)한 의병들을 규합하여 중광단을 조직하고 단장에 취임하였다.[13]

이 기록에서 보면 서일은 중광단 조직 이전에 이미 대종교에 입문
하여 종리(倧理)를 연구하고 있었던 것으로 추측할 수 있다.[14]

3·1항쟁 후에는 적극적 군사 행동을 취하기 위해 동북 만주에 흩
어져 있는 대종교도를 중심으로 '정의단'을 조직하여 신문을 발간하
는 등 독립사상 고취에 심혈을 경주하며 활발한 운동을 전개하였
다.[15] 그 주변에 모인 인물들과 대일항쟁을 위한 무장 단체 건립과
정 또한 상세히 전하고 있는데 요약하면 다음과 같다.

> 서일은 적극적 군사 행동을 취하기 위하여 대종교도를 중심으로 정
> 의단을 조직하였는데, 같은 해 8월 7일 김좌진(金佐鎭, 1889~1930) 장

---

11) 대종교총본사,『대종교 중광육십년사』, 1971, 390쪽.
12) 위의 책, 301쪽.
13) 위의 책, 369쪽.
14) 대종교의 입교 시기와 중광단의 조직 시기에 대해서는 각 기록들 사이에
    차이가 있다. 다음 장에서 상세히 살펴볼 것이다.
15)『대종교 중광육십년사』, 앞의 책, 301쪽.

군을 맞이하여 정의단의 개편과 아울러 임전태세의 군정부를 편성하였다. 역시 같은 해인 무오년 12월에 교중 동지(教中同志) 현천묵(玄天默, 1862~?), 조성환(曹成煥, 1875~1948), 이장녕(李章寧, 1881~1932), 이범석(李範奭, 1900~1972), 김규식(金奎植, 1880~1931), 계화(桂和, 1884~1928), 정신(鄭信, 1898~1931), 이홍래(李鴻來, 1888~?), 나중소(羅仲昭, 1866~1928), 박성태(朴性泰, 1873~?) 등과 협의하여 '북로군정서'를 설립하고 중우(衆友)의 추대로 총재가 되었다. 총재로 취임을 하면서 '북로군정서'의 본영을 국경 인접의 유벽(幽僻)한 밀림지대인 왕청현(汪淸縣) 서대보(西大堡)에 두고 항전 준비를 하였다. 군수품과 무기 부족으로 고심하던 중 제1차 세계대전시 시베리아에 출병하였던 체코군으로부터 다량의 무기를 구입하게 되자 장병들의 사기는 충천하였다.16)

특히 간도회전의 승리에 대하여 『대종교 육십년사』는 다음과 같이 기록했다.

이 혈전의 승리는 사관연성소 졸업생인 청년 사졸의 광복일념에서의 의기 충천한 용전분투(勇戰奮鬪)와 아울러 지휘 장수의 신출귀몰하고도 용이주도한 전략의 힘도 컸지만 무엇보다도 한갓 인력에 의함이 아니라 전투원이 대종교의 교우이므로 애끓는 민족의 분노가 하늘에 사무쳐 한배검의 도우심으로 대승을 거둔 것으로 확신한다고 하였다.17)

---

16) 위의 책, 370~371쪽. 이 기록에서는 군정부 편성과 북로군정서 설립 시기가 무오년 즉 1918년으로 되어 있는데, 같은 책 391쪽에는 1919년 3.1운동이후에 북로군정서 설치로 되어있어 착오가 있었던 것으로 보임.
17) 『대종교 중광육십년사』, 앞의 책, 378쪽.

한편 애국동지원호회에서 출간한 『한국독립운동사』에도 서일에 대해서 1911년 중광단이란 무력 군단을 조직하고 1918년 서일을 포함한 39인의 서명으로 독립선언서를 발포하였으며, 또한 3·1항쟁 이후에는 '대한군정서'를 편성하여 군사훈련에 전력하는 한편, 러시아령 북만의 각 단체와도 제휴하여 북만주 독립운동가의 연락중심지가 되도록 했다고 기록되어 있다. 지방행정에도 유의하여 대종교도들의 도움으로 한교부락(韓僑部落)에 소학교와 야간강습소를 설치하였으며 지방 산업진흥에도 많은 편리를 주었다[18]고 하여 기본적으로 『대종교 육십년사』와 같은 시각으로 기술하고 있다.

조국의 광복을 위해서는 일본과의 전쟁만이 가장 빠른 길이라 판단한 서일은 강력한 항일무장단체를 만들려고 하였으며 간도회전을 승리로 이끈 주역인 북로군정서의 전신인 '중광단'이란 첫 번째 항일단체인 군단을 조직하였으며 3·1항쟁 후 '대한정의단' 조직 후에도 여전히 무기를 갖추지 못하였으나 그들은 1919년 8월 7일에 군사전략가인 김좌진을 맞이함으로써 '정의단'을 근본적으로 개편하여 임전 태세의 군정부를 편성하고 본영은 길림성 왕청현 서대파구에 두었다.[19]

---

18) 애국동지원호회, 『한국독립운동사』, 1956, 310쪽.
19) 위의 책, 309~310쪽.
　　앞의 『대종교 중광육십년사』와는 달리 여기서는 1919년 3·1항쟁 이후에 군사적 적극행동을 취하기 위해 '대한정의단'을 조직하고 다시 김좌진 등을 맞이하여 대한군정부를 편성한 것으로 되어 있다. 이 내용이 일반적인 사실로 알려져 있으나 향후 더 연구가 필요한 부분이다.
　　박영석, 『한민족 독립운동사 연구』, 일조각, 1982, 179~180쪽. 윤병석, 『독립군사』, 지식산업사, 1990, 109쪽. 윤병석 외, 『중국동북지역 한국독립운동사』, 집문당, 1997, 95~97쪽 참조.

여기서 말하는 '군정부'는 이후 '대한군정서'로 개편되는 것으로, 왕청현 십리평(十里坪)에 단기 속성 사관학교인 사관연성소(士官鍊成所)를 설립하고 그 소장에 김좌진, 교관 이장녕, 이범석, 김규식, 김홍국(金洪國), 최상운(崔尙雲) 등이 취임하여 청년들의 훈련 교육을 담당하였다. 이들은 전력을 다하여 학생들을 교육하였는데, 학생 수는 4백 명으로 1920년 9월 9일 제1회 사관연성소생 298명의 졸업식을 왕청현 십리평 삼림 속에서 거행하였다.[20] 이들 졸업생들은 대한군정서가 간도회전에서 승리하는 데 견인차 역할을 한 것이다. 『대종교 육십년사』 간도회전은 대일 항쟁군이 일본군의 1/10밖에 안 되는 병력으로 치열한 혈전을 벌여 모두 승리한 실로 세계전쟁사상 그 유례가 없는 이과적중(以寡敵衆)의 대 혈전이었다. 이에 동원된 일본군 병력은 3개 여단이요 한국군은 비전투원까지 합하여 약 천8백 명이었는데 일본군 사상자가 3천 3백여 명, 한국군 측은 전사자 6십 명, 실종 2백여 명(그 대부분은 후에 본대로 귀대함)이었다.[21]

그런데 『한국독립운동사』는 간도회전과 관련하여 전투의 주요 인물은 총사령관 김좌진, 참모장 나중소, 이범석, 한근원(韓根源), 김훈(金勳), 이경성(李敬成), 강화린(姜華麟), 최인열(崔麟烈) 등이었다고 상세하게 기술하면서 간도회전으로 백운평(白雲坪) 전투, 천수평(泉水坪) 전투, 어랑촌(漁郞村) 전투의 3개 전투만을 다루고 있다. 홍범도 연합군 부대의 전투가 언급되지 않았으며 대한군정서의 수장인 서일에 대한 공적은 거론조차 되지 않았다. 간도회전의 승리 요인에

---

20) 『한국독립운동사』, 앞의 책, 310쪽.
21) 『대종교 중광육십년사』, 앞의 책, 378쪽. 『한국독립운동사』, 앞의 책, 313~314쪽.

대해서도 "끝없이 펼쳐진 삼림과 산령(山嶺)에서 항상 전투에 유리한 중간 지구를 선제 점령하였고 대한군정서 사관연성소의 용감한 청년 학생들이 있었으며 무엇보다 한국군에게는 실국(失國) 10년의 대 치욕이 있었기 때문"[22]으로 분석하여『대종교 육십년사』에서 전투원이 대종교도였다는 점을 강조한 것과 차이를 보인다. 간도회전 뿐만 아니라 당시의 대일항쟁에 대한 평가는 대부분 김좌진 등의 업적으로 다루고, 서일에 대한 언급은 가급적 줄였다. 다만 서일의 공적으로는 항쟁운동 과정에서 중광단, 대한정의단, 대한군정서 등을 창립한 것을 명시하고 있을 뿐이다.

이와 같이 서일에 대한 관련 기록은 많지 않다. 후대의 기록이 당대의 기록과 비교해 많은 차이가 있고 자료집의 성격에 따라서도 차이가 큰 것을 알 수 있다. 정리하면, 박은식은 정부를 이끌어 가는 입장에서 객관적으로 대일항쟁군 지도자 서일에 대한 기록을 남겼다. 따라서 박은식은 서일의 업적을 분명하게 평가하였다. 한편『대종교 중광육십년사』에는 서일의 종교적인 부분이 많이 강조되어 있다. 이는 자료집의 목적이 대종교의 중광사를 정리하는 데 있었으므로 당연한 일이라고 할 것이다. 또한 서일은 인생의 전반기를 제외하고 나머지는 대부분 대종교의 교리와 그 행동 강령에 따라 움직였고 그의 대일항쟁 활동이 종교적 신념과 밀접하게 연결되어 있었기 때문이다. 다만 대종교인이라는 입장을 강조하다보면 그의 업적에 대한 객관적 평가가 이루어지지 않을 수도 있다. 이에 비해『한국독립운동사』에 나타난 서일의 존재는 미미하다. 서일은 그저 대일항쟁

---

22)『한국독립운동사』, 앞의 책, 313~314쪽.

초기의 몇 몇 단체를 설립한 정도이고, 독립운동의 주축은 김좌진이
나 이범석 등으로 이루어진 것으로 나와 있다. 이는 이 책 출간 당시
의 시대적 상황과 관련이 있을 것이다.23)

　따라서 앞으로의 서일 연구는 새로운 자료 발굴의 노력이 지속되
어야 한다고 생각된다. 특히 후대에 정리된 기록보다 당대의 사실을
복원할 수 있는 기록들을 정리하고 재평가하는 작업이 필요할 것이
다. 그 중 하나가 당시 일본 외무성 연변 총영사들이 일본 본국에 보
내는 기밀문서들이다. 서일은 일본의 기밀문서에 단골로 등장한다.
그 몇 가지 사례를 살펴보면 다음과 같다.

　　간도 국자가에서 대종교도로 이루어진 자유공단(自由公團)이란 비
　　밀단체를 조직하였다. 단원은 1만 5천에 달하고 단장 서일(대종교 동도
　　사교에 재직하는 자)는 근래 국자가에서 총회를 개최할 것이라고 한다.
　　회의 목적은 한국의 독립에 있으며 금후 계획에 필요한 비용으로서 월
　　1인당 1원씩을 회원으로부터 징수하고 있다고 한다.24)

　이 기록은 1919년 3·1항쟁 이후 간도에서 본격적인 활동을 시작한
서일의 동향에 대한 기밀보고 사항이다. 나아가 앞에서 살펴본 정의

----

23) 이 책이 출간된 1950년대 후반은 김좌진의 아들이라는 김두환이나 당시 조
　　선민족청년단(朝鮮民族靑年團)의 지도자였던 이범석 등이 크게 활동을
　　하던 시기이다. 국내에 남은 후손이 없었던 서일의 위상이 축소되는 것은
　　자명한 현실이었을 것이다.
24) 일본 외무성 기록, 騷密 제848호(1919.4.25), 「獨立運動ニ關スル件」(국외
　　제47보)(極秘). 이하 일본 외무성 기록은 한국사데이터베이스 국외항일운
　　동 자료에 의함.

단 및 군정부 설립에 관한 동향도 면밀히 파악한 기록이 있다.

> 왕청현 내 배일(排日) 조선인 단체의 하나인 정의단은 작년 10월경 그 명칭을 대한국군정부(大韓國軍政府)라 개칭하고 소왕청에 그 본부를 두고 서일, 김헌(金獻) 등이 그 우두머리를 장악하고 종교적인 신념 하에 각자의 단결을 강고(强固)하게 하고 있는 듯하다. 최근 조선의 경원, 무산, 의주 등의 부호(富豪)에 대하여 다음과 같이 강박장(强迫狀)을 우송하였는데, 그 소인(消印)이 온성국(穩城局)으로 되어있어 대안(對岸) 경찰관헌들은 지금 이의 우두머리를 찾는 데 부심(腐心) 하고 있는 것으로 알고 있다. (중략)
> 더구나 강안(江岸)의 의주, 무산, 경원 등의 군수, 군서기, 면장 등에 대해 '적의 관공리인 동포에게'라는 제목으로 사직권고서를 송부하여 옴으로써 일반 관공리는 도저히 조선의 독립은 시기상조로서 성립하기 어렵다고해도 조국회복의 애국심은 경애(敬愛)할 만하다고 여겨, 피차의 거취에 혼란스러워하고 있는 듯하다.[25]

이 문서에는 서일 등이 중심이 되어 대한군정부를 운영하면서 민족의 단결을 다지고, 일본 관리를 지내는 조선인들에 대한 사직과 반성을 권고하며 독립운동에 협조할 것을 촉구한 사실이 나타나있다. 또한 이 활동에서 서일을 비롯한 '우두머리'가 표면적으로 나타나지 않고 있어 일본이 그들을 색출하기 위해 애쓰고 있음을 알 수 있다. 실제로 서일은 한 번도 일본 경찰에 검거된 일이 없다.

---

25) 한국사데이터베이스, 한국독립운동사 자료42, 중국동북지역편Ⅳ, 機密公信 제3호(1920.1.7),「汪淸縣地方ノ排日鮮人ノ動靜 及 鮮內地ノ官公吏ノ動搖ニ關スル件」, 발신 秋洲郁三郎(훈춘 부영사), 수신 內田康哉(외무대신).

대정 8년(1919) 3월 폭동사건의 발발 당시는 어떠한 질서의 단결도 없었다. 다만 2,3명의 불량분자가 수뇌가 되어 불온문서를 발행하고 배일사상을 고취하는데 힘써서 폭동을 획책하고 선동하였으나, 이후 점차 각 처에 각 파의 단체를 조직하여 이제는 그 수가 20개 이상을 헤아리도록 많아졌다. 그렇지만 지금 점차 질서를 지키며 우세한 것은 군정부를 우두머리로 하여 국민회, 독립군 등 겨우 2,3개 단체에 불과하다. 단체의 태반은 모두 상해 임시정부에 승인을 구하여 연락하며 임시정부의 명령을 준수하는 것 같지만 그 사이에는 어떠한 규율도 없고 각 파의 행동이 구구하여 통일을 이루지 못하고 고집이 생겨 서로 질시 반목하고 있다.26)

이 문서를 통해 서일이 이끄는 군정부가 상해 대한민국임시정부의 인정 하에 간도 지역의 대일항쟁조직을 지휘한 것과 동시에 서로 간의 반목도 있었음을 알 수 있다.

저들(대한민국임시정부)은 멀리 러시아령 불량배와도 연계를 유지하고 과격파와 내통하여 총기, 폭탄 등의 입수를 획책함으로써 흉폭행위의 자료에 충당하고 있으며, 일면 조선내에 있어서는 인구세, 공채, 적십자회비 등 기타 각종 명목 하에 자금 모집의 계획을 세우고 작년 7월 안정근(安定根, 안중근의 아우)과 왕삼덕(王三德)에게 임무를 주어 간도에 특파하였다. 이에 안정근 등은 간도 도착 후 국민회, 의용단, 광복단, 군정서, 군무도독부 등의 수뇌자와 교섭을 거듭한 결과 모두 이에 동의한 것 같다. 그런데 군정서 총재 서일은 이 기회에 스스로 총판부장의 직에 취임하여 각 단체를 지배할 실권을 획득하려는 야심으로

---

26) 한국사데이터베이스, 한국독립운동사 자료42, 중국동북지역편Ⅳ, 機密 제14호(1920.3.29), 「間島ニ於ケル不逞鮮人ノ團體ト其ノ動靜ニ關スル調査書ノ件」, 발신 川南省一(국자가 분관주임 외무서기), 수신 內田康哉.

매우 분주하였으나, 상해 임시정부에서는 국민회장 구춘선을 추천하려
는 의향인 것을 듣고 자기의 야망이 관철되지 않음을 분개하여 갑자기
이의 조직에 반대함과 동시에 부하 모에게 명령하여 비밀히 안정근을
암살하려고 하였다. 그때에 서일의 명을 받은 부하는 도리어 이를 안
에게 알렸기 때문에 안은 자신의 위험을 염려하여 본 계획의 수행을
박용훈(朴龍勳)에게 일임하고 돈화현(敦化縣) 방면으로 피난하였다.27)

이 기밀 보고서에는 대한민국임시정부에서 비록 서일의 체제는
인정하였지만 그 속내는 서일을 탐탁하게 생각지 않는 부분이 있었
음이 나타난다. 그 이유는 분명하지 않으나 기록상으로 대한민국임
시정부에서는 간도 지역 대일항쟁군의 지휘를 구춘선(具春先)에게28)

---

27) 한국사데이터베이스, 조선소요사건 관계서류, 高警 제1313호(1921.2.7), 「聯通
制改正組織ノ企劃發見檢擧」, 발신 육군성, 수신 原敬(내각총리대신) 외.
28) 구춘선은 함북 온성에서 태어나 향리에서 한학을 공부하고 1886년 하급 군
졸로서 남대문 수문장 등 중앙군의 일원으로 봉직했다. 1895년 청일전쟁과
을미사변 후 낙향했다가 1897년 북간도로 이주하였다. 1903년 간도관리사
이범윤이 사포대를 조직하여 한인의 보호에 나서자 구춘선은 온성의 건너
편 양수천자(凉水泉子)에 보호소와 병영을 설치하고 만주에 살고 있는 동
포 보호에 진력하였으며 1907년 캐나다 선교사 구예선을 만나 기독교에 입
교하였다. 1919년 3월 1일 국내에서 3·1운동이 전개되자 같은 해 3월 13일
길림성 용정에서도 서울에서의 독립선언에 대한 축하식이 거행되었다. 연
길현 국자가(局子街)에 본부를 두고 있던 조선독립의사회에서 주관한 이
만세운동은 3만 명 이상의 조선인이 참가한 가운데 성대히 이루어 졌다. 이
를 계기로 3월 13일 북간도 지역의 독립운동 인사들이 대부분 참석한 가운
데 독립운동을 보다 체계적이고 적극적으로 전개하고자 하였다. 그 결과
조선독립의사회는 조선독립기성총회로 개편되었다. 구춘선은 이 단체에서
회장으로 활동하였다. 또한 3·1운동 직후 이익찬, 윤희준, 방달성 등과 함
께 용정에서 『대한독립신문』을 간행하였다. 1919년 4월 상해에서 대한민국

맡기고자 하였고 이 실무를 안정근에게 일임한 것이다. 이에 격분한 서일이 대한민국임시정부의 뜻을 따르지 않고 안정근을 제거하기로 결심하고 행동에 들어가지만 결국 부하의 배신으로 계획이 수포로 돌아간 것으로 되어있다. 그러나 서일이 이런 결정을 하였다면 안정근에게 알 수 없는 어떤 흠이 있었을 가능성을 배제할 수 없으며, 분명한 것은 항쟁군 설립 초기부터 내부에 어떤 문제점이 있었음을 알 수 있다.

> 국민회장 구춘선은 지금 어떤 지점에 잠복하고 있는 것으로 밝혀졌으며 추국자가(錐局子街) 근방 또는 당소(當所) 관내 합마당(哈螞塘) 부근에 있는 서일 등 일파의 군정부와 권세의 쟁탈로 부심하는 것 같다. 그래서 별지 고유문(告諭文)을 일별하여도 저들 조선인 간에 내분이 생기고 있는 것이 명료하다. 오히려 러시아령 방면에서 들어오는 결사대원이라 자칭하는 불령선인 중 십 수 명은 보통 조선인 옷을 입고 지금 동지(同地)에 잠복하고 있는 모양이다. 서일은 아직 자취가 캄캄해 거소를 알 수 없다고 한다.[29]

이 기록 역시 서일과 구춘선 간에 알력이 있음을 보고하는 내용인데, 구춘선의 소재는 늘 쉽게 파악이 되지만 서일의 소재는 쉽게 파악하지 못하였던 것을 알 수 있다. 서일에 대한 일본의 추적은 집요

임시정부가 조직되자 조선독립기성총회는 그 명칭을 대한국민회로 개칭하여 회장으로 활동했다. 1996년 건국훈장 대통령장이 추서되었다.
29) 한국사데이터베이스, 한국독립운동사 자료42, 중국동북지역편Ⅳ, 機密 제92호(1919.12.22), 「不逞鮮人ノ行動ニ關スル件」, 발신 堺與三吉, 수신 內田康哉.

하였고 그의 죽음 이후에 끝이 났다는 것을 알 수 있다. 이렇게 당대
의 일본 기밀문서를 통해 서일이 무엇보다도 일본의 암적인 존재로
인식하였다는 사실을 알 수 있다. 일본 기밀문서에 나타난 바, 당시
간도 지역 한인 지도자는 서일이었고 그렇기 때문에 일본에서는 서
일의 행동에 대해 일거수일투족을 감시하였던 것이다.

당시 일본의 기밀문서에 나타난 서일에 대한 기록은 서일뿐만 아
니라 간도 및 상해 임시정부의 대일항쟁 활동을 연구하는 데 있어서
도 많은 도움이 될 것으로 본다.

2) 연구사 검토

현재까지 발표된 서일에 대한 연구 논고는 결코 많지 않다. 최초
의 연구 논문은 강용권의 「민족독립운동과 서일」[30]이다. 이 논고에
서 강용권은 서일을 대종교 교리 창시자의 한 사람이며 무장독립운
동의 탁월한 영도자이자 독립운동 진영에서 찾아보기 힘든 거성으
로 파악하고, 서일의 대종교 신봉과 독립운동 활동의 두 가지는 서
로 받들고 밀어주는 힘이 되었다고 평가했다. 나아가 그는 서일이
1911년 초 두만강을 건너 왕청현 덕원리(德源里)에 정착하면서 시작
한 명동학교 건립, 대종교 가입, 중광단 조직 등 세 가지 일을 모두
무장투쟁이란 명확한 목표를 이루기 위한 실천 활동의 일환으로 설
명한다. 서일은 주전파(主戰派)로서 중광단은 무장투쟁의 직접적 기

---

30) 강용권, 「민족독립운동과 서일」, 『수촌박영석교수회갑기념 한민족독립운
　　동사논총』, 탐구당, 1992, 463쪽.

초 조직이고, 대종교 활동은 종교를 통해 더 많은 사회적 역량을 단
합시키기 위한 것이며, 명동학교의 건립은 무장투쟁의 핵심역량을
키우기 위해서였다는 것이다. 서일의 이러한 시도와 장기 대책은
1919년 대한군정서의 설립과 함께 성공을 예고했으며 청산리전투[31]
의 승리는 그의 일생을 통해 민족 광복운동에 기여한 빛나는 공적으
로 평가된다.

특히 이 논고는 대한군정서 근거지와 연고를 찾아다니며 인근 지
역 노인들의 회상담을 듣고 서일의 행적을 복원했다는 점에서 의미
가 크다. 여기서 새롭게 밝혀진 내용은, 첫째 북로군정서의 지점을
왕청현 덕원리 잣덕으로 정확히 밝힌 것이다. 서일, 계화, 현천묵 등

[그림 3] 대한군정서의 옛터 덕원리를 찾아서

31) 이 책에서는 '간도회전'이라는 용어를 채택하기로 하였으나, 여기서는 각
    연구 논고가 사용하고 있는 용어를 그대로 쓴다.

이 개척한 왕청현 덕원리는 1932년 4월 6일 일본의 토벌에 의해 온 마을 33호가 몽땅 타버린 후 지금은 논과 밭으로 변했는데 강용권은 세 차례의 답사를 통해 덕원리 출생 김준흠(金俊欽) 노인을 만나 덕원리 마을 지점을 확인했다. 둘째, 한국 국가보훈처에 서일은 후대가 없는 '무후선열(无后先烈)'로 기록되어 있었는데 서일의 손자와 외손자를 찾아냈다. 셋째, 서일의 묘소를 찾기 위한 문헌 조사와 향정부(鄕政府) 및 인근 노인들의 도움으로 1942년 11월 19일 임오교변(壬午敎變)[32] 이후 57년 만에 대종교 성지인 3종사 신해봉장지(神骸奉藏

---

32) 임오교변은 1942년 11월 19일 일본 경찰이 조선어학회 간부 검거 사건과 함께 소위 '잠행징치반도법(暫行懲治叛徒法)' 위반이라는 죄목으로 만주 영안현(寧安縣) 동경성(東京城)에서 대종교 교주 윤세복 이하 25명(그중 1명은 다음해 4월 검거)을 검거한 사건이다. 대종교에서는 1920년 9월 간도 회전을 고비로 무력투쟁에서 민족정신을 고취하는 시교 활동으로 전환하여 외견상으로 평온한 듯한 양상을 띠었다. 1934년 총본사를 동경성으로 옮기고 1937년부터는 발해 고궁유지(渤海古宮遺址)에 천진전(天眞殿) 건립을 추진하는 한편, 대종학원(大倧學園)을 설립하여 초중등부를 운영하는 등 교세 확장에 큰 진전을 보였다. 일본경찰은 교단 내부에 교인을 가장한 밀정 조병현(趙秉炫, 당시 약 50세)을 잠입시켜 교계의 동향과 간부들의 언행을 일일이 정탐하였다. 당시 경성 조선어학회의 이극로(李克魯)가 천진전 건립 관계로 교주인 윤세복에게 보낸 편지 속에 「널리 펴는 말」이라는 원고가 있었다. 일본경찰은 이를 압수하여 사진을 찍어두고, 제목을 「조선독립선언서」라고 바꾸고, 내용 중에 "일어나라 움직이라"를 "봉기하자 폭동하자"로 일역(日譯)하였다. 그리고 "대종교는 조선 고유의 신도(神道)를 중심으로 단군 문화를 다시 발전시킨다는 기치 아래, 조선 민중에게 조선정신을 배양하고 민족자결의식을 선전하는 교화단체이니만큼 조선독립이 최후의 목적이다"라는 명목으로 국내에서의 조선어학회 간부 검거와 때를 같이하여 교주 단애종사를 검거하였다. 투옥된 간부 중 권상익(權相

地)를 발견하게 된 것은 큰 업적이라고 할 수 있다.

이 외에 전쟁에서 가장 중요한 요소의 하나인 무기 구입에 대한 서일의 특별한 노력과 북만주 교포를 상대로 한 지방 행정 능력을 밝혔다는 점도 주목된다. 하지만 서일의 정신세계와 무력 항쟁의 결정체라고 하는 간도회전에 대한 깊이 있는 분석은 하지 못하였다. 서일의 죽음에 대해서도, 국권회복운동의 유일한 동력은 군대라고 보고 남다른 노력을 기울여 건립한 무장 부대가 훼멸적 손실을 본 것이 그의 심령에 절망적 타격을 주었기 때문이라고 해석했다. 거듭되는 '흑하사변'과 '당벽진토비습격' 사건은 서일에게 있어서는 극심한 참상이었고, 대일항쟁군이 타박상을 입자 자기 생존의 가치와 의미마저 상실할 정도로 치명상이 되어 자결이란 최극단에 이른 것이라 하였는데, 과연 서일이 단순하게 그 참담하고 비관적인 상황을 견디지 못하여 자결한 것인지, 그의 죽음에 대한 의미는 다시 생각해 보아야 할 것이다.

두 번째 논고는 김동환의 「백포 서일의 생애와 사상」[33]이다. 이 논고는 인간 행동에 있어 가장 중요한 요소는 행동 실천의 바탕이 되는 가치관 즉 정신에 있다는 전제하에, 서일이 수많은 독립군들을

益), 이정(李楨), 안희제(安熙濟), 나정련(羅正練), 김서종(金書種), 강철구(姜鐵求), 오근태(吳根泰), 나정문(羅正紋), 이창언(李昌彦), 이재유 등 10인이 악독한 고문으로 옥사했으며, 윤세복은 무기형, 나머지는 7~15년형으로 복역하다가 해방으로 풀려났다. 이때 옥사한 10명을 순교십현(殉敎十賢) 또는 임오십현(壬午十賢)이라고 한다.

33) 김동환, 「백포 서일의 생애와 사상」, 『대종교 중광의 인물과 사상』(대종교 중광 90주년 기념 학술회의 발표문), 1999; 「백포 서일의 삶과 사상」, 『올소리』 006, 국학연구소, 흔뿌리, 2008.

통솔한 용기와 지혜의 바탕은 무엇이었는지 탐구한 것이다. 나아가 종교적 수행과 연구 속에서 무장 투쟁을 함께 할 수 있었던 수전병행(修戰並行; 수행과 무장투쟁을 함께 행하는 것)의 삶의 토대를 밝히고자 했다. 따라서 서일의 사상 형성 과정에 주목하고 그의 사상을 신관(信觀), 내세관, 수행관으로 나누어 심도 있게 분석함으로써 서일을 근현대사의 철학 부재 현실 속에서 한국 철학을 개척한 인물로 평가하였다.

김동환에 의하면 서일이 본격적인 항일투쟁에 나선 것은 항일단체인 중광단을 조직한 1911년 이후이며 이는 대종교의 투쟁 목표와도 밀접한 연관이 있는 것이다. 즉 대종교의 독립운동은 국권회복의 차원을 넘어서 대종교의 이상국가인 배달국토(倍達國土) 재건을 목표로 삼았으므로 서일의 독립운동 또한 민족의 독립을 넘어서 대종교의 이상 국가 건설과도 직결된다. 이러한 목표 완성을 위해서 투철한 투쟁정신과 더불어 종교적 완성을 위한 수행과 연구가 반드시 필요하기 때문에 그는 수전병행의 행동 철학을 실천하게 되었다고 본 것이다. 즉 백포 서일의 삶은 대종교에 들어와 중광단을 조직하여 대한군정서로 발전시킨 뒤 청산리전투에서 대승을 거두고 밀산 당벽진에서 최후를 맞기까지, 한마디로 지극한 종교적 수행과 무장투쟁의 정신이 합쳐진 수전병행의 일관된 삶이었다는 것이다.

나아가 서일의 사상을 살펴볼 수 있는 대표적 저술인 『회삼경(會三經)』, 『삼일신고강의(三一神誥講義)』, 『구변도설(九變圖說)』, 『진리도설(眞理圖說)』, 『오대종지강연(五大宗旨講演)』, 『삼문일답(三問一答)』 등을 개략적으로 소개하며, 이들이 대종교의 삼일사상(三一思想)을 체계화하고 분석적으로 현대화한 심오한 종교서이자 철학서임을 확인하였다.

이와 같이 김동환의 연구는 대종교적인 입장에서 특히 서일의 정신세계에 관심을 갖고 연구한 것으로 볼 수 있다. 그런데 서일이 대종교를 접하고 그 정신으로 중광단을 만들었다고 하는 그의 주장은 기존에 알려진 중광단 조직 시기 1911년 3월 및 대종교 입교 시기 1912년 10월과 맞지 않는다. 어떻게 입교도 하기 전에 대종교 정신을 알며 중광의 의미를 차용할 수 있었는지, 중광단 조직 시기나 대종교 입교시기에 대한 재검토가 필요하다.

셋째, 이동언의 「서일의 생애와 항일 무장투쟁」[34]은 서일이 대종교와 독립운동, 그리고 민족 교육이라는 세 가지 요소를 일치시켜 항일 무장투쟁을 체계적으로 극대화시키고자 노력한 점에 주목하고 1912년 대종교 입교 이후의 교단 내 활동과 항일 무장투쟁에 대하여 중점적으로 고찰한 것이다. 그에 의하면 서일은 대종교 교리를 접하고 그 정신으로 중광단을 조직하였는데, 그러한 변화의 중요한 계기가 된 사건은 홍암 나철(弘巖 羅喆, 1863~1916)이라는 인물과의 만남이며, 『삼일신고(三一神誥)』와 『신리대전(神理大全)』이라는 책을 경험한 것이다. 즉 이동언은 서일이 대종교에 먼저 입교한 후에 중광단을 조직한 것으로 인식하고 있는 것 같다.[35]

이 연구에서 특히 주목되는 점은 서일의 사망과 관련한 자살설과

---

34) 이동언, 「서일의 생애와 항일 무장투쟁」, 『한국독립운동사연구』 제38집, 독립기념관 한국독립운동사연구소, 2011.
35) 이동언도 서일의 약력(대종교총본사, 『대종교 중광육십년사』, 390쪽)에 알려진 만주로 망명한 시기와 대종교에 입교한 시기, 중광단 조직 시기가 배치되는 점에 대해 면밀한 검토가 필요하다고 지적했다.

마적에 의한 피살설에 대해 면밀한 검토를 수행한 것이다. 일본 측 자료 3건과 한국 측 자료 2건을 면밀히 비교 검토하고 일본 측 자료 중 서일의 부친 서재운(徐在云)에게 전해진 연락을 가장 신빙성 있는 자료[36]로 분석하여 자살 설을 확인하였다. 나아가 그 죽음의 의미에 대해서는, 대종교의 발전과 분열된 독립군 진영이 단합하여 대일 항전에 분발할 것을 촉구하고자 한 것이며 수전병행의 행동 철학을 최후까지 실천한 성스러운 죽음으로 평가했다.[37]

이 외에 서일에 주 초점을 둔 연구는 아니지만 간도회전에 대한 연구로서 조필군의 「항일 무장독립전쟁과 청산리전역의 군사사적 의의」[38]를 들 수 있다. 본 논문은 청산리전역의 대승첩에 대해 국제적 상황을 예측하고 사전에 독립운동에 필요한 군자금을 확보하여 준비한 예견된 승리라고 평가하고, 군사사적(軍事史的)인 측면에서 근대사의 중요한 전사(戰史)로 기록되어야 한다고 주장했다. 종래 청산리전역에 대한 연구는 주로 항일 투쟁에 대한 민족의식의 고양이라는 차원에서 역사학적 관점의 연구가 주류를 이루었으며, 전투를 승리로 이끌게 된 군사적(軍事的) 관점에서의 연구가 아직까지 제대로 이루어지지 않고 있다는 것이다.

조필군에 의하면 전투의 목적은 아군의 전투력으로 적의 전투력을 분쇄하거나 정복하는 것이므로 전장 지휘관들은 결정적인 시간

---

36) 일본외무성 기록 秘受 13990호 - 機密 제497호(1921.11.27), 「元大韓軍政署總裁徐一ノ死亡ニ關スル件」, 발신 堺與三吉, 수신 內田康哉.
37) 이동언, 「서일의 생애와 항일무장 투쟁」, 앞의 글, 77쪽.
38) 조필군, 「抗日 武裝獨立戰爭과 靑山里戰役의 軍事史的 意義」, 『나의 학문과 인생』, 충남대학교출판부, 2009.

과 장소에 전투력을 배치하여 적보다 유리한 상황으로 주도권을 잡아 승리하고자 한다고 한다. 이때 전투력이란 지휘관에게 가용한 물질 수단과 부대 정신력의 결합체라고 정의되는데, 물질적 수단의 핵심 요소는 무기와 군수 지원 능력이므로 그 확보와 운용 여하에 따라 전투원의 전투 의지와 승패가 좌우되는 것이다. 따라서 청산리전역의 승리는 꾸준한 군비 활동을 통해 이루어진 결과이다. 하지만 조필군은 전투에서 완승은 하였지만 전략적 차원에서 결코 승리하였다고 볼 수 없는 측면이 있다고 지적한다. 전역 후에 일본의 독립군 토벌과 거주민에 대한 만행으로 독립 전쟁의 근거지가 조기에 초토화됨으로써 전투적 승리에도 불구하고 독립 전쟁의 기세가 약화될 수밖에 없었기 때문이다. 그러나 역사의 평가는 당시의 시각으로 보아야 하므로 일본의 선제공격으로 인한 불가피한 일전이었던 점을 감안하면 일본 정규군을 상대로 당당히 승리했다는 자체만으로도 의미가 있다고 보았다. 아울러 국민에게는 무장 투쟁을 통해 자주독립을 쟁취할 수 있다는 민족적 자존감 고취와 의지를 고양하는 데 크게 기여함으로써 끝까지 굴하지 않고 독립을 쟁취한 밑거름이 되었다고 평가하고 있다.

김재두의 「청산리전투의 재조명-체코 여단과의 만남」[39] 또한 청산리전투에 대한 새로운 해석을 시도한 것이다. 기존의 연구에서 승리의 원인을 주로 일본군에 대한 증오와 민족정기 수호 같은 정신적 요소에 한정시킨 데 반해 김재두는 신무기 구입의 중요성을 강조했

---

39) 김재두, 「청산리전투의 재조명-체코여단과의 만남」, 『주간국방논단』 제827호, 2000.

다. 특히 서일의 대한군정서가 체코 여단으로부터 세계 수준의 무기를 대량으로 구입한 것을 청산리전투의 승리를 있게 한 중요한 시발점으로 주목했다.

나아가 청산리전투는 1920년 10월 21일부터 26일 새벽까지 6일간에 걸쳐서 전개된 9개 전투였는데 백운평 전투만 집중 조명될 뿐 가장 큰 전과를 올리고 여러 부대가 참여한 어랑촌 전투 및 다른 전투는 부각되지 못한 점을 지적했다. 당시 상해 임시정부를 대변하던『독립신문』에 "김좌진 씨 부하 600명과 홍범도 씨 부하 300명은 대소 전쟁 10여회에 걸쳐 왜병을 1,200여 명 사살하였다."라고 보도된 기사를 인용하며 김좌진의 북로군정서가 부각되고 있는 데 비해 홍범도 부대에 대한 규명이 충분하지 않다고 논했다. 그 원인으로는 이범석이나 김좌진의 경우 본인이나 후손들이 현대사에 큰 역할을 한 반면 홍범도는 그런 기회가 제한되어 있었던 점, 북로군정서가 상해 임시정부 소속인 데 반해 홍범도 부대는 대한민국임시정부 소속이 아니었던 점으로 분석했다. 김재두는 청산리전투를 김좌진 장군의 승전이라는 좁은 의미에서 벗어나 모든 동포들의 승리로 올바르게 자리매김하는 것이 그들에 대한 최소한의 예의이며, 정확하고 상세한 사실 규명이 있을 때 비로소 진정한 가치가 살아나는 것이라고 역설하였다. 이 연구는 조필군의 연구보다 한걸음 더 나아간 것으로, 청산리전투에서의 서일의 역할에 대해서도 무기 구입 등의 구체적인 사실에 근거하여 그 전략가적 면모를 평가하였다.

이상에서 서일에 대한 대표적인 연구 논고를 간략히 살펴본 결과 무엇보다 양적으로 매우 소략함을 알 수 있다. 특히 김좌진, 홍범도 등과 비교할 때 그 인물에 대한 이해나 업적에 대한 평가도 완료되었다고 보기 어렵다. 따라서 이 책에서는 선행 연구를 바탕으로 하되 당시 일본 외교문서 등을 최대한 조사하고 현지답사를 통한 고증과 비교 분석을 통해 서일의 생애를 복기해보고자 한다.

Ⅱ. 서일의 생애와 사상

1. 서일과 그의 시대

서일은 1881년 함경북도 경원군(慶源郡)에서 출생하였다. 그가 태어난 시기의 조선은 고종의 집권 시기로 반만년 한국사에서 가장 격동의 시대였다. 국내적으로 이른바 세도정치로 불린 특정 집안의 가문 정치가 지속되고 있었으며, 사상 면에서는 서학(西學)이 유행하면서 이에 대해 기존 유학계의 반발을 크게 샀다. 국외적으로는 동아시아 패권국이었던 청나라가 서양 세력들에 의해 침몰당하고 있었으며, 일본은 유신(維新)을 통한 천황제를 복원하고 국내 정세를 정비하고 있었다.

당시 조선은 청나라와의 관계보다는 일본과의 관계가 점점 복잡해지고 있었다. 결국 1876년 조선은 준비도 되지 않은 상황에서 일본과 통상조약(通商條約)을 맺게 되었고 이것을 계기로 미국, 영국, 러시아 등 많은 나라들과 청나라에서 벗어나는 외교 관계를 맺었다. 그런 한편 조선의 선각자들은 일본이나 청나라를 통해 서구 세력들의 발전 과정을 듣고 나름대로 세계 대열에 합류하고자 하는 노력을 기울였으나, 이 과정에서 친일, 친청, 친미, 친러 등 많은 파벌들이 형성되어 암투를 벌였다.

이와는 달리 먼저 내치(內治)를 바탕으로 외국과 동등한 입장에서 교류를 해야 한다는 주장이 민중에서 일어나 국민들에게 커다란 호응을 받았는데 이것이 바로 동학(東學)이었다. 동학의 주장과 행동은 기득권층들에게 철저히 무시당하였고 그 결과 동학교도들은 무력투쟁을 시작하였다. 이 투쟁은 간단치 않아 정치적인 문제가 개입하면서 혁명적인 성격까지 띠었다. 그 결과 정부에서는 청나라에 진압군을 요청하였는데 이는 일본의 개입 사태까지 불러왔다. 당시 정부의 어처구니없는 판단은 조·일·청 삼국의 군대로 조선의 민중들로 구성된 동학 세력을 공격하는 일을 저질렀고, 결과적으로 그 피해는 고스란히 조선이 입게 되었다. 이는 한국사에서 국내 문제를 풀기 위해 외세를 끌어들인 두 번째 사건이라고 할 수 있다.[1] 자주노선을 주장하던 동학교도들은 철저하게 무너졌으나 훗날 그들은 또 다른 형태로 구국활동을 하게 된다.

이후 조선은 명청대에 걸쳐 500여 년 동안 이어오던 중국과의 관계를 정리하고 대한제국이라는 새로운 국가의 틀을 만들게 되었고 민가(閔家) 정치 역시 종말을 고하였다. 새로운 국체가 세워졌지만 앞서 말한 바와 같이 국가 발전을 위한 방략으로 나뉘어졌던 세력들은 국가 발전에 기여하는 것보다는 개인적인 이익 추구 집단으로 발전하게 되었다. 이 세력들 중 가장 큰 세력은 친일파들이었다. 친일파들의 사욕 추구로 나라는 점점 기울어갔고 일본 정부는 이들을 이용하여 더욱 대한제국을 옥죄어 왔다. 특히 일본이 1905년 러일전쟁 승리 후에 한일협약을 체결하는 동시에 대한제국의 외교권을 박탈하자 민심은 급속히 정부를 떠나 구국의 새로운 길을 모색하게 되었

---

1) 외세를 끌어들여 나라를 어렵게 만든 예로서 첫 번째는 김춘추가 개인적으로 누이의 복수를 위해 당나라를 끌어들인 사건이다. 김춘추가 사감을 풀기 위해 한 행동은 훗날 한국사에서 최초로 사대주의를 했다는 치욕으로 남게 되었다. 다음으로 고종과 민가 정권이 끌어들인 외세는 결국 그들의 종말뿐만 아니라 나라의 운명까지 바꾼 엄청난 결과를 초래하였다.

다. 이들은 여러 방법으로 활동하였는데 그 대표적인 인물이 안중근(安重根, 1879~1910)이다. 안중근 대한의군 참모중장은 당시 대한제국 침략의 설계를 맡고 행동으로 옮긴 성과로 대한제국의 황족이 된 이토 히로부미(伊藤博文)를 침략의 현장인 하얼빈 역에서 사형을 집행하였다.2) 안중근의 노력은 당시 흔들렸던 대한제국의 기상을 바로잡는 데 큰 역할을 하였고 많은 사람들이 힘을 얻게 되었다. 하지만 국제 정세는 일본에 유리하게 전개되어 1910년 대한제국 황실은 왕가로 격하되었고 일본의 침략자들에게 행정권을 빼앗겼다.

일본의 이런 행동에 대부분의 대한제국인들은 격렬한 항쟁에 나섰다. 이후 반세기에 걸쳐 전개된 한민족의 항일투쟁사에서 의병, 독립군, 광복군으로 이어지는 무장투쟁을 선도한 것은 이 '의병정신'이었다. 1895년에 일어난 의병 활동은 20년간이나 지속되었고 그 뒤에는 독립군으로 발전하여 항일 무장투쟁의 모태가 되었다. 즉 한국독립전쟁의 중요한 도화선이 된 것으로, 일본군과 의병과의 전쟁은 2개 사단병력이 7~8년간 싸워야 했던 큰 싸움이었다. 그러기에 박은식은 의병을 '우리 민족의 국수(國粹)'였다고 격찬한 바 있다.3)

한말 의병의 역사적 맥락을 보면 의병전쟁은 결코 우연한 돌발사건이 아니며 그렇다고 위정척사(衛正斥邪)를 제창했던 유생들의 고유한 속성도 아니었다. 그것은 결국 한국인의 국성(國性)으로서 이미

---

2) 이토 히로부미가 대한제국의 황족이 되었다는 사실은 일반적으로 잘 알려져 있지 않다. 이토는 대한제국의 황족이 되는 과정에서 메이지(明治) 정부와 많은 갈등이 있었는데 황족에 편입된 후 얼마 되지 않아 안중근 참모중장에게 총살형을 당했다.
3) 박성수, 앞의 책. 175쪽 참조.

내재하여 온 것이라 인식된다.4) 때문에 우리 민족은 비록 일시적으로 다른 민족의 침습(侵襲)을 받아 곤경에 처한 적이 있어도 필경은 스스로 광복하는 길을 개척했다. 그러한 전통이 정신적인 면에서 민족의 자립 역량이 되어 항일운동을 확립하였던 것이다.

그러나 당시 국가 공무원들은 대부분 일본이 설계한 신질서에 편입되었고 이에 반발한 일부 세력들은 해외로 떠났다. 국내에 남은 일부 관료들은 국민들과 힘을 합하여 새로운 길을 모색하였는데 3·1항쟁이 그 대표적 사례이다. 주지하다시피 3·1항쟁의 실패는 냉혹한 국제 정세를 실감하게 했고 그 결과 또 다른 형태의 대일항쟁으로 이어졌다. 바로 1919년 4월 13일 중국 상해시 프랑스 조계(租界)에 설립된 대한민국 임시정부이다.5) 이 대한민국 임시정부는 국체를 민주주의 체제로 전환하면서 대통령 중심제와 여성의 참정권을 인정하는 정부를 수립하였다.6)

대한민국임시정부 수립 이후 민족운동 지도자들은 침략적 팽창주의로 치닫는 일제가 필연적으로 중국, 러시아, 미국과의 전쟁을 도발할 것으로 전망하고, 전쟁이 발발하였을 때 연합군의 일원으로 대일전쟁을 적극적으로 추진한다면 자력으로 완전 독립을 쟁취할 수 있는 기회가 될 것이라 생각하였다. 따라서 무장투쟁에 입각한 독립전

---

4) 위의 책, 184쪽.
5) 일본이 대한민국 임시정부를 탄압하지 못한 것은 그 설치 지역이 프랑스 조계였기 때문이었다. 만약 영국이나 중국 관할 지역이었으면 일본이 바로 탄압에 들어갔을 것이다.
6) 1919년 상해 대한민국임시정부의 헌법인 대한민국 '임시헌장'에서 대한민국의 인민은 남녀귀천 및 빈부의 계급이 없는 일체 평등임을 규정하였다.

쟁론에 기반을 두고 이를 준비하기 위해 민족정신이 강한 인사들을
만주, 러시아 등지에 집단적으로 이주시켜 군사단체를 조직하거나
대일 항쟁을 위한 한인사회 조직에 총력을 기울이기 시작하였다.[7]
이렇게 임시정부를 중심으로 일본과 본격적인 항쟁을 전개하여 그
결과 대한민국은 1945년 승전을 할 수 있었고 다시 환국 정부를 수
립할 수 있었다.[8]

　　이상과 같이 1870년대부터 1940년대까지 한국사는 격동의 시기였
고 서일 또한 이렇게 어려운 시대를 만나 국권을 회복하겠다는 일념
으로 항일투쟁의 힘든 삶을 살았던 것이다.

---

7) 독립전쟁은 한말의 애국계몽운동과 의병 항전의 이념과 논리를 합일 발전
시켜 새로운 항일독립운동의 이념과 전술로 정립된 것으로, 민족해방과 조
국독립을 달성하기 위한 가장 확실하고도 바른 길은 한민족이 적기(適期)
에 일제와 독립전쟁을 결행하는 것이라는 독립운동의 한 이론체계이다. 윤
병석·박민영, 「북간도에서의 한국독립운동」,『중국동북지역 한국독립운동
사』, 한국독립유공자협회, 집문당, 1997, 53쪽 참조.

8) 이 과정에서 당시 미국 대통령이었던 루스벨트는 중국의 반대를 무릅쓰고
한국의 독립을 지원하였다. 대부분 중국이 한국 독립에 큰 역할을 한 것으
로 알고 있으나 잘못 알려진 것이다. 장개석을 중심으로 한 국민당 정부는
대한민국 임시정부를 국가 정부로 인정하지 않았다. 종전 후에도 장개석은
한국을 중국 관할로 하고자 하였던 것으로 밝혀졌다. 중국의 이런 의도를
미국의 루스벨트 대통령이 반대하여 한국의 독립을 주장한 것이다. 이 부분
은 다시 밝혀져야 할 것이다.

2. 서일의 사상 및 형성 배경

서일은 1881년 2월 26일 함경북도 경원군 안농면(安農面) 금희동
(金熙洞)에서 서재운(徐在云)의 독자로 태어났다. 그의 본명은 기학
(夔學), 초명(初名)은 정학(正學)이고[9] 도호(道號)는 백포(白圃), 당호
(堂號)는 삼혜당(三兮堂)이며[10] 본관(本貫)은 이천(利川)으로 시조 서
신일(徐神逸)의 36세손이다.[11] 서일은 키가 5척 6촌 정도로서 메마르
고 얼굴이 길어서 여윈 얼굴이나 코는 높고 산발(散髮)을 하고 색은
검으며, 길이 1척 정도의 목면제(木綿製) 가방을 항상 휴대하였다고
한다.[12]

---

9) '서일(徐一)'이라는 이름으로 바뀐 것이 언제 부터인지는 알 수 없다. 추측
   하건대 본격적인 대일항쟁에 나서면서 '하나가 되자'는 뜻으로 바꾼 것이
   아닌가 한다.
10) 『대종교 중광육십년사』, 앞의 책, 389-390쪽; 리광인, 「백포 서일선생 연보」,
   『만주벌의 혼-독립군총재 서일』, 백포서일기념사업회, 2011, 14쪽 참조.
11) 『이천 서씨 양경공파 종보(利川徐氏良景公派宗譜)』에 의하면 이천 서씨
   의 시조 서신일은 신라 효공왕(孝恭王) 때 아간대부(阿干大夫)를 지내다
   벼슬에서 물러나 이천 효양산(孝養山) 기슭에 희성당(希聖堂)을 지어 후
   진 훈도에 여생을 바쳤다. 『동국만성보(東國萬姓譜)』와 『조선씨족통보(朝
   鮮氏族統譜)』에 의하면 서신일은 신라 창업의 원훈이며 아성대장군(阿城
   大將軍)을 지낸 서두라(徐豆羅)의 후손이다. 천품이 인자하고 중후하여
   화살을 맞은 사슴을 구해준 후 나이 80이 넘어 아들을 얻으니, 그가 곧 고
   려초 국기를 확립했던 서필(徐弼)이며 서희(徐熙)의 부친이다. 서희는 고
   려 성종 때 거란의 침입을 탁월한 외교적 화술로 굴복시켜 물러가게 하고
   오히려 강동 6주를 회복하여 역사상 괄목할 업적을 남겨 문관이면서 흔히 서
   희 장군으로 불린다. 서희의 아들 서눌(徐訥)은 덕종 때 삼중대광(三重大匡)
   으로 내사령(內史令)에 임명되고 자손에게 영업전(永業田)이 하사되었다.

서일의 출생 당시 그의 집안은 고관대작의 지위도 아니었거니와 지식이 풍부하거나 경제적으로 부유하지도 않았다. 공부도 당시로서도 늦은 나이인 10살이 되어서야 시작하였다. 그럼에도 불구하고 사람 됨됨이와 학문적 역량, 대일항쟁을 이끈 뛰어난 전략으로 대중의 존경을 받았다. 이것은 분명 그의 후천적인 노력으로 이룬 결과로 볼 수 있다. 특히 스승인 김노규를 만난 이후 역사와 민족의 중요성을 깨닫고 그의 동학사상을 접하게 되면서 대종교에도 입문하는 계기가 되었고, 사상의 체계를 세우며 대일항쟁을 주도하였다. 서일 인생의 후반기에 일어났던 모든 일들은 10세에 시작한 학문 연마의 결과라 할 수 있다.

서일의 사상 형성 과정은 3단계로 볼 수 있는데, 1단계는 고향의 스승인 학음(鶴陰) 김노규(金魯奎, ?~1905)로부터 배웠을 유가적인 입장과 이를 바탕으로 다양한 학문을 수용한 함일학교 시기이다. 이 시기는 사상이라기보다는 스승의 가르침을 익히고 실천하는 단계로 보는 것이 옳을 것이다. 2단계는 중광단을 조직하고 대종교에 입교하면서 공부와 깨달음으로 사상을 터득해간 대종교 시기이다. 1911년부터 1916년에 해당하는 이 시기에 그의 사상은 대종교 경전을 저술할 정도로 발전하였다. 3단계는 나철 대종사의 조천 이후 항일투쟁에 돌입하면서 발전시킨 민족주의 사상으로 볼 수 있다. 이 시기는 1916년부터 1921년 서일의 조천까지로 볼 수 있다.

---

12) 한국사데이터베이스, 한국독립운동사 자료43, 중국동북지역편Ⅴ, 關參謀 제887호(1920.11.29), 「情報 第七二八號 被檢擧不逞鮮人陳述ノ要旨」, 발신 關東軍參謀部, 수신 內田康哉.

1) 성장기의 학문

서일의 사상 형성에 있어서 가장 이른 시기에 영향을 끼친 인물은 어릴 적 스승이었던 김노규이다. 서일은 1890년 10세 때부터 고향인 함경도 경원에서 그의 문하에서 한학을 공부하였다. 김노규는 국경지대인 함경북도 경원에 거주한 지식인이었는데 그 일대에서 영향력 있는 지성인이었던 것으로 알려지고 있다. 서일이 김노규로부터 배운 한학, 특히 주역은 그가 수리학적 논리의 기본을 철저히 다지고 해박한 학문적 소양을 구축하는 데 중요한 토대로 작용하였을 것이다. 이런 사실은 서일이 스승인 일의자(一意者)와 나눈 대화를 저술한 『삼문일답』에서도 상당 부분 엿볼 수 있다.

> 저는 태백산 남녘에 사오며 어릴 때부터 유문(儒門)에 놀아서 사서삼경을 읽고 자람에 백가(百家)·구류(九流)의 글들을 대강 보았으나 오직 못 본 것은 우리나라 옛날 글이라 오래 듣사오니 선생님이 진종대도(眞倧大道)를 크게 닦아서 중생과 후학을 넓게 건지신다 하오며 반가운 뜻으로 찾아왔습니다.[13]

인용한 부분은 대종교 중광교조이자 서일의 스승인 나철에게 서일이 한 말이다. 즉 나철을 찾아갔을 때 서일은 이미 한학을 수학하면서 많은 서적을 접하고 상당한 수준의 학문에 도달하였던 것을 확인할 수 있다.

김노규는 또한 역사를 연구한 사람으로 특히 역사지리에 관심이

---

13) 『대종교 중광육십년사』, 앞의 책, 133쪽.

많았다. 보편적으로 역사지리를 연구하다보면 당연히 정치사에 관심을 갖게 되며 이 과정에서 끝 모를 애국심이 일어난다. 김노규 또한 그 고향 일대의 북쪽 강역(疆域)을 역사적으로 고찰한 『북여요선(北輿要選)』과 우리의 토속 사상을 담은 『학음유고(鶴陰遺稿)』 등을 남기는 등 민족의식이 누구보다 강했던 인물이다.14) 그의 대표작인 『북여요선』은 상하 2권 1책으로 구성되어 있는데, 상권은 간도 영유권의 역사적 근거를 제시하기 위해 발간된 것으로서 백두산을 중심으로 한 일대의 고적(古蹟)들을 역사지리학적으로 고찰하여 간도가 조선에 귀속됨을 밝힌 것이고 하권에는 1882년 경계 문제에 관한 한청(韓淸) 간의 교섭 내용이 담겨있다.15) 그 일절을 인용하면 다음과 같다.

---

14) 김동환, 「백포 서일의 삶과 사상」, 앞의 글, 94쪽.
15) 『북여요선』에는 당시의 내부대신 이건하(李乾夏, 1835~1913), 농상공부대신 김가진(金嘉鎭, 1846~1922), 백산초부(白山樵夫) 유완무(柳完茂, 1861~1909), 오재영(吳在英)의 서문과 북간도수약위원(北墾島修約委員) 이병순(李秉純)의 발문이 수록되어있다. 상권의 「백두고적고(白頭古蹟攷)」는 백두산의 내력과 백두산에 출원지를 둔 여러 강들을 서술하고, 두만강 왼쪽 기슭 일대에 산재해 있는 조선의 고적들을 밝힌 것이고, 「백두구강고(白頭舊疆攷)」에서는 백두산 일대가 고구려의 고토(故土)였고 조선왕조 건국과 관련한 유적이 이 지역에 있음을 언급하기도 하였다. 「백두도본고(白頭圖本攷)」에서는 백두산에 대한 지도의 여러 이본(異本)들을 상세히 언급하며 완벽한 새로운 지도의 작성을 제안하였다. 「백두비기고(白頭碑記攷)」는 1712년에 건립된 정계비에 기록된 토문강(土門江)이 두만강과는 별개의 강임을 밝히고자 한 것이다. 하권은 「탐계공문고(探界公文攷)」, 「감계공문고(勘界公文攷)」, 「찰계공문고(察界公文攷)」, 「사계공문고(查界公文攷)」 등으로 이루지며 1882년 간도문제 발생이후 한청 간에 왕래한 공문 등 관련 문서 자료들이 기록되어 있다. 김노규, 『북여요선』(이동환역), 『영토문제연구』 창간호, 고려대학교 민족문화연구소, 1983, 217~219쪽, 참조.

국내 사악칠독(四嶽七瀆)의 모든 영기(靈氣)는 모두 백두산 원기(元氣)가 남으로 갈려나온 것으로, 오직 두만강이 백두산 가까운 곳에 있어 성조(聖祖)의 최초 발상의 근원이 되었다.[16]

개원(開元)은 옛날의 읍루, 물길이다. 개원 3만이 또한 부여고국(夫餘古國)으로서 지금은 영고탑의 경역(境域)에 속해 있고, 부여·단군의 후예이면서 읍루·물길이 모두 그 부락이 되어있으나, 그 지역이 조선에 속했던 것은 의심이 없다.[17]

따라서 김노규는 조선의 현실을 깨달은 서일에게 역사적 사실을 통해서 애국심을 고양시키는 교육을 시켰을 가능성이 높다. 김노규의 강렬한 민족의식이 서일의 사상형성에 영향을 끼쳤을 것이라는 점에 대하여 신운용은 특히 김노규의『북여요선』에서 나타나는 역사 인식과 백두산에서 비롯하여 갈려나온 우리 국토에 대한 애정과 자부심이 서일에게 많은 영향을 주었을 것으로 보았다.[18]

그러나 여기에는 한 가지 간과된 사실이 있다. 비록 김노규는 역사지리를 연구하고 우리 역사의 중요성을 강조하였지만 그는 근본적으로 '중화주의'에서 벗어나지 못한 학자였다. 그렇기 때문에 그의 저서에서도 기자조선이 강조되고 있다.

지금은 무산(茂山)이하를 통칭 '두만강'이라 한다.[김기홍(金起泓)의

---

16) 김노규, 위의 글, 232쪽.
17) 위의 글, 234쪽.
18) 신운용,「서일의 민족운동과 대종교」,『백포 서일, 그 현재적 의미』, 국학연구소 학술회의 자료, 2012, 5~6쪽.

관곡야승(寬谷野乘)에 보임] 동림성(東林城)에 사당 3칸이 있으니 조정에서 매년 향폐(香幣)를 보내어 두만강 신을 제사지내는데, 그 지방 사람들은 용당(龍堂)이라 일컫는다.[문충공 남구만(南九萬)의 용당도기(龍堂圖記)에 보임] 국가에서는 이 강을 주나라의 선조가 움을 파고 살았던 저(沮), 칠(漆)에 비정하였다.[용비어천가와 관북빈흥록(關北賓興錄)에 자세히 보임] 그러므로 세종조 계축(1433)에 하교하시기를 ˝두만강은 천연의 요지로서, 태조께서 처음 공주(孔州)에다 경원부(慶源府)를 설치하셨고, 태종께서 부의 소재지를 소다로(蘇多老)에 옮겼으니 이는 다 왕업이 시작된 땅을 중시하는 소이다˝라 했다.[국조보감(國朝寶鑑)과 북관지(北關誌)에 자세히 보임]19)

생각해보건대, 백두산 일대가 옛 강역이었음은 대개 기씨(箕氏) 시대부터였으나, 연혁의 기록은 자세함을 얻을 수 없다. 고구려 성시에 서쪽으로는 요동 땅에 닿았고, 북쪽으로는 흑수(黑水), 부산(部山)의 3면을 통할하여 모두 그 소유가 되었더니, 당나라가 고구려를 멸망시키던 때에 백산 이동의 성을 들어 신라에 주었으나, 신라의 위력이 북방에는 충분하지 못했기 때문에 고구려의 유민들이 그 허점을 틈타 그곳을 지키다가 마침내 발해국이 되었다.20)

김노규의 이런 인식은 그 시대의 학자들의 보편적 인식 체계였다. 이를 군이 모화주의로 볼 필요는 없겠으나 서일에게도 일정 부분 영향을 주었을 것이다. 하지만 서일이 김노규에게 배운 역사의식을 그대로 받아들였다면 곳곳에서 그런 흔적이 발견되었을 텐데 실상은 그렇지 않았다. 서일이 훗날 대종교에 입교하게 된 동기 중 하나는

---

19) 김노규, 「부 백두산하 발상고적(附白頭山下發祥古蹟)」, 『북여요선』, 앞의 책, 229쪽.
20) 김노규, 「백두구강고(白頭舊疆攷)」, 『북여요선』, 위의 책, 235쪽.

김노규로부터 배운 지식과 그가 추구하는 것이 달랐기 때문일 것이다. 서일은 학문의 기본을 김노규에게서 배웠을지라도 그의 기본 사상은 다른 곳에서 연원하였던 것이다.

서일은 1900년 초부터는 신학문을 배우기 위해 함경북도 경성군 소재 함일실업학교(咸一實業學校)의 전신인 사숙(私塾)에 입학한다. 서일은 일반적으로 '함일사범학교'를 졸업했다고 언급되지만[21] 서일이 재학 중일 때의 명칭은 사숙(私塾)이었다.[22] 함일학교(咸一學校)

---

21) 『대종교 중광육십년사』에 22세(1902년)에 함일사범학교를 졸업하였다고 한 것이 대표적이다.

22) 함일학교는 사숙(1900.3) → 유지의숙(有志義塾)(1907.1) → 함일학교(1907. 2) → 함일실업학교(1910)로 변화되어 왔다. 이는 설립자 이운협이 융희 3년(1909) 5월 8일 관계 당국에 제출한 함일실업학교로의 명칭 변경을 위한 청원서에 다음과 같이 명확히 밝혀져 있다.
"본교는 광무 4년(1900) 3월 10일에 설립하여, 광무 11년(1907) 1월 22일에 유지의숙으로 인가를 승(承)하였고, 동년 2월 2일에 함일학교로 개칭한 후 인가를 또 승(承)한 바, 금회 융희 2년 칙령 제 62호 사립학교령에 의하여 설립인가를 수(受)코져 하여, 별지 사항을 갖추어 이에 청원하오니 조량(照亮)하여 인가하시기를 바랍니다." 조선총독부, 『사립실업학교 설립관계 서류』, 조선총독부학무국학무과, 1910.
수업 연한은 본과 3년, 예과 및 농림과는 1년이며, 함일학교의 설립목적이 "남자에게 필요한 고등보통교육을 실시하고 겸하여 실업상 지식기능을 양성함을 목적함"으로 되어 있는 반면, 함일실업학교에서는 "농업상에 관하여 필요한 지식과 기능을 교수하며 겸하여 덕성을 함양함을 목적한다"로 바뀌었다. '남자'라는 단어가 빠지고 '덕성'이란 단어가 추가된 것을 보면 함일실업학교가 인성교육에도 역점을 두었던 것으로 보인다. '함일사범학교'라는 것은 1908년 함일학교에 '사범속성과'를 설치한 것을 말하는 것인데, 이는 서일이 졸업하고 6년 뒤이다. 이처럼 함일학교와 사숙이 구분 없이 사용되고 있는 것은 서일이 학교 졸업 후 교사로 활약하였기 때문에 붙는 이운협(李雲協, 1873~1910)이 설립하였는데,[23] 그는 학교 운영에 그의 전 재산을 거의 바쳤으며 당시 실력 있는 교사를 초빙하기 위하여 경성으로 올라와 동분서주할 정도로 학교 발전을 위해 헌신하였다. 그는 항상 학생들에게 "제군은 공부 잘하여 입신양명이나 이현부모 할 생각보다 나라와 민족을 위하여 헌신하려는 애국심에 투철하라"고 강조하였다.[24] 이러한 점에서 생각해 보면 서일이 이 학

여진 것으로 생각된다. 나아가 함일학교 내에서 서일의 영향력이 컸다는 점을 뒷받침하는 근거로 볼 수도 있다.

23) 「賀李雲協氏」, 『황성신문』, 1907.1.26.
"함북 경성군 유지 신사 이운협씨가 원래 교육에 열심ᄒ더니 금번에 함일학교를 확장ᄒ고 도내에 문학이 유여(裕餘)ᄒ 인사를 모집ᄒ며 자금을 구취(鳩聚)하야 전도(全道) 교육을 발흥케 ᄒ고져 ᄒ야 이운협씨가 상경ᄒ야 일변 학부(學部)에 청원ᄒ며 일변 각 교육가에 교사를 읍구(泣求)ᄒ다더니, 이상익씨가 이운협씨의 열심을 감복ᄒ야 교사로 특허하야 일간 발정(發程)ᄒ다니 함북 일도(一道)의 교육장래를 위ᄒ야 축하ᄒ노라."

24) 이운협의 유지의숙에는 1905년 경성에 주둔한 일본병참사령관 육군중좌 도모오카 마사쓰구(友岡正順)에 의해 일어학교가 설립되었다. 이는 이 지역에 거주하는 일본인들의 개도를 위한 것이었는데 이로 인해 이운협이 친일로 오해받고 조선인 학생들의 민족정신 고취에 나쁜 영향을 미친 것으로 여겨질 소지도 있다. 하지만 그는 자신의 지병을 돌보지도 않고 마지막까지 학교 발전을 위해 헌신하다가 1910년에 죽었다. 또한 이운협은 경성군의 민족운동가요 교육가로서 평안도의 안창호에 견줄 만큼 열혈적(熱血的) 인물이었음을 그를 회고하는 다음의 기록을 통해 엿볼 수 있다.
"함북 경성의 함일학교는 북관 일대의 문명을 낳은 태모(胎母)이다. 당시 옛 학문이 성할 때 경사(京師)에 유(遊)하여 신학문을 닦고 곳 하향하여 없는 돈에 피땀을 모아 함일학교를 창설하여 북도 11군에 영재들을 배양하여 내었다. 실로 금일 이 도(道)의 중추인물치고 이운협씨의 열혈적 교육을 아니 받은 이가 없다. 그는 너무 격정적이어서 40미만에 객혈이유(喀血而遊)

교에 재학하는 동안 한국의 국권 회복을 위하여 일생을 바쳐야겠다고 결심하는 계기를 마련하였을 것임을 미루어 짐작해 볼 수 있다.[25]

또 후일 서일이 남긴 저술들을 볼 때 서일이 김노규 문하에서 학문적 기본을 다졌다면 다양한 학문에 접하게 된 시기는 함일학교 사숙에서 수학할 때와 1902년 사숙을 졸업한 후 7~8년간 지역사회에서 계몽운동과 교육 사업에 헌신하던 때라고 볼 수 있다. 함일학교의 학과목을 살펴보면 본과(本科)는 수신(修身), 국어, 한문, 일어, 지리이고, 이과(理科)는 수학, 작물론, 비료, 양잠학, 임학(林學), 작물병리학이었으며, 속성과(速成科)는 일어, 수학, 물리, 화학, 기상학, 박물(博物), 토양학, 비료학, 작물각론, 원예재배, 축산, 양잠, 조림(造林)각론, 임학대요, 곤충학, 병리학으로, 산업을 중시한 것으로 보이는데 당시로서는 상당히 다양한 학문을 접할 수 있도록 노력했던 것 같다. 따라서 이 시기에 서일이 동·서양 학문에 대한 체계적인 경험을 한 것이 확실한 듯하다.

당시 함일학교의 설립 취지는 "관북(關北)의 중심인 경성(鏡城)에 학교를 세워 학문진작을 통해 함일이라는 이름을 전국에 빛나게 하자"[26]는 것이었는데 그 취지대로 과연 인근 유지들의 기부금이 답지

하다. 후인이 그의 분묘에 송모(頌慕)의 비를 눈물로써 건립함이 대개 뜻이 있다 할 것이다." 「반도인물지, 二大臣·六人傑, 咸鏡北道의 編」, 『삼천리』 제6권 5호, 1934, 83쪽 참조.

25) 박영석, 「백포 서일」, 『만주벌의 혼-독립군총재 서일』, 백포서일기념사업회, 2011, 408쪽.

26) 「함일학교 취지」, 『황성신문』, 1907.2.22.

하여 학교를 돕고 유능한 교사들의 헌신적인 노력과 학생들의 열성
으로 크게 발전하였다. 이 학교 출신으로는 서일을 비롯해 간도대한
국민회 사령 안무(安武), 대한군정서 부총재 현천묵(玄天默) 및 간부
김병철, 서대문형무소에서 처형된 김학섭 등인데 이들은 모두 광복
운동의 핵심 투사들로서 함일학교는 이들을 양성하고 키워낸 민족
학교였다.27)

　경성을 비롯한 함경북도 변경 지역은 두만강 건너편의 간도 및 연
해주와 지리적으로 인접해 있는 군사적 요충지였다. 따라서 일본은
1907년부터 경성(鏡城) 나남(羅南)에 제 19사단을 주둔시키며 병영
및 군용철도 건설 등 노역에 주민들을 강제 동원하는 등 착취를 행
했으므로 이 지역은 전국 어느 곳보다 일본에 대한 감정이 좋지 않
은 곳이기도 했다. 특히 함일학교가 설립된 경성지역은 1908년 함경
북도의 대표적인 의병인 경성의병이 항일전을 벌였던 곳으로 일찍
부터 개화의식과 민족의식이 강했던 지역이다. 경성의병은 경성을
중심으로 명천(明川)과 무산(茂山) 일대에서 활동했으며, 애국계몽운
동 노선을 표방하던 정치 단체인 대한협회 경성지회와도 긴밀하게
연계하여 항일민족운동을 전개했다. 경성지회 회원들은 항일 의식이
강한 유생들이 주축을 이루었으므로 적극적인 항일 노선을 표방하
였고, 나아가 주민들에게도 항일 민족의식을 고취함으로써 경성 의
병과 자연스럽게 연계가 이루어진 것으로 보인다.28) 일본도 경성지

---

27) 강용권, 「서일 종사와 그의 후예들」, 『울소리』 제6호, 흔뿌리, 2008, 58~59
　　쪽; 「백포서일의 독립정신과 자유시 참변」, 백포서일총재 및 자유시참변
　　제90주기 추모대제전 학술회의 발표, 2011.
28) 대한협회는 대한자강회(大韓自强會)의 후신으로 1907년 11월 서울에서 남

회가 의병과 깊이 연관되어 있다는 사실을 정확하게 파악하고 있었다는 것은 다음 내용에서 확인할 수 있다.

경찰 헌병 군대가 경성의병을 수색 토벌 차 향하자 여하히 비밀리 행동하여도 벌써 기선(機先)을 알고 교묘히 종적을 감추어 아(我)로 하여금 공연히 분명(奔命)에 료(了)케 하여 드디어 성효(成效)를 볼 수 없게 함은 항상 그 동작의 기민함에 놀라움과 동시에 이 점에 의심을 갖고 주의(注意) 정찰하였다. 그동안 내정(內偵) 정보에 의하면 폭도가 우리 움직임을 빨리 예지(豫知)하고 우리로 하여금 분명(奔命)에 료(了)케 하는 것은 적어도 주 남북 양면 부근 지방의 인민이 모두 폭도에 동정하여 우리의 움직임을 알자 각 리동이 체차(遞差) 밀고속보(密告速報)의 법을 취하는 것으로서, 그리고 경성 읍내에서 우리의 움직임을 밀보(密報)하는 것은 대한협회로, 동회는 항상 폭도에 기맥을 통하고 또 이의 급양(給養)도 하고 있는 것이라고 한다.29)

궁억(南宮檍)을 회장으로 결성되었으며 애국계몽운동 노선을 표방한 정치단체이다. 이 단체는 국가의 부강, 교육, 산업의 육성을 활동 목표로 설정하였으나 항일의병에 대하여는 비판적 시각을 견지하였다. 이는 대한협회 총무 윤효정(尹孝定)이 '시국의 급무'라는 연설에서 의병을 폭도로 보고 의병 때문에 치안 유지와 자강 독립이 방해받는다고 주장한 것에서 연유한 것이며, 이러한 인식은 대한협회 회원들에게 받아들여져 각 지방 지회에서도 의병 반대운동을 전개함에 따라 친일단체로 알려졌다. 그러나 대한협회의 이러한 항일의병에 대한 배타적인 태도와 친일적 성향과는 달리 대한협회 경성지회는 그곳 경성 의병을 지원하는 활동을 적극 전개하였다. 박민영, 「1908년 경성의병의 편성과 대한협회 경성지회」, 한국근현대사연구회편, 『한국근현대사연구』제4집, 한울, 1996, 186~193쪽.

29) 高秘發 제16호(1909.1.18), 「大韓協會 暴徒 關係의 件 詳報」, 국사편찬위원회, 『한국독립운동사자료13』의병편Ⅵ, 1984, 196쪽.

이는 대한협회 경성지회 회원들이 일본 군경의 동정을 탐지하여 의병 측에 몰래 알려줌으로써 신속히 대처하게 할 뿐만 아니라, 의병들에게 군량미를 제공하는 등의 구체적인 원조 활동을 벌이고 있다는 것이다. 실제로 경성지회에서는 의병 지원을 위해 군내 각지로부터 군자금과 군량미를 모으는 일에 진력하고 있었으며,[30] 경성지회의 군자금 모금 운동은 학교 후원을 명목으로 전개되었다. 먼저 보성학교를 설립·운영하였으며, 또한 함일학교를 적극 지원하는 등 표면적으로는 청소년교육 사업에 주력하는듯하였으나 실제로는 학교 운영에 소요되는 자금은 거의 전부 의병 활동에 필요한 경비로 제공되고 있었던 것이다.[31]

이 시기 서일은 같은 지역에서 주로 애국계몽운동과 교육 사업에 헌신하고 있었으므로 어떤 형태로든 서일 역시 경성군의 의병 또는 대한협회의 활동에 참여했거나 크게 영향을 받은 것으로 보인다.[32] 1907년 12월경에 결성된 경성지회의 초기 임원에 함일실업학교 설립자인 이운협이 들어 있으며 1908년 7월 13일 임원개편 때는 현천묵(玄天默)[33]이 회장을, 이운협이 교육부 사무장을 맡게 되었는데 이들

---

30) 박민영, 「1908년 경성의병의 편성과 대한협회 경성지회」, 앞의 책, 193쪽.

31) 이동언, 앞의 글. 53쪽.

32) 임형진, 「백포 서일의 독립정신과 자유시 참변」, 백포 서일 총재 및 자유시 참변 제90주기 추모대제전 학술 발표, 2011. 9쪽.

33) 현천묵은 1909년 북간도로 망명하여 김정규 등과 긴밀한 연락을 취하면서 대종교 활동 등 항일민족운동에 투신하였으며, 1920년 전후에는 대한군정서, 대한독립군단 등의 부총재를 역임하며 서일, 안무 등과 함께 북간도 지역의 독립군을 이끌던 핵심 인물이기도 하다. 박민영, 「1908년 경성의병의 편성과 대한협회 경성지회」, 앞의 책, 190쪽.

은 서일과 밀접한 관계에 있는 인물들이다. 특히 1908년 경성의병은 연해주 의병과 연합하여 일본 군경을 협공함으로써 6진을 비롯한 함북 전역을 장악하기 위한 항일전을 수행하였는데, 1908년 하반기 이후 일본의 탄압에 밀려 북간도 연해주 등지로 이주할 때도 집단적으로 이주하는 특징을 보였다.[34] 서일이 1911년 현천묵 등과 함께 두만강을 건넌 의병들을 규합하여 중광단을 조직한 것을 보면 서일이 도만(渡滿)하기 전에 이미 이들과 경성의병의 영향을 받아 국권 회복을 위한 앞으로의 계획을 구상했을 것으로 추측된다.

2) 대종교 입교 시기

서일은 1921년 41세로 영면하였다. 그 41년 인생 중 마지막 10년이 대종교와 관련되어 있다. 1912년 대종교에 입교하면서 영면하는 순간까지 그는 행동의 중심 사상으로 대종교에 의지하고 이를 발전시켰다. 고향 은사인 김노규로부터 배우지 못한 정신을 대종교로부터 배웠던 것이다. 그렇기 때문에 서일의 인생 후반기와 살신성인의 생활철학을 이해하기 위해서는 대종교에서의 서일을 먼저 이해해야 할 것이다.

일반적인 기록에는 서일이 1911년 3월에 중광단을 조직하고 1912년 10월 대종교에 입교한 것으로 되어 있다. 그러나 '중광(重光)'이란 단어는 대종교의 중광(重光; 교문을 다시 엶)에서 따온 것으로 보아야 하므로[35] 서일의 입교시기를 중광단 조직 이후로 보는 부분에 있

---

34) 박민영, 「1908년 경성의병의 편성과 대한협회 경성지회」, 앞의 책, 170~171쪽.

어서는 『대종교 중광육십년사』에 부분적인 오류나 누락이 있는 것 같다.36)

　김동환은 서일이 대종교를 접하고 그 정신으로 중광단을 만들었으며 그러한 변화의 중요한 계기가 된 사건은 나철이라는 인물과의 만남으로, 구체적으로는 『삼일신고(三一神誥)』와 『신리대전(神理大全)』이라는 책을 경험하면서부터라고 보았다.37) 『삼일신고』는 나철이 대종교를 중광하기 이전인 1905년 11월 30일, 우연히 두암(頭岩) 백전(伯佺)이라는 노인을 만나 단군교(檀君敎)에 입교하고 받은 비전

---

35) '중광'이란 말을 나철 종사가 처음 쓴 것인지 아니면 그 이전부터 썼던 것인지는 분명하지 않다. 다만 그 의미로 볼 때 한학을 공부한 사람이라면 쓸 수 있는 단어라 볼 수 있다. '중광'은 중국 고전에 많이 나오는 말이며 국내 자료로는 『환단고기』에 '중광'이라는 연호가 발해시대에 쓰였다는 기록이 있다. 조선시대에는 종묘제례악의 한 악장, 초헌례에 연주되는 아홉 번째 곡의 제목으로 쓰였다. 1625년(인조 3)에 임진왜란을 이겨낸 선조의 빛나는 업적을 찬양하기 위하여 새로이 창제된 것으로, 노래 말 가운데 '준덕중광(峻德重光)'이라고 한 것에서 따온 것이다.

36) 『대종교 중광육십년사』에는 "1911년에 서일 종사는 처음으로 거사를 도모하고 월강 입만(入滿)한 의병들을 규합하여 중광단을 조직하고 동 단장에 취임하여 본영을 길림성 왕청현에 두었다."라고 했고, "32세 임자년(1912)에 도만하여 동만(東滿) 왕청현에서 명동학교를 창설하여 육영사업을 자임하였으며, 임자년 10월에 대종교를 신봉하였다"고 되어있어 서일이 입교하기 전에 이미 중광단을 조직한 것으로 되어있다. '중광'이란 말은 '대종교 중광'에서 따온 것인데, 서일이 중광단을 조직한 것은 1911년 3월이고, 그가 대종교에 입교한 것은 1912년 10월이기 때문에 앞뒤가 맞지 않는 부분이다. 그러나 당시 『매일신보』에 중광단의 설립이 1911년으로 보도된 것으로 보아 서일이 중광단을 창립한 것은 1911년이 확실하다고 생각된다.

37) 김동환, 앞의 글, 96쪽.

(秘典)으로 대종교의 주요 경전이다. 서일은 "삼·일의 원리야말로 백봉신사(白峯神師)께서 나철에게 전하여준 것으로 나같이 갖지 못한 사람으로서도 또한 다행하게 나철 스승으로부터 친히 가르침을 받아 더불어 들음이 있었음에 감격한다."[38]고 하였는데 이것을 보더라도 서일이 나철을 만나 삼일철학의 심오한 진리를 깨닫고 입교하는 계기가 되었음을 알 수 있다.

그런데 서일이 나철을 만난 때가 언제였는지는 정확히 알려져 있지 않다. 다만 서일이 구국 일념을 다지며 1911년 두만강을 건너 왕청현 덕원리에 자리 잡을 때는 홍암 나철 대종사가 대종교 총 본사를 경성에서 화룡현 청파호로 이전할 것을 결정하고 포교 활동을 시작한 시기였으므로,[39] 김동환은 나철이 1911년 7월 21일 화룡현 청파호에 도착한 시기에 서일과 만난 것으로 추측하고 있다.[40] 그 근거로 다음의 『독립신문』 기사를 제시하고 있다.

> 다음 대종교가 래(來)하야 나철, 백순, 박찬익, 서일, 계화 제씨(諸氏)가 선교에 대 전력하야 청파(靑坡)에 북도본사와 하동(河東)의 동도본사를 치(置)하고 각처에 시교당을 설(設)하야 교도가 몇 천 명에 달하는데 벽촌궁항(僻村窮巷)에 무무노농(貿貿老農)이라도 '한배검'이 누구신지 지(知)케 됨은 대종교의 효력이 적지 안타[未完].[41]

그런데 위의 기사는 대종교가 전파된 상황을 포괄적으로 보도한

---

38) 『대종교 중광육십년사』, 앞의 책, 112쪽 참조.
39) 강용권, 「민족독립운동과 서일」, 앞의 글, 465쪽 참조.
40) 김동환, 앞의 글, 96쪽.
41) 「북간도 그 과거와 현재」, 『독립신문』, 1920.1.1.

것으로, 구체적 사실을 확인하는 데 어려움이 있다. 정확한 시기를 알 수도 없으며42) 1914년에 설치된 북도와 동도본사가 언급되고 있기 때문이다.

　김동환은 또 서일이 나철 대종사를 찾아가 삼일철학의 가치를 깨닫고 크게 감화를 받아 1912년 10월에 대종교에 입교하였고 본격적인 광복운동 단체인 중광단을 조직한 정신적 배경 역시 대종교이며, 또한 대종교를 통해 그의 삶의 가치가 새롭게 전환되었으리라고 보았다. 이러한 것은 그가 평생을 대종교의 정신 속에서 수도하는 자

[그림 4] 나라를 되찾기 위해 애국지사들이 건너던 두만강

42) 『독립신문』보다 일찍 나온 「매일신문」에는 나철이 화룡현으로 대종교 총본사를 옮긴 이유와 관련하여, 나철은 당시 국내에서 포교를 하기에 어려운 사정에 직면해있었는데, 1911년에 만주로 이동한 이정완(李貞完)에 의해 만주에서는 대종교가 급속하게 성장하였다고 되어있다. 안정적으로 상황이 유지되자 나철도 이에 힘입어 총본사를 이곳으로 옮긴 것으로 보인다.

세로 살았고 그가 남긴 저술들이 모두 대종교의 교리를 궁구하는 내용이라는 점에서 알 수 있다는 것이다.[43]

하지만 실제로 서일이 만주로 건너간 것은 1911년인데 이해 3월에 중광단을 조직했다고 하는 것은 1911년 7월 나철을 만나 감화를 받고 1912년 10월에야 대종교에 입교하였다는 사실과 시기가 배치된다. 중광단 조직시기와 대종교 입교시기 문제에 대해서는 명확히 규명할 수는 없으나 대종교 정신으로 중광단을 조직하였다는 것만은 다른 자료들을 통해서도 확인된다. 따라서 이 문제는 다음과 같이 설명할 수 있을 것이다.

서일이 대종교에 관심을 갖기 시작한 것은 그가 고향에 있을 때부터였다. 그는 주변 사람들 중 특히 이홍래(李鴻來)와 각별한 관계였다. 이홍래는 나철과 을사오적을 처단하기 위한 조직을 만들었던 사람이고 나철이 대종교를 중광하는 현장에도 함께했다. 따라서 서일은 이홍래를 통해 나철의 사상을 알고 있었고 그를 만나기 전부터 대종교에 귀의를 했을 가능성이 높다. 또는 어떤 형태로든지 나철이 대종교 총본사를 옮기는 과정에서 제자들의 말을 참고하여 먼저 한번 간도 지역을 다녀갔을 개연성도 충분이 있다. 그런 과정에서 이홍래 또는 다른 대종교도 중 누군가가 서일을 나철에게 소개하였을 것이다. 그 과정에서 서로 간단하게 만남을 갖고 서일은 확신을 갖게 되었으며 이후 다시 만나 정식으로 사제지간이 되었을 가능성이 큰 것으로 봐야 할 것이다.

또 강용권은 『대종교 중광육십년사』의 기록과는 달리 "서일이

---

43) 김동환, 앞의 글, 97쪽.

1902년 함일사범학교를 졸업하고 고향인 경원에서 7~8년간 학교 선생 노릇을 하였다"고 하였는데, 이러한 점에서 보면 서일이 1911년 도만하기 전 1~2년 사이에 이미 대종교와 어떤 형태로든 관련을 맺지 않았을까 하는 추측도 해볼 수 있다.[44] 그렇다면 서일은 입교 전부터 대종교에 대한 충분한 이해가 있었을 것으로 보이는데 여기서 서일에 영향을 주었을 만한 인물로 경성 지역 출신인 현천묵(玄天默)과 김영학(金永學)을 주목할 만하다.[45] 김영학은 함일학교 발기인이며 1906년 유지의숙 학감, 1907년 교감, 1909년 교장, 1923년 간도교육회 회장, 북로군정서 외교부장 등을 역임하였는데 그에 대해 조창용은 "이 분은 간도에서 제일가는 부자로 또한 우리 교를 정성을 다하여 믿는다."고 기록한 바 있다.[46] 기록에서처럼 김영학은 경제력과 종교적 신심(信心)을 갖춘 인물로서 그가 서일과 종교적으로나 사회적으로 깊은 관계에 있었다면 서일에게 대종교에 관한 영향을 주었을 가능성이 있다.

  신운용도 서일이 대종교에 귀의하는 데 일정한 관계가 있는 여러 인물이 있었을 것으로 보고 그 대표적인 인물로 현천묵과 이홍래를 지목했다. 현천묵은 1862년 함경북도 경성에서 출생하여 한학을 수학하였고 1908년 7월 대한협회 경성지회의 회장으로 선출되어 경성의병과도 긴밀한 관계가 있었으며 또한 1909년 2월 10일부터 1910년 5월 27일까지 경성군 향교 직원(直員)을 역임하였다.[47] 또한 현천묵

---

44) 강용권, 「민족독립운동과 서일」. 앞의 글, 465쪽.
45) 김동환, 앞의 글, 2011, 326쪽.
46) 조창용, 「북간도시찰기」, 『백농실기』, 광복기념관 한국광복운동사연구소, 1993년, 256쪽.

이 자선사업 차 경성에 왕래하였다는 기록[48]과 그가 대종교에 입교하여 1911년 1월에 참교(參敎)가 되었다는 사실로 보아 당시 그가 경성에 머물렀을 가능성이 크다. 또한 나철 등의 대종교 인물들과 일정한 관계가 있었을 것으로 파악되는데 서일보다 19세나 연상인 현천묵이 서일과 교류했다면 일정한 가르침을 줄 수 있는 관계였을 것이므로 서일의 사상 형성에 현천묵이 영향을 끼쳤을 가능성도 배제할 수 없다.[49]

이홍래는 1890년 12월 27일 서울 태생이며 본적은 함경북도 회령이다. 그는 나철과 오기호(吳基鎬)등이 주도한 1907년 1월 을사오적 처단 계획을 추진하여 1907년 3월 25일 강원상(康元相) 등과 함께 군부대신인 권중현(權重顯)이 탄 인력거를 습격하였으나 호위하던 일본군의 반격으로 실패했다. 이후 곧바로 간도로 망명한 것으로 보인다.[50] 그런데 이홍래가 나철과 함께 을사오적 처단 의거에 가담하면서 뜻을 같이 했다는 사실에서 우리는 이홍래와 나철이 대종교 정신으로 굳게 연결되어 있었을 가능성이 높을 뿐 아니라 나철의 사상이 이홍래에게 영향을 미쳤을 것이며 이는 또 서일에게 영향을 주었을 것으로 짐작할 수 있다. 이러한 배경에는 이홍래가 1911년 3월 중광단에 참여하였고 1912년 음력 8월 동원당을 조직하였으며, 대한군정서 연모국장(捐募局長) 등의 활동을 하면서 마지막까지 서일을 보좌하였다는 사실이 엄존한다.[51] 글쓴이는 앞서 말한 바와 같이 누구보

---

47) 「叙任及辭令」, 『황성신문』, 1909.2.25; 「叙任及辭令」, 1910.6.5,

48) 「天默氏慈善」, 『황성신문』, 1909.2.21.

49) 신운용, 앞의 글, 6~8쪽.

50) 심현, 『이홍래의사 소전』, 청림각, 1979. 125쪽.

다도 이홍래가 서일에게 큰 영향을 주었을 것으로 판단한다.

한 가지 덧붙일 점은 서일에 대한 기록의 검토에 있어서 당대의 기록과 훗날의 기록은 분별을 해야 한다는 것이다. 예를 들면,『대종교중광육십년사』에는 서일이 '삼진귀일'이라는 대종교 교리를 깊이 이해하고 그 정신으로 중광단을 조직한 것으로 서술하고 있다.

> 특히 백포종사는 지용(智勇)을 겸비하신 당세(當世)의 철공(鐵工)이라 삼진귀일(三眞歸一)의 종도(倧道)를 연구하시던 붓을 꽂으시고 광복군 지휘의 칼을 뽑으시었다. 1911년에 종사는 처음으로 거사를 도모하고 월강입만(越江入滿)한 의병들을 규합하여 중광단을 조직하고 동단장에 취임하여 본영을 길림성 왕청현에 두었다.52)

대종교에 언제 입교를 했는지 분명하지도 않은 상황에서 대종교의 모든 것을 이해한 것처럼 말하는 것은 매우 위험하다. 하지만 이는 오류라기보다『대종교 중광육십년사』는 후대에 만들어진 것이기 때문에 일의 전후를 뭉뚱그려 전한 것이라고 여겨진다. 다만 해석에 있어서는 자료의 성격과 기록 시기 등을 고려할 필요가 있을 것이다.53)

서일이 대종교에 입교한 배경은 위와 같이 간단하게 정리할 수 있

---

51) 신운용, 앞의 글, 9쪽.

52) 『대종교 중광육십년사』, 앞의 책, 169~170쪽.

53) 역사를 기록하는 데 얼마든지 그럴 수 있다. 정확하게 기록해놓으면 좋겠지만 많은 세월이 지난 일은 기록하는 과정에서는 몇 년의 오차는 충분히 있을 수 있다. 다만 중요한 것은 그 사실 여부이다. 모든 기록을 보면 서일이 1911년에 간도에 도착한 것은 사실이다.

다. 서일이 대종교 또는 나철과 관계를 맺게 해준 것은 그 누구보다
이홍래의 역할일 것이다. 이홍래는 나철과 을사오적 척결단을 조직
하여 행동하였지만 실패하고 고향으로 돌아왔다. 이때 서일이 이홍
래와 교분을 쌓고 많은 감화와 영향을 주고받았을 것이다. 당시 이
홍래가 나철의 사상을 강조하였기 때문에 서일이 나철을 존경하게
된 것이 아닌가 한다. 그렇지만 그가 일반 신도가 아닌 대종교 지도
자로서, 그리고 간도 일대의 한인 지도자로서 거듭날 수 있었던 것
은 나철의 사상을 계승하고 발전시키는 과정에서 주변사람들에게
신뢰를 주었기 때문이라고 유추해볼 수 있다.

3) 서일의 주요 저술

대종교 교단 활동에서 학문적 성과 또한 서일의 업적에서 빠질 수
없는 부분이다. 서일은 대종교 중광교조 나철을 만남으로써 대종교
교리와 진리의 심오함에 대해 깨달음을 얻었으며 종교적 경험과 지
식을 통해 삼일철학이라는 사상체계를 독보적으로 체계화했다. 서일
이 나철을 찾아가 삼일철학의 가치를 깨달았다고 고백한 도각시(道
覺詩)[54]를 보면 서일의 사상이 나철에게 많은 영향을 받았음을 헤아
릴 수 있다.[55]

---

54) 서일, 「三問一答(上編)」, 『大倧敎報』第32卷 四之三·四, 대종교총본사,
1941, 17쪽.
55) 김동환, 앞의 글, 105쪽.

세사로 찾아가니 그대 마음 안다 하네
고요한 수도실엔 햇빛도 넘흘러라
나는 본시 미혹함 없이 한 뜻을 품었다 하며
자네 비로소 거리 허물고 세 뜻을 정했다 짚으니
철리(哲理)는 깨달음을 타고난 듯 밝은 사람
명성도 헛됨 없이 소문과 하나같다
평생을 헷갈리며 반신반의했건만
힘써 깨달으니 날은 이미 어스름
(來賓有事主人知　道室從容日影遲
我本不迷惟一意　爾初無間莫三思
理無後覺先天息　名不虛存實地宜
錯綜平生疑信半　孜孜說道夕陽時)

서일은 대종교를 신봉(信奉)하기 시작한지 1년 만인 1913년 10월에 참교(參敎)로 피선되어 시교사(施敎師)를 잉임(仍任)하였고, 이후 3년 동안 수만 명의 교우를 획득해 지교(知敎)로 승질(陞秩)되어 대종교 동일도본사(東一道本司) 전리(典理)가 되었다. 1916년 4월에는 상교(尙敎)로 승질하여 총본사 전강(典講)이 되었으며 같은 달 13일에는 한 단계 건너뛰어 최고 교질(敎秩)인 사교(司敎)로 초승(超陞)되어 천궁영선(天宮靈選)에 참여하였다.[56] 정상적인 자격 기준에 의하면 16년이 소요되는 최고 교질을 4년도 안 되어 달성하며 능력을 인정받은 것이다. 서일이 이러한 초인적인 능력을 발휘할 수 있었던 것은 그의 총명함[57]과 더불어 그의 학문이 이미 박학다식한 경지에 도달

---

56) 『대종교 중광육십년사』, 앞의 책, 390~391쪽 참조.
57) 이범석은 서일을 처음 만난 인상을 이렇게 표현했다. "단아한 용모에 빛나는 눈동자는 슬기로움을 발하는 표징(表徵)이었다. 낮은 목소리에서 침착

했기 때문으로 생각된다. 예컨대 서일의 『삼문일답』에 기록된 스승 나철과 대화에서도 그의 철학적인 소양을 확인할 수 있다.

선생님은 희랍철학의 연원을 듣지 못하였습니까? 플라톤은 소크라테스의 제자이오, 아리스토텔레스는 플라톤의 생도로되 그 학술·이상이 서로 반대된 곳이 많고 또 아리씨(아리스토텔레스)의 말씀에 '내가 진리를 사랑함은 내가 나의 스승을 사랑함이로라' 하였나니 이제 만일 성철들의 끼치신 이론을 깊이 강구하여 진리를 더욱 밝힌다면 이는 곧 성철을 사랑함이라 그 무엇이 옳지 아니 하오리까?[58]

이렇게 서일과 나철은 학문적인 면에서나 인격적인 면에서 가까워 있었다. 두 사람의 만남이 비록 길지는 못하였지만 전체적인 맥락에서 볼 때 큰 영향을 주고받은 것으로 보인다. 이런 분위기에서 서일은 스승을 이을 만한 새로운 저술도 하였다. 서일이 입교한 후 짧은 기간에 방대한 경전을 저술하자 그의 해박한 지식과 심오한 교리를 품고 있는 심성에 탄복치 않는 이가 없었다. 그는 지교(知敎)로서 대종교 동일도본사를 맡고 있으면서 『구변도설(九變圖說)』,『진리도설(眞理圖說)』, 『삼문일답(三問一答)』, 『오대종지강연(五大宗旨講演)』,『도해삼일신고강의(圖解三一神誥講義)』,『회삼경(會三經)』 등을 저술하여 대종교의 진리를 천명하였다.[59] 이 중에 특히 『회삼경』은 『삼일신고』, 『신리대전』, 『신단실기』와 함께 대종교의 4대 경서 중

─────────

한 성격과 인자한 천성을 엿볼 수 있다."이범석,『철기 이범석 자전』, 외길사, 1991, 177~178쪽.
58) 『대종교 중광육십년사』, 앞의 책, 145쪽 참조.
59) 위의 책, 390쪽.

하나로 추대된 것이다.60) [표 1]에 제시한 대종교 경전 분류를 보더라도 대종교 중광 이전부터 전승되어 온 신전(神典) 외에, 4대 종사들에 의한 보전(寶典) 8편 중 5편을 서일이 저술한 것이니 대종교 내경전 해석에 있어서도 서일의 비중을 알 수 있다.

[표 1] 대종교 경전의 분류61)

분 류		경 전 명	설 명
신전 (神典)		천부경	조화 경전. 81자로 구성
		삼일신고	교화 경전. 원문 366자로 구성
		참전계경	치화 경전. 366조로 구성
보전 (寶典)		신리대전	대종교 신관 이해에 필독
		신사기	삼신의 역사 간결하게 기록
		회삼경	**백포종사의 저술**
		진리도설	**백포종사의 저술**
		구변도설	**백포종사의 저술(서문과 발문만 전함)**
		삼문일답	**백포종사의 저술(서언만 전함)**
		도해삼일신고강의	**백포종사의 저술**
		삼법회통	단애종사의 수행서
보감 (寶鑑)	종사	단조사고	대종교 협제회 간행
		신단실기	무원종사의 역사 저술
		신단민사	무원종사의 역사 저술
		배달족역사	무원종사의 역사 저술
		배달족강역형세도	원대 이원태의 역사 저술
	종리	대종교신리	고경각 간행

60) 강용권, 「민족독립운동과 서일」, 앞의 글, 465쪽 참조.
61) 대종교 홈페이지/대종교소개/경전 참조.(http://www.daejonggyo.or.kr/) 검색일 2019.2.22.

분 류	경 전 명	설 명
종리	**오대종지강연**	**백포종사의 저술**
	종리문답	호석 강우의 문답식 교리 해설
	신형유훈	홍암대종사 유서
	한얼노래	대종교 예식 노래(이극로 편저)

『구변도설』, 『진리도설』, 『종지강연』, 『삼문일답』 등 서일의 저술
은 임오교변 당시 모두 분실되었다. 그중에 최근 새롭게 발견된 『도
해삼일신고강의』만 간단하게 정리해보겠다. 이 『도해삼일신고강의』
는 『삼일신고』를 그림으로 설명한 것으로 스승 나철의 사상을 가장
잘 이해한 것이라고 할 수 있다. 이렇듯 둘의 학문적인 관계는 뜻을
통하는 관계였던 것이다.

『도해삼일신고강의』는 서일의 주도하에 대종교 동도본사에서 펴낸
『사책합부(四册合附)』에 실려 있는 글이다. 이 글은 말 그대로 『삼일
신고』의 철학적 이치를 그림을 통해 설명한 것이며 글을 담고 있는
『사책합부』란 자료는 그동안 공개되지 않았다. 따라서 그 속에 들어
있는 『도해삼일신고강의』 역시 번역된 도해나 그 일부만 『해석종경
사부합편』 등에 등장했을 뿐 내용 전체가 나타난 적은 없었다.

『도해삼일신고강의』는 1916년 여름에 완성된 것으로 제목은 서일
의 스승인 홍암 나철이 1916년에 직접 명명한 것으로 전해진다.[62] 전
달 경로는 상세히 기록되어 있지는 않지만 제자(題字) 또한 1916년
중광절(重光節)을 기하여 나철이 직접 써 준 것이라고 한다. 이는 나

---

[62] 서일, 「도해삼일신고강의」, 『사책합부』, 대종교동도본사(러시아, 블라디보
스톡), 1918, 2쪽.

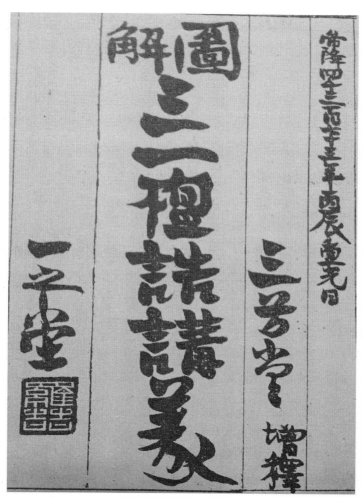

[그림 5] 나철이 1916년 중광절에 직접 쓴 제자('삼혜당 증석(增釋)'이라고 표기
되어 있다)

철의 당호인 일지당(一之堂)의 이름으로 제자 삼혜당(三兮堂; 백포
서일의 당호)에게 직접 써주었다는 점에서도 중요한 의미를 갖는다.

[그림 5] 더욱이 『도해삼일신고강의』가 『삼일신고』에 대한 이치를 서일이 직접 해석한 것이라는 점에서 향후 『삼일신고』 연구에 있어서도 중요한 자료가 될 것으로 기대된다.

이 책은 대종교 경전의 해석이 주목적은 아니지만 『도해삼일신고강의』가 처음 공개되는 자료라는 점을 감안하여 개략적 소개를 덧붙이고자 한다. 내용 구성과 더불어 관련된 그림[圖] 및 그에 대한 간단한 설명만을 언급하겠다.

먼저 『도해삼일신고강의』의 구성을 살펴보면 『삼일신고』 제목에 대한 강의와 발해 대야발(大野勃)이 쓴 『삼일신고』의 '원서(原序)', 그리고 대조영이 기렸다는 '찬(贊)'에 대한 강의를 시작으로 하고 있다. 이어서 '오훈(五訓)', '天(천)', '신(神)', '천궁(天宮)', '세계(世界)', '삼진(三眞)', '삼망(三妄)', '삼도(三途)', '임화(任化)', '자일이삼도(自一而三圖)', '회삼지일도(會三之一圖)'의 순으로 도해 강의를 엮었으며, 끝으로 발해 문왕 대흠무(大欽茂)가 기술한 '봉장기(奉藏記)'에 대한 강의로 마무리하고 있다. 여기서 '오훈'은 『삼일신고』에 대한 총론적 도해이고 '천', '신', '천궁', '세계'는 『삼일신고』의 '오훈' 가운데 '진리훈'을 뺀 '네 가지 가르침(천훈, 신훈, 천궁훈, 세계훈)'에 대한 강의를 그림으로 나타낸 것이다. 그리고 '삼진' '삼망' '삼도' '임화' '자일이삼도' '회삼지일도'는 『삼일신고』의 마지막 가르침인 '진리훈'과 관련된 도해들이다. 특히 '자일이삼도'와 '회삼지일도'는 서일의 또 다른 저술인 『회삼경』과도 직접적으로 연결되는 도해이므로 중요한 의미를 갖는다.

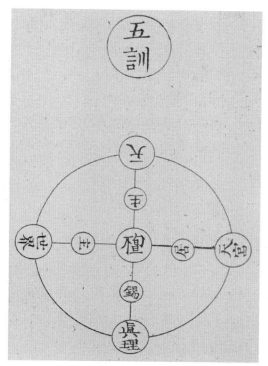

[그림 6] 오훈(五訓)

　‘오훈(五訓)’[그림 6]은 신(神)을 중심으로 상하좌우에 각기 천(天)·
진리(眞理)·세계(世界)·천궁(天宮)을 배치하였고 천(天)-만듦[生], 진
리(眞理)-풀이함[錫], 세계(世界)-주관함[主], 천궁(天宮)-거처함[居]의
개념으로 연결하였다. 이것들은 각기 ‘신이 하늘을 만든 것(神生天)’
‘신이 진리를 해석한 것(神錫眞理)’ ‘신이 누리를 주관한 것(神主世界)’
‘신이 천궁에 거하는 것(神居天宮)’에 대한 이치를 설명하고 있다.63)

---

63) 서일, 「圖解三一神誥講義(五訓)」, 『四冊合附』, 앞의 책, 7쪽.

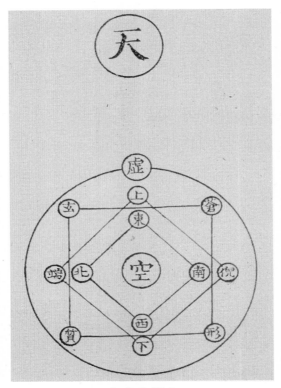

[그림 7] 천(天)

오훈의 첫 번째 요소인 '천(天)'은 만듦(生)인데 서일은 이 '천'에
대해 하늘의 외허내공(外虛內空)적 본질을 바탕으로 한다고 설명하
였다. [그림 7]은 하늘의 '검지도 푸르지도 않음(玄蒼非天)' '얼굴도
모습도 없음(天無形質)' '사방이 없음(無上下四方)' '처음과 끝이 없음
(無端倪)'의 이치를 도해한 것이다.[64]

────────────

64) 서일, 「圖解三一神誥講義(天)」, 앞의 책, 9쪽.

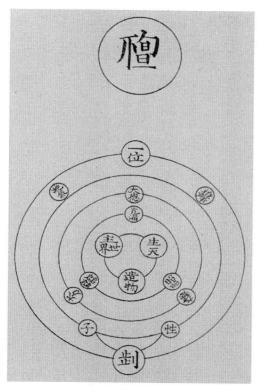

[그림 8] 신(榓)

　‘신(榓)’[그림 8]에서는 신의 자리를 둘도 없는 으뜸자리로 설정하
고 ‘신의 씨알(神性分子)’로 자리 잡은 인간의 뇌(惱)와 등치시키고
있다. 즉 인간 스스로의 본성에서 거짓(妄)을 끊고 간절히 원하면 신
과 하나가 된다는 의미인 것이다. 또한 신은 ‘큰 덕(大德)’과 ‘큰 슬기
(大慧)’와 ‘큰 힘(大力)’을 가진 존재로 ‘밝고 신령(昭昭靈靈)’하여 ‘무
엇 하나 빠뜨린 것이 없이(纖塵無漏)’ 하늘을 내고 만물을 만들고 누
리를 주관한다는 것을 드러내고 있다.65)

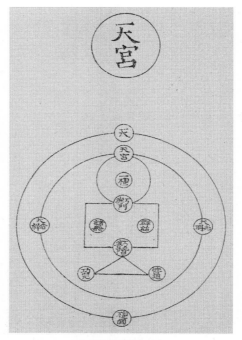

[그림 9] 천궁(天宮)

'천궁(天宮)'[그림 9]는 하늘이 '신의 나라[禰國]'임을 전제로 한다. 천궁이야말로 '가장 길하고 가장 밝은 곳(大吉祥大光明)'임을 밝히면서 '온갖 착함의 계단(萬善階)'과 '온갖 고이의 문(萬德門)'으로 연결되어 있음을 도해하고 있다. 또한 천궁은 하느님(一神)이 있는 곳으로 '여러 신령(群靈)'과 '여러 밝은이(諸哲)'들이 더불어 받드는데 그러한 천궁으로 갈 수 있는 조건으로 '성품을 트고 공적을 마침(性通功完)'이 우선적으로 요구된다는 것도 알 수 있다.66)

---

65) 서일, 「圖解三一神誥講義(神)」, 앞의 책, 13쪽.
66) 서일, 「圖解三一神誥講義(天宮)」, 앞의 책, 17쪽.

이어 '세계(世界)'[그림 10]은 누리의 모든 것이 '헤아릴 수 없이 많음(數無盡)'을 밝히면서 '서로 다른 각양각색의 현상으로 나타남(大小明暗苦樂不同)'을 설명하고 있다. 그중에서도 '해누리(日世界)'를 담당하는 사자(使者)로 하여금 7백누리를 거느리게 하였는데 그 가운데 우리가 발붙인 지구는 '무리누리(群世界)'에서 보면 '작은 한알의 누리(一丸世界)'밖에 되지 않음도 도

[그림 10] 세계(世界)

해하고 있다. 또한 지구의 모습은 '속불(中火)'로부터 끓어올라 바다로 변하고 육지가 되었으며 신(神)이 기운을 넣고 빛을 쪼이어 걸어다니고(行), 날아다니고(蠢), 변화되고(化), 헤엄질치고[(游), 뿌리내리는(栽) 만물이 번식했음을 알려주고 있다.67)

---

67) 서일, 「圖解三一神誥講義(世界)」, 앞의 책, 19쪽.

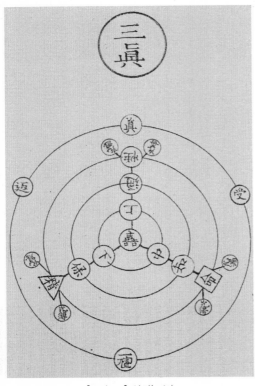

[그림 11] 삼진(三眞)

한편 『삼일신고』의 「진리훈」에 속하는 '삼진(三眞)'[그림 11]의 도해는 하느님(一神)으로부터 참함(眞)을 받았음으로 깨달아 돌이키면(返) 다시 하느님의 자리로 돌아감을 밝힌 부분이다. 성(性), 명(命), 정(精)은 본디 하늘의 본성으로부터 받은 세 참함(三眞)으로 성(性)은 무선악(無善惡)의 경지이며, 명(命)은 무청탁(無淸濁)의 경지이고 정(精)은 무후박(無厚薄)의 경지와 맞닿는다. 또한 성품을 통한(通性) 이가 '으뜸 밝은이(上哲)'요, 목숨을 아는(知命) 이가 '가운데 밝은이(中哲)'요, 정기를 보하는(保精) 이가 '아랫 밝은이(下哲)'로 도해 되지만 깨달으면 모두 위계(位階) 없이 밝은이가 되어 하느님과 하나가 됨을 밝힌 그림이다.[68]

---

68) 서일, 「圖解三一神誥講義(三眞)」, 앞의 책, 24쪽.

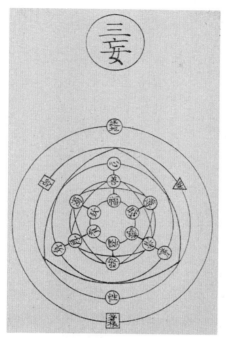

[그림 12] 삼망(三妄)

　다음의 '삼망(三妄)'[그림 12]는 세 거짓(三妄)이 자리 잡는 과정을
도해하고 있다. 사람들이 육신의 탈을 쓰고 나타나면서 세 거짓이
뿌리박게 된다는 것이다(惟衆迷地三妄着根). 그 세 거짓이 심(心), 기
(氣), 신(身)이며 세 참함과 마주하여 각기 선악(善惡), 청탁(淸濁), 후
박(厚薄)으로 대립됨을 도식하고 있다. 그리고 선하면 복(福)이 되고
악하면 화(禍)가 되며, 맑으면 오래 살고(壽) 흐리면 요절(殀)하며, 두
터우면 귀(貴)하고 엷으면 천박(賤)해진다는 이치를 나타냈다.69)

───────────

69) 서일, 「圖解三一神誥講義(三妄)」, 앞의 책, 26쪽.

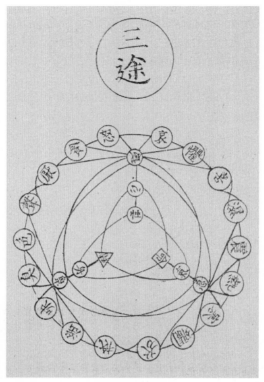

[그림 13] 삼도(三途)

'삼도(三途)'[그림 13]의 도해를 보면 세 참함인 성(性), 명(命), 정(精)
이 세 거짓인 심(心), 기(氣), 신(身)과 대립하여 나타나는 '잘못된 세
길(三途)'을 표현한 것이다. 그 길은 각기 감도(感途)와 식도(息途)와
촉도(觸途)로 분화되는데, 감도에는 희(喜), 구(懼), 애(哀), 노(奴), 탐
(貪), 염(厭)의 여섯 지경이 있고, 식도에는 분(芬), 란(爛), 한(寒), 열(熱),
진(震), 습(濕)의 여섯 지경, 그리고 촉도에는 성(聲), 색(色), 추(臭), 미
(味), 음(淫), 저(抵)의 여섯 지경으로 분화됨을 보여주고 있다.70)

다음으로 '임화(任
化)'[그림 14]는 '함부
로 내달림(任走)'과 '올
바로 되어감(化行)'의
이치를 분별한 도해
다. 즉 한 뜻으로 올
바로 되어 가면(一意
化行) 깨달아 즐거운
(悟樂)   판도(判途)가
열리게 되고, 거짓 길
에 부딪혀 함부로 내
달리면(相雜任走) 어
둡고 괴로운(迷苦) 판
도로 빠지게 됨을 말
하는 것이다. 그 일의

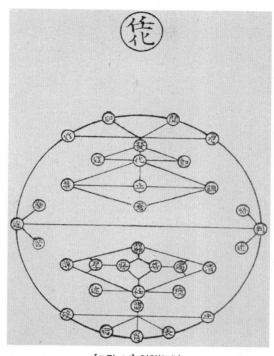

[그림 14] 임화(任化)

화행(一意化行)의 중요한 수단이 지감(止感), 조식(調息), 금촉(禁觸)
의 삼법(三法)이며 그것을 통하여 반망즉진(返妄卽眞)하면 신(神)의
경지에서 보고(見), 듣고(聞), 알고(知), 행하게(行) 됨을 알려준다. 반
면에 선과 악, 청과 탁, 후와 박이 상잡임주(相雜任走)하여 18지경으
로 빠지게 되면 나고(生), 자라고(長), 늙고(消), 병들고(病), 죽는(歿)
고통으로 떨어지게 됨을 보여주고 있다.71)

70) 서일, 「圖解三一神誥講義(三途)」, 앞의 책, 29쪽.
71) 서일, 「圖解三一神誥講義(任化)」, 앞의 책, 31쪽.

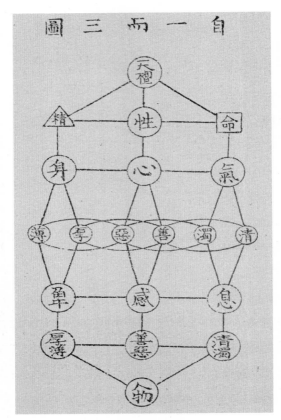

[그림 15] 자일이삼도(自一而三圖)

'자일이삼도(自一而三圖)'[그림 15]는 말 그대로 '하나로부터 셋이
되는 그림'으로 『삼일신고』 '진리훈'의 삼일철학적 이치를 도해한
것이다. 즉 하느님(天神)의 본성인 성(性), 명(命), 정(精)이 인간의 탈
을 쓰면서 심(心),기(氣), 신(身)과 맞서게 되며, 각기 느낌(感), 숨쉼
(息), 부딪힘(觸)의 작용에 의해 선악(善惡), 청탁(淸濁), 후박(厚薄)의
세속적 갈등으로 소용돌이침을 알려주고 있다.72)

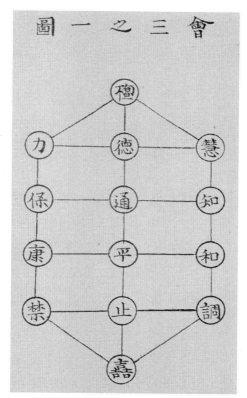

[그림 16] 회삼지일도(會三之一圖)

끝으로 '회삼지일도(會三之一圖)'[그림 16]은 '셋을 모아 하나로 돌아감'을 알려주는 그림으로 서일의 다른 저술인 『회삼경』의 이치를 담은 도해라는 점에서 의미가 있다. 이 그림에 나타나는 이치는 인간이 신(神)의 권능인 덕(德), 혜(慧), 력(力)에 합하기(會三歸一) 위해서 지감, 조식, 금촉의 수행을 통하여 마음을 평안케 하고(心平), 기

---

72) 서일, 「圖解三一神誥講義(自一而三圖)」, 앞의 책, 33쪽.

운을 고르게 하며(氣和), 몸을 건강하게 하면(身康) 성품이 트고(通性) 목숨을 알며(知命) 정기를 지키게(保精) 되어 신의 권능인 덕, 혜, 력에 합하는 밝은이(哲人)가 된다는 의미를 알려주는 것이다.[73]

서일은 대종교 교리·교사의 정리와 보급에도 남다른 정성을 쏟았다. 그가 대종교동도본사를 이끌던 시절인 1918년 1월, 대종교 교리의 핵심이 되는『신사기』,『신리대전』과 서일 자신의 연구물인『회삼경』,『도해삼일신고강의』등을 하나로 엮은『사책합부』를 출간했는데 당시 대종교 동도본사와 대한군정서의 계화(桂和, 1884~1928), 정삼, 고평 등도 함께 참여하여 계화는『신사기』주해를, 정삼은『회삼경』의 발문(跋文)을 썼으며 고평은『사책합부』의 편수를 담당하였다.[74] 그들의 이런 노력은 나철이 서일에게 앞으로 대종교의 운명을 맡기기로 결심하는 데까지 발전하였다.

4) 대종교와 대일항쟁

서일은 나철에게 배운 초기에는 일본과 무력투쟁을 할 생각이 없어 보였다. 스승의 가르침처럼 조용하게 큰 틀에서 사람들을 이끌어 나갔다. 그의 이런 태도로 신생 대종교가 급속도로 전파되었다. 그 흔적은 대종교가 1910년 10월에 처음 북간도 삼도구(三道溝)에 북간도지사를 설치하였고 그 이듬해 1911년 7월에는 윤세복(尹世復, 1881~1960)을 보내 남만주 환인현(桓仁縣)에 환인시 교당을 설립한

---

73) 서일,「圖解三一神誥講義(會三之一圖)」, 앞의 책, 34쪽.
74) 고평 편수,『사책합부』, 대종교동도본사, 1918.

것에서 찾아 볼 수 있다.[75] 같은 해 11월 6일에는 박찬익(朴贊翊,
1884~1949)을 앞세워 청산리에 시교소를 두었고[76] 1911년 6월에는
화룡현 학성촌(鶴城村)을 중심으로 활발한 포교 활동을 펼쳤다.[77] 특
히 1912년에는 나철을 중심으로 박찬익, 박승익(朴勝益), 심근, 현천
묵, 백순(白純, 1864~1937), 조창용(趙昌容, 1875~1948), 기길(奇姞, 나
철의 부인) 등이 백두산 북쪽 화룡현 지역을 중심으로 대대적인 포
교활동을 전개하였다.[78] 이러한 적극적인 포교 활동으로 인하여 어
떤 때는 500여 가구가 한꺼번에 입교하는가 하면 100여 명이 동시에
입교하는 사례도 있을 정도로 큰 성과를 거두게 되었다.[79] 이처럼
특정 지역이나 마을 주민 전부가 입교하는 등의 상황으로 대종교의
교세는 급속하게 확산되어갔다.

　1914년 5월 대종교 교조 나철은 중국 화룡현 청파호로 대종교 총
본사를 이전하고 포교를 위한 교구 개편을 단행하였으며, 백두산을
중심으로 동서남북의 4개 교구와 중국, 일본, 구미 지역을 관장하는
외도(外道)교구 등 5개 교구를 설치하였다. 남도교구(南道敎區)는 한
반도 전역, 서도교구(西道敎區)는 남만주에서 중국 산해관까지, 동도
교구(東道敎區)는 동만주 일대와 러시아아령 연해주 지역, 북도교구(北
道敎區)는 북만주 지역 일대를 관할하였다. 이런 교세 확장의 중심에
서 있던 인물이 서일이다. 그는 대종교 제2세 교주인 무원(茂園) 김

---

75) 강수원,『우리배달겨레와 대종교 역사』, 한민족문화사, 1993, 227쪽.
76) 국사편찬위원회,『한국독립운동사』2, 1967, 558쪽.
77) 현규환,『한국유이민사』상, 어문각, 1969, 568~569쪽.
78) 조창용, 앞의 글, 255~257쪽.
79) 위의 글, 255~257쪽.

교헌(金教獻)과 함께 대종교의 교세 확장을 위한 포교 활동에 매진한 결과 대종교에 입교한 지 불과 3년 만에 수만 명의 신자를 확보하게 된다.

서일이 이처럼 단기간 내에 수많은 대종교 신자를 확보할 수 있었던 원인에 대해서는 몇 가지 설이 있다. 그 하나는 1910년대 초기 만주로 이주한 한인들의 출신지별 통계를 보면 함경북도 출신이 압도적으로 다수를 차지하고 있었는데[80] 서일과 고향이 같다는 동향 심리 때문에 만주로 이주한 수많은 함경도 출신 농민의 절대적인 신뢰가 작용하여 대종교 포교에 큰 성과를 거두게 되었다는 견해가 일반적이다.[81] 그러나 그보다는 "서일의 도덕과 식견은 북간도와 두만강 이남 함경북도 전반에 걸쳐 중망(衆望)을 한 몸에 받았다"[82]는 이범석의 회고에서 보이듯이 서일의 인품과 대종교 신앙에 대한 확고한 신념이 더 크게 작용하였다고 보는 것이 타당할 것이다.

서일이 단순히 대종교 내의 최고 지도자 지위를 선점하려고 생각했다면 그것도 그리 어려운 일은 아니었을 것이다. 이 시기에는 이미 만주로 이주해 살던 한인(韓人)의 수는 20만 명이 넘었고 이 중 많은 인구가 대종교를 직·간접적으로 신봉하였으며 서일은 대종교 동도본사의 책임을 수행함과 함께[83] 대종교 전강(典講)의 중책을 맡

---

80) 일본외무성아세아국 편, 『재만조선인 개황』, 1933, 87~89쪽.
81) 샷사 미츠아키(佐佐充昭), 「간도 한인 사회와 대종교의 민족독립운동」, 『일본하 간도 지역의 한인사회와 종교』(한국학중앙연구원 문화와 종교연구소 국제학술대회 발표문), 2009, 66쪽.
82) 이범석, 앞의 책, 177쪽.
83) 대종교 교조 나철은 백두산을 중심으로 4도 교구를 설정하였다. 동도본사

는 등 교내에서 핵심적인 인물로 영향력을 발휘한 시기였기 때문이다.[84] 이러한 교구 설정과 교세 확장은 서일이 대일본 무력투쟁을 시작하면서 간도의 대일항쟁의 기반세력이 되었다. 결국 간도는 대일항쟁사에서 길이 빛날 성역이 된 것이다.[85]

서일은 1919년 대종교 제2대 교주 김교헌 종사가 대종교 교통(敎統)을 전수하고자 간곡히 당부하였으나 시급한 항일 무장투쟁을 수행하기 위하여 5년간 보류하기로 하였다. 이때 그는 이미 대종교 최고지도자에 오를 수 있는 위치에 있었지만 그에게는 조국 광복사업이 우선이며 오직 대종교는 서일이 항일운동을 수행하게 하는 정신적 지주였을 뿐이니 결국 그의 최후의 선택은 대종교 정신을 바탕으로 한 항일 무장투쟁이었다.

서일은 스승인 나철이 조천하면서까지 주장하였던 정교분리와 평화적 투쟁 사상을 버리고 정교일치적 지도자의 모습과 무력투쟁으로 돌아섰다. 당시 어쩔 수 없는 상황 때문이기도 하지만 그는 스승인 나철과는 분명하게 다른 점이 있었다. 첫 스승인 김노규의 가르침과도 다른 나철을 만나면서 새로운 민족주의자로 길을 가게 되었는데 나철이 죽음으로 일본에 항쟁하는 것을 보고 나철과는 달리 손에 총을 들게 된 것이다. 비록 나철에게 평화를 배웠지만 냉철한 현

(서일, 동만주 일대와 연해주 지방), 서도본사(이동녕과 신규식, 남만주로부터 중국 산해관까지), 남도본사(강우, 한국 전역), 북도본사(이상설, 북만주 일대)로 나뉜다. 『대종교 중광육십년사』, 앞의 책, 166/184쪽.

84) 위의 책, 390쪽.

85) 김동환, 「대종교의 민족운동」, 『종교계의 민족운동』(한국 독립운동의 역사 38), 독립기념관 한국독립운동사연구소, 2008, 90~92쪽.

실에서는 무력의 필요성을 절감하게 된 것이다.

　이상에서 봤을 때 서일은 순차적인 사상 형성과 변혁을 보이고 있다. 처음에는 스승의 가르침으로 고향에서 일시적인 교육자의 길을 걸었지만, 이것으로 부족함을 느꼈던 그는 대종교에 관심을 보였고, 나철을 만나 스승으로 섬기면서 향리에서 배운 것을 토대로 이른바 민족이라는 것에 접근하게 되었다. 이런 변화는 서일의 인생에서 가장 큰 변화를 이룬 것인데 종국에는 일본에 대한 무력항쟁으로 이어지는 것이었다.

Ⅲ. 서일의 대일항쟁

1. 사상과 종교를 통한 항일 전략

일본의 탄압이 심화되자 서일을 비롯한 다양한 계보의 항일 민족 운동자들은 일본과 전쟁을 결행함으로써 조국 광복을 기필코 달성하겠다는 것을 지상 과제로 삼고 이를 위해 국내보다는 활동이 자유로운 국외로 망명하였다. 이들은 한인 청년들의 민족의식 고취와 실력 양성을 통해 민족운동 지도자를 양성해 내고자 교육과 구국계몽에 심혈을 기울였다. 따라서 북간도를 비롯한 각처에 한인마을이 형성된 곳이면 거의 모든 지역에 한인학교가 세워졌다. 1916년 말의 기록에 의하면 북간도의 연길, 화룡, 왕청, 훈춘(琿春), 안도(安圖) 등 5개현만 해도 여러 유형의 한인학교가 총 158개교에 학생 수도 3,879

[그림 17] 서일이 명동학교를 창설한 곳(덕원리)

명에 이르렀다.[1)]

고향에서 7~8년간 교육 계몽사업을 전개하던 서일도 시세의 변화에 따라 만주로 건너가서 1913년 5월 동만주 왕청현 덕원리에 명동학교를 창설하였다.

이때부터 서일은 국내에서와는 달리 조국 광복을 위한 인재를 양성한다는 명확한 목적을 강령으로 내세우고 재만 한인 청년 동지들의 민족정신 교육에 매진하게 된다. 중광단에서 설립한 교육기관도 동일학교(東一學校), 청일학교(靑一學校), 학성학교(學成學校) 등 10여 개를 헤아리며, 만주 각지에 야간 강습소와 소학교를 설립하여 애국 계몽운동과 육영사업에 힘썼다. 뿐만 아니라『일민보(一民報)』와『신국보(新國報)』라는 순수 한글 신문을 발행하여 재만 동포들에게 광

[그림 18] 대종교총본사와 청일학교가 있었던 청호마을(삼종사묘역에서 내려다 본 장면)

---

1) 연변조선족약사 편찬조, 「조선족의 문화」,『조선족약사』, 1989, 231~232쪽.

복의식을 고취시켰다.2)

이 과정에서 서일은 대종교의 단군 신앙을 통한 민족정신 고취를 조국 광복을 성취하기 위한 중요한 전략의 하나로 인식했다. 그에게 있어서 대종교의 포교는 바로 광복운동으로 연결되는 하나의 방편이었다. 대종교 교세 확장이 곧 종교적 신앙 운동을 통해 숭조보본(崇祖報本)의 큰 뜻을 밝히는 것이고, 이로써 민족정신을 불러일으켜 일심단합으로 일본의 침략마수를 물리치고 조국의 쇠운(衰運)을 만회하려 한 것이다.3) 이러한 사상은 나철의 영향으로 볼 수 있는데, 서일의 스승이자 대종교의 1대 교주였던 나철이 1909년 1월 15일 선포한 '단군교 포명서(檀君敎佈明書)'에는 단군 신앙 재건이 광복의 길임이 분명히 명시되어 있다.

> "무릇 우리 동포 형제자매는 다 우리 대황조의 종파 지파의 백세 자손이오, 본교는 4천 년 전부터 우리나라에 본래 있던 종교다. 그 의논은 비록 잠시 침식하였으나, 그 지극한 이치는 민멸치 않았으며, 본교의 행함은 비록 잠시 중지되었으나 그 지극한 도는 지재하여 천지와 같이 장구하며 일월과 같이 명랑하며 우리 민족과 함께 성쇠하여, 본교가 흥하면 천지기 다시 새롭고 산천이 다시 빛나며 인민이 번창할 것이고, 본교가 쇠하면 상하의 지위가 바뀌고 음양의 질서가 어그러져 만물이 흥왕치 못한다."4)

---

2) 강용권, 「민족독립운동과 서일」, 앞의 글, 464~465쪽 참조.
3) 『대종교 중광육십년사』, 앞의 책, 150쪽 참조.
4) 국학연구소편, 『알소리』5, 한뿌리, 2007, 178~179쪽. 단군교포명서 원문 수록: 『대종교중광육십년사』, 대종교총본사, 1971, 80~91. 대종교총본사편집, 『홍암신형조천기』 대종교출판사, 2002, 145~156쪽

이는 망국의 원인이 본인들의 자주정신이 잃은 데서 찾고 있는 것을 볼 수 있다. 따라서 이 근본 원인을 인지하지 못한 당시의 수구파나 개화파는 모두 진정한 자주독립을 부르짖고 있는 것이 아니었다. 개화파는 과학과 기독교로 중무장한 서구 문화를 흠모하고 수구파는 모화 사대주의로 중국 문화를 흠모하고 있었으니 모두 자아상실의 논리였으며 새로운 사대주의로 가는 길이자 재식민지화에 지나지 않았다. 진정한 자주 논리는 민족의 시조인 단군 대황조를 알고 그 가르침에 순종하는 일이었다.

서일은 이렇게 우리는 위대한 조상과 세계 인류의 시원적 종교를 가진 민족으로서 단군신앙의 성쇠가 나라의 존망과 깊이 관련이 있음을 깨달았던 것 같다. 대종교의 광복운동은 국권회복의 차원을 넘어서 대종교의 이상국가인 배달국토 재건을 목표로 삼았으므로 이러한 목표 완성을 위해서는 조국광복을 위한 투철한 투쟁 정신과 더불어 종교적 완성을 위한 수행과 연구가 반드시 필요하였다. 따라서 서일은 '수전병행(修戰並行)'의 행동철학을 실천하게 되었다.[5] 그가 저술한 『진리도설』에는 단군의 가르침을 실천하는 수행을 지감(止感), 조식(調息), 금촉(禁觸)의 삼법 수련으로 설명한다.

> 정성으로 수행하는 사람은 기뻐하되 표정에 나타내지 아니하며 성내되 기운을 부리지 아니하며 두려워하되 겁내지 아니하며 슬퍼하되 몸을 헐게 하지 아니하며 탐하되 염치를 손상하지 아니하며 싫어하되 뜻을 게을리 하지 아니하니 이것이 지감법이다. 초목의 기운은 향기로워 시원하고 송장의 기운은 더러워서 문드러지며 번개의 기운은 급하

---

5) 김동환, 「백포 서일의 삶과 사상」, 앞의 글, 98~99쪽 참조.

여 줄어들며 비의 기운은 느려서 막히며 찬 기운은 능히 독하고 가혹
하며 더운 기운은 능히 마르고 답답하게 하니 이 여섯은 하나도 없을
수 없으며 다 갖추어 있는지라 심하면 사람으로 하여금 기운을 흐리게
하여 도리어 그 해로움을 받게 되므로 밝은 눈은 이것을 살피어 능히
삼가고 조절하니, 이것이 조식법이다. 교묘한 말이 귀에 들리지 아니함
은 나의 귀 밝음을 가릴까 걱정함이요 아첨하는 빛을 눈에 접하지 아
니함은 나의 밝음을 막을까 두려워함이요 입에 시원한 맛을 들이지 아
니함은 병을 삼감이요 코에 비린 냄새의 기운을 맡지 아니함은 더러움
을 막음에서요 음란한 욕심을 절제함은 그 몸을 사랑하는 까닭이요 살
에 닿음을 미워함은 그 몸을 보호하는 까닭이니 이것이 금촉법이다.[6]

　이 수련이 추구하는 궁극의 목적은 '성통공완(性通功完)'하는 것이
다. 타고난 본성을 닦아 참 성품을 회복하는 것이 즉 성통(性通)이고,
이를 통해 한얼과 하나가 되어 한얼로부터 받은 사명을 스스로 다하
여 지상에서 공적을 이루는 것을 공완(功完)이다. 대종교의 수행은
뭇 중생을 참사람이 되게 교화하고 지상천국을 건설하는 데 그 목적
이 있는 것이다.[7] 서일은 한얼로부터 받은 이 사명으로 조국의 광복

---

6) 서일, 「眞理圖說」, 『대종교 중광육십년사』, 앞의 책, 125쪽.
　誠修之人 喜不形色 怒不使氣 懼而不怯 哀而不毁 貪不傷廉 厭不惰志
　此止感之法也 草木之氣 芬芳而爽 炭屍之氣 汚穢而爛 電氣急而縮 雨
　氣緩而滯 寒能毒厲 熱能燥鬱 此六者 不可一無而極備也 極則令人氣
　濁 反受其害 慧眼鑑此 能愼節之 此調息之法也 巧言不入於耳者 慮其
　蔽己聰也 佞色不接於目者 恐其障吾明也 口不納爽凉之味者 愼其疾
　也 鼻不聞腥臭之氣者 防其穢也 節淫慾 所以愛其身也 惡肌襯 所以護
　其體也 此禁觸之法也
7) 조준희, 「삼신사상에 대한 문헌적 고찰」, 『국학연구』 7, 국학연구소, 2002,
　172쪽.

과 세계평화에 기여함으로써 널리 세상을 이롭게 할 수 있다는 철저
한 신념으로 일본에 대해 회유와 투쟁을 전개해 나갔던 것으로 보인
다. 이러한 뜻은 서일이 일본 수상에게 보낸 편지에서도 확인할 수
있다.

> 오늘날 동아시아를 위하는 계책은 양쪽이 서로 이롭게 되는 것 만한
> 것이 없는데, 그것은 조선을 분립하는 것입니다. 이는 실로 옛날 우방
> 을 부식(扶植)하겠다는 맹약으로 중국과 친선하고 전 동양의 평화를
> 유지하는 정책으로, 세 나라가 정치(鼎峙)하여 입술과 이처럼 의지하
> 여 그 주권을 공고히 하고 그 실력을 길러 구미의 4대 강국과 균형을
> 다툴 수 있게 된 뒤에야 나아가 베트남과 인도 등 동아시아의 여러 민
> 족을 백인들의 굴레에서 구원할 수 있습니다. 그렇게 된다면 서양인들
> 이 감히 동쪽으로 고기잡이 하지 못할 것이요 동양인들은 일본에게 덕
> 을 돌리지 않는 자가 없을 것입니다.[8]

이러한 사상 아래 서일을 비롯한 중광단의 중심인물들은 각기 화
룡현, 왕청현, 연길현 등으로 나뉘어 포교와 더불어 광복운동의 거점
을 확산시켜 갔다. 1914년 5월 13일 화룡현 청파호에 대종교 총본사
를 설립할 수 있었던 것도 서일을 중심으로 한 중광단의 이러한 활
동에 힘입은 바 크다. 그러나 중국 정부는 대종교의 포교를 불허하
였고 나아가 1914년에는 대종교 해산 명령이 내려진다. 이 상황을 타
개하기 위해 나철은 다시 서울로 돌아와 포교 활동을 하였는데 일제

---

8) 「서일 등이 일본 내각 총리대신 하라 다카시에게 보낸 편지」(독립기념관 소
장, 자료번호 3-003861-135). 원문은 순 한문으로 기록되어있다. 전문은 부
록 참조.

는 대종교를 항일독립단체로 규정하고 남도본사를 해산시키기에 이
르렀다. 결국 나철은 일본 천황에게 대한제국의 독립과 사상의 자유
를 보장하라는 장문의 글을 보내고 죽음으로 의지를 피력하는 순교
의 길을 택하게 된다. 스승의 죽음은 서일이 그동안 생각만 했던 무
력투쟁으로 방향을 돌리는 계기가 되었다. 1911년 자신이 조직하였
던 중광단을 중심으로 종교적, 평화적 의사 표명이 아닌 행동으로
바로 맞서기로 결정한 것이다.9)

2. 무장 항쟁의 시작

1) 대한독립선언서 발표

서일은 본격적인 대일항쟁에 나서기 위해 왜 일본에 대한 전쟁을
시작하는지 분명하게 공표해야 했다. 이른바 1918년의 '대한독립선
언서'이다.10) 이는 참여하는 모든 사람들에게 대의명분을 주는 것이
자 향후 행동 방향에 대한 선포의 의미를 지니는 것이다. 이 선언서

---

9) 박영석은 서일이 중광단을 1910년대 후반기에 조직된 것으로 주장하는데,
그렇지 않다. 서일이 중광단을 조직한 것은 1911년이고 이 단체는 나철 종
사의 활동 기반이 된 것으로 보인다. 1910년대 후반기는 중광단이 무력 항
쟁의 중심에서 활동하기 시작한 때이다. 박영석, 『일제하 독립운동사 연구』,
일조각, 1997, 270쪽 참조.

10) '무오독립선언서'로 알려져 있다. 이는 훗날, 2.8독립선언서, 3.1독립선언서
와 구별하기 위한 것으로, 이 선언서가 처음으로 발표된 당시의 제목은 '대
한독립선언서'이다.

에 서일과 함께 발기인으로 연명한 인사들은 김교헌, 윤세복, 김동삼 (金東三, 1878~1937), 신규식(申圭植, 1880~1922), 박은식, 박찬익, 김좌진, 이시영(李始榮, 1868~1953), 이상룡, 신채호(申采浩, 1880~1936), 이동녕(李東寧, 1869~ 1940), 안창호(晏彰昊, 1878~ 1938), 이승만(李承晩, 1875~1965) 등 39인으로,[11] 대일항쟁사의 주역들이 모두 참여하였다. 이들은 종교를 떠나서 조국 독립을 위해 일치된 뜻을 모은 것이지만 정황 상 모든 수고는 대종교가 중심이 된 중광단이 맡았다고 생각된다.[12]

---

11) 서일은 1918년 대한독립선언서 발표에 적극 참여하고 서명하였다. 채근식, 『무장독립운동비사』, 대한민국공보처, 1949, 78쪽. 김준엽·김창순, 『한국공산주의 운동사』 제4권, 청계연구소출판부, 1986, 145~146쪽. 『대종교중광육십년사』, 앞의 책, 301쪽 참조. 이광인·김송죽, 『백포서일장군』, 연변 민족출판사, 2015, 257~261쪽 참조. 한편 김기승의 연구에 의하면 서명자 명단에 서일은 포함되지 않는다. 김기승, 「'대한독립선언서'의 사상적 구조」, 『한국민족운동과 민족문제』, 국학자료원, 1999, 135쪽. 이 외에도 같은 내용의 자료가 다수 있다. 그러나 대한독립선언서 서명자 대부분이 중광단과 대종교 인물들이며 항일 무장투쟁을 선도하는 '육탄혈전'의 내용과 서일의 위치 등 여러 가지 정황상 서일이 참여하지 않았다고는 볼 수 없다.

12) 여기에 서명한 사람들은 훗날 대부분이 대한민국임시정부에서 활동하였고, 환국 정부를 수립할 때 참여한 사람들도 많다. 중요한 것은 이 선언서의 내용과 발기인들이 정파나 교파를 떠나 참여하고 있다는 점이다. 다만 선언서에 대종교에서 추구하던 단군 대황조의 뜻이 가장 먼저 거론되고 발표 장소 역시 당시 간도 한인들의 중심지였던 대종교총본사인 것으로 보아 대종교와 깊은 관련성이 있다는 점은 분명하다. 또 39인 중에서 이세영, 한홍, 최병학, 이승만, 김약연, 이대위, 황상규, 안창호, 임방 등을 제외한 대부분의 인사들이 대종교 중심인물들이었다고 한다. 하지만 대종교의 주장은 민족주의에 기반 한 것으로 당시 모든 대한인들의 생각을 대변한 것으로도 볼 수 있다.

대한독립선언서에 담긴 항일 민족독립운동의 전략은 종래 대종교의 중광교조인 나철이 대일 민간외교에서 주창한 '동양평화론'과는 달랐다. 여기에는 민족종교를 바탕으로 항일민족의식을 고취시켜 조국을 광복하고 말겠다는 굳은 결심과 결단코 민족의 자주독립을 쟁취하겠다는 살신성인의 강한 의지가 나타나 있다.13)

> 우리 마음이 같고 도덕이 같은 2천만 형제자매여, 단군황조께서는 상제(上帝) 좌우에 명을 내리시어 우리에게 기운을 주셨다. 세계와 시대와는 우리에게 복리를 주고자 한다. 정의는 무적의 칼이므로 이로써 하늘에 거스르는 악마와 나라를 도적질하는 적을 한손으로 무찌르라. 이로써 4천년 조종(祖宗)의 영휘(榮輝)를 빛내고 이로써 2천만 적자(赤子)의 운명을 개척할 것이다.
>
> 궐기하라! 독립군! 독립군은 일제히 천지를 바르게 한다.
>
> 한번 죽음은 사람의 면할 수 없는 바이니 개돼지와도 같은 일생을 누가 원하는 바이랴. 살신성인하면 2천만 동포는 같이 부활할 것이다.
>
> 일신을 어찌 아낄 것이냐. 힘을 기울여 나라를 회복하면 삼천리 옥토는 자가소유이다. 일가의 희생을 어찌 아깝다고만 하겠느냐.
>
> 아아! 우리 마음이 같고 도덕이 같은 2천만 형제자매! 국민 된 본령을 자각한 독립인 것을 명심할 것이요, 동양평화를 보장하고 인류평등을 실시하기 위해서의 자립인 것을 확신하여 육탄혈전 함으로써 독립을 완성할 것이다.14)

이 선언문을 보면 왜 우리가 일본의 손아귀로부터 벗어나야 하는

13) 박영석, 『일제하 독립운동사 연구』, 앞의 책, 272쪽 참조.
14) 이현종 편저, 「무오독립선언(1918)」, 『근대민족의식의 맥락』, 아세아문화사, 1979, 175쪽. 전문은 부록 참조.

지 분명하게 나타나 있다. 그 내용 중에 눈에 띄는 것은 바로 단군을 강조하고 있다는 점이다. 역사적으로 우리는 단군 대황조가 중심이 었음을 표명하고 세계 정의 실천과 동양 평화의 보장, 인류의 평등을 실현하기 위하여 2천만 동포는 모두 일어서야 한다는 것이다. 따라서 이 독립선언서는 훗날 2·8독립선언이나 삼일만세 항쟁 때의 선언 내용과는 그 출발이 다르다고 할 수 있다. 그것은 바로 우리 역사에서 시작된다는 것이다. 우리의 존재가 무엇인지 그리고 할 바가 무엇인지를 분명하게 제시한 것으로, 독립정신에 대한 최초의 국민적 합의가 이루어졌으며 이 정신이 독립군, 그 이후에 광복군으로 이어져 내려오게 된 것이다.

이처럼 만주에서 발표된 대한독립선언서는 2·8독립선언 또는 3·1 독립선언보다도 먼저 이루어진 것으로[15] 3.1독립선언서의 전주곡이라 할 수 있지만[16] 그 취지와 주장하는 바에 있어서 차별점이 존재

---

15) 박영석, 『한민족 독립운동사 연구』, 앞의 책, 179쪽.
16) 이 독립선언서에 대해서는 몇 가지 통일되지 않은 견해가 있다. 첫째, 선언서가 작성 시기에 대한 것이다. 정원택(1890~1971)은 『지산외유일지(志山外遊日誌)』에서 기미년 음력 2월 1일(양력 3월 2일) 조소앙(1887~1957)이 그의 계씨(季氏)와 서로 도와 선언서를 기초(起草)하였다고 했다. 그의 기록에 따르면 경성에서 온 신문에 의해 양력 3월 1일(음력 정월 29일) 33인이 탑골공원에서 대한독립을 선언한 것을 알게 되었으며, 음력 2월 10일(양력 3월 11일) "석판본 4천부를 인쇄하여 서북간도와 러시아령, 구미 각국 및 북경, 상해와 국내, 일본에 우송하였다"고 하였다. 그런데 당시 조소앙은 다른 주장을 하고 있다. 조소앙의 주장은 다음과 같다.
"나는 당시 길림에서 김좌진, 박남파, 황상규 등의 동지와 '대한독립의군부'를 조직해가지고 '대한독립선언서'를 발표하는 등 독립운동에 몰두하고 있었는데 나경석씨가 국내 독립선언서의 초고를 가지고 와서 국내사정을

한다. 대한독립선언서가 다른 선언과 다른 점을 구체적으로 살펴보면 우선 체제가 다름을 알 수 있다. 2·8선언서나 3·1선언서는 독립

알게 되었다."(삼균학회, 『조소앙문집』하, 횃불사, 1979, 67쪽.)

이 내용을 볼 때 '무오독립선언서'는 이미 3·1독립선언 이전에 발표된 것을 확인할 수 있다. 한편 대한독립선언의 참여자들 대부분이 만주, 러시아령, 중국, 미주 등 해외 각처에서 활동하던 인사들이라는 점에서 상호 연락과 승인에 많은 시간이 소요되었을 것이므로 상당한 준비기간을 거쳐 1919년 2월 경에 발표된 선언이라고 봐야한다는 견해도 있다. 김동환, 「무오독립선언의 역사적 의의」, 『국학연구』제2집, 국학연구소, 1988, 165~167쪽. 둘째, 선언서의 작성자에 대한 문제이다. 박영석은 김교헌이 작성하였다고 했고(『일제하 독립운동사연구』, 앞의 책, 272쪽), 정원택은 조소앙이라고 보았다(정원택·홍순옥 편, 『지산외유일지』, 탐구당, 1983, 183쪽). 이외에 중광단이 주체가 되었다는 견해도 있으며(김준엽·김창순, 『한국공산주의운동사』앞의 책. 146쪽), 대한독립의군부(大韓獨立義軍府)로 보는 견해도 있다. 대한독립의군부는 음력 1919년 1월 27일 여준, 김좌진, 박찬익, 조소앙, 황상규, 박관해, 정운해, 송재일, 손일민, 성낙신, 김동평, 정원택 등이 길림에서 회합하여 만들어진 독립운동 단체이다. 상해와 길림에 대표를 파견하고 근지 각처와 구미에까지 '대한독립선언서'를 배포하며, 마필과 무기를 구입하고 서북간도와 러시아령에 신속한 연락을 취하며, 자금모집을 위해 국내에 인원을 파견 하는 등의 활동이 조직되었다. 상해 파견 대표는 조소앙이 선정되었고, 마필과 무기구입은 김좌진, 선언서 기초는 조소앙, 선언서 인쇄 및 발송은 정원택, 서북간도 연락은 성낙신과 김문삼이 맡았고, 국내 자금조달은 정운해가 맡았다고 한다(『지산외유일지』, 앞의 책, 178쪽~183쪽 참조). 셋째, 반포 시기에 대해서는 채근식이 『무장독립운동비사』에서 1918년 무오년으로 본 것이 전해져 왔으나 최근에는 1919년 2월부로 발포된 것으로 수정되고 있다(2019. 1. 31 조소앙선생의 육필대한독립선언서 초고 공개). 하지만 음력 무오년 마지막 날 12월 30일은 양력 기미년(1919년) 1월 31일이다. 하루 사이로 무오년이 되고 기미년이 되기 때문에 이 문제는 구체적인 고증이 필요하다.

선언의 이념을 서술한 본문 끝에 '결의문' 또는 '공약 3장'을 첨부하여 실천 방안을 나열하는 체계인 반면 대한독립선언서는 본문 이외 별도로 첨부된 내용이 없고 실천 방침도 본문 속에 포함시켰다.

선언서의 내용에 있어서도 그 차이가 있음을 알 수 있다. 우선, 대한독립선언서는 첫머리에 세계만방에 무차별적으로 독립을 선언하는 것이 아니라 세계만방 중 '우방국가'를 지목하고 그 국민을 '동포'로 명명하고 있다. 이처럼 타민족을 동포로 파악하는 의식, 세계 국가 중 우방 국가를 구별하는 의식은 2·8선언서와 3·1선언서에서는 발견되지 않는 특징이다.

나아가 일본에 대해서는 보편주의적 인도와 정의를 모르며 인류 문화를 파괴하는 야만족이라고 천시하는 견해를 내세우고 한민족의 문화적 자존의식을 바탕에 깔고 있다. 반면 2·8선언서와 3·1선언서는 '시대의 대세'에 의해 일본이 군국주의적 태도를 버리고 정의와 인도에 입각하여 한민족의 정당한 의사를 수용해 줄 것으로 기대하는 태도를 보인다. 대한독립선언서가 일본을 적으로 분명하게 선언하고 적국 일본이 저지른 죄악을 응징한다는 논지를 펴는 입장인 데 반해 다른 선언서는 그 투쟁의 강도가 독립선언서와는 차이가 있는 것이다.

독립의 역사적 의미를 다룬 부분에서도 대한독립선언서는 한민족의 독립이 갖는 역사적, 철학적 의미에 대한 깊이 있는 탐색을 서술하여 다른 독립선언서와 사상적 폭과 깊이가 차별화되는 특징이 있다. 특히 끝부분에서 강조한 '독립군의 궐기'와 '육탄혈전' 부분은 대한독립선언서가 타 선언서와 구별되는 가장 두드러진 특징이다. 2·8선언서나 3·1선언서처럼 낙관적 전망을 부추기면서 대중을 선동하거나 고무하는 것이 아니라 오히려 독립군과 대중들에게 반성을 촉구하고 계몽하는 논조이다. 독립군은 살신성인의 희생적 자세를 견지하지 못하고 있으며 이천만 동포들은 독립의 숭고한 의미를 모르고 항일 투쟁정신이 결여되어 있다고 일갈하는 것이다. 이와 같이 일제에 대한 투쟁을 고취한 점에서 대한 독립선언서는 '독립전쟁론' 적 태도를 견지하고 있다고 할 수 있다.

또한 대한독립선언서는 이천만 동포와 우방 동포에 대하여 한일합병 무효와 대한민족의 독립을 선언한 문서이지만, 그 취지는 독립을 제3자인 국제사회에서 인정받고자 하는 것이 아니었다. 오히려 한민족이 국제사회를 대신하여 인류의 적 일본을 응징함으로써 독립을 완성할 수 있다는 신념에 입각한 논리를 전개하고 있다. 주권의 계승관계는 한민족 사이에서만 이루어진다는 것이 '역사상 불문법의 국헌'이라고 보았으며 이민족에게 주권을 양도하는 것은 '근본적 무효'라고 선언했다. 또한 경술국치를 일본에 대한 주권 양도가 아니라 융희 황제의 '주권 포기'로 간주하여 그것은 국민에게 주권을 선양한 것이므로 1910년 8월 29일부로 군주 주권의 시대가 끝나고 국민주권 시대가 시작된 것으로 해석하였다.

이와 같이 대한독립선언서가 제시한 독립운동의 방법론은 일본을 응징해야 할 적으로 설정하고 독립군의 총궐기와 한민족 전체가 '육탄혈전'을 하는 것이었다. 이 점이 평화적 대중시위의 방법으로 일본과 국제사회로부터 한국의 독립을 인정받기를 기대했던 3·1선언서와 크게 다른 점이다. 일본이 한민족의 정당한 요구를 거절할 경우 제2의 방법으로 혈전을 선언한 2·8선언서와도 명확하게 그 방법이 구별된다. 즉 이 선언은 본격적인 무장독립투쟁의 서막을 예고하는

신호탄으로 이해될 수 있다.[17)

　　궐기하라! 독립군! … 육탄혈전으로 독립을 완성할 것이다.

　만민의 가슴을 피 끓게 하는 이 구호를 제일 먼저 외친 사람이 바로 서일이었다. 그는 뜻있는 모든 사람들의 한 마음을 담아 선언서를 작성한 것이다.[18)

　이 선언 이후 서일은 전면적으로 일본과의 투쟁에 들어간다. 그러던 차에 국내에서 3·1항쟁이 일어났고, 항쟁의 뚜렷한 실적이 없는 상황에서 상해에서 대한민국임시정부가 수립되었다. 대한민국임시정부 수립에는 대한독립선언서에 서명한 인사들이 주축이 되어 참여하였다. 그중 이승만, 박은식, 조소앙을 비롯한 많은 사람들은 대한민국임시정부의 핵심 세력이 되었는데 이들은 간도 지역의 상황을 누구보다 잘 아는 사람들이었다. 대한민국임시정부가 수립되자 당장 일본과 싸울 수 있는 군대가 필요하였는데 이 군대를 운용할 수 있는 가장 큰 세력은 서일이었다. 재정적인 면에서도 서일은 간도 일대에서 큰 영향력을 지니고 있었다. 이러한 복합적인 정치적 상황 아래 서일은 대한민국임시정부에서 수립한 대한민국 독립군의 고문으로 참여하는 동시에 명실상부하게 간도 지역의 독립군을 총괄하는 위치를 차지하게 되었다. 훗날 서일의 사망 보도기사에서도 그는 1920년 10월에 발발한 간도회전의 수괴이자 상해 임시정부의

---

17) 박성수, 『민족사의 맥을 찾아서』, 집현전, 1985, 132쪽 참조.
18) 김송죽, 「당벽진 참안과 서일의 조천」, 『만주벌의 혼-독립군 총재 서일』, 앞의 책, 377쪽.

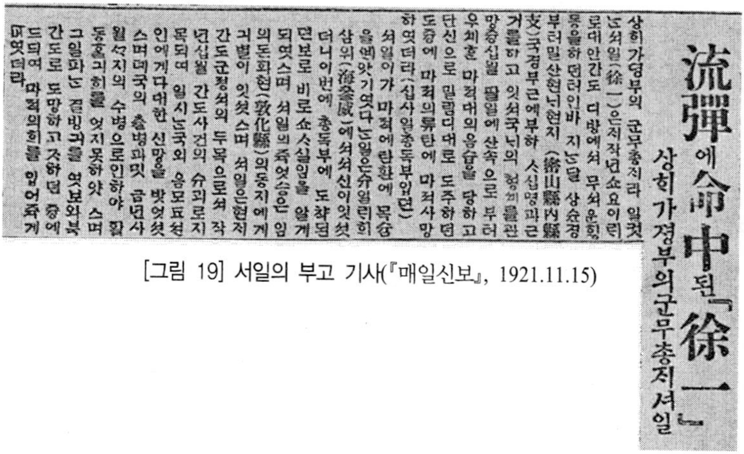
流彈에命中된「徐一」
상해가정부의군무총지서일

상해가뎡부의 군무총장이라 일컷
는서일(徐一)은작년쇼요이래
로대안간도 디방에셔 무쇼운힝
동을하던터인바 지난달 상순경
부터밀산현니현지(密山縣內縣
支)국경부근에부하 스십명과근
거를하고 잇셔국니의 형세를관
망중십월 팔일에 산속으로부터
우체훈 마적대의습격을 당하고
단신으로 밀림디대로 도주하던
도중에 마적의류탄에 마져사망
하엿더라(십사일총독부외뎐)
셔일이가 마적에탄환에 목숨
을배앗기엿다는일은유일리히
삼위(海參威)에셔셔신이잇셧
더니이번에 총독부에 도착되
면보로 비로소실업을 알게
되엿스며 셔일의죽엇승은 임
의돈화현(敦化縣)의동지에게
긔별이 잇셧스며 셔일은현지
간도군졍셔의 두목으로셔 작
년십월 간도사건의 슈괴로지
목되며 일시는국외 음모됴텬
인에게다대한 신망을 밧엇셧
스며대국의 출병과및 금년사
월싀지의 수병으로인하야 활
동을긔히를 엇지못하얏스며
그일파는 결빙긔를 엿보와븍
간도로 도망하고져하던 중에
드듸여 마적의희를 입어죽게
되엿더라

[그림 19] 서일의 부고 기사(『매일신보』, 1921.11.15)

군무총재로 조선인에게 다대한 신망을 받은 인물로 기록되었다.

즉 독립선언과 대한민국임시정부의 수립, 무장투쟁으로 이어지는 정국의 흐름 속에서 서일은 한 종교단체의 지도자가 아니라 국가적인 지도자로 거듭나고 그에 걸맞은 지도력을 발휘해가게 된 것이다.

2) 대일항쟁기지 건설

1910년을 전후하여 민족주의자들 사이에서 해외독립운동기지를 건설하고자 하는 움직임이 활발히 전개되었다. 국내의 의병 활동이나 계몽운동이 일제의 탄압과 방해로 더 이상 성과를 기대할 수 없었기 때문에 '해외 항일전쟁론'을 적극 추구하게 된 것이다. 항일전쟁론은 일본이 침략근성과 제국주의적 식민지 팽창 정책으로 한국에 이어 중국·러시아·미국 등을 침략하게 될 것이라는 전망하에 수립된 대일항쟁 전략이라 할 수 있다. 즉 일제는 필연적으로 중일전쟁과 러일전쟁, 그리고 미일전쟁까지 유발하게 될 것이므로 그러한 전쟁이 일어날 때 한국은 과감히 일본에 맞서 싸움으로써 독립을 쟁취해야 한다는 것이다. 이를 실현하기 위해서는 무장 세력을 양성하고 군비를 갖추면서 독립전쟁의 기회를 기다려야 하므로 자연히 항일기지 건설 계획이 논의되었다.[19]

국외 광복투쟁 및 항일기지 모색은 제2차 한일협약이 체결된 이후부터 나타나 일제의 병탄이 노골화된 1908~1910년경에 활기를 띠었고 곧바로 실행에 옮겨졌다. 이런 투쟁은 미주에서도 박용만(朴容萬, 1881~1928) 등에 의하여 추진되었지만 그 규모 및 국내에 대한 영향력 면에서 러시아와 만주의 접경지대나 북간도의 오지, 서간도 지방이 더 중요시 되었다.[20] 항쟁군 기지 건립의 첫 단계 사업은 민족정신이 투철한 인사들을 집단적으로 해외에 이주시키는 것이었다. 이러한 계획은 먼저 신민회(新民會)에 의하여 구체화되었는데 그들은 1910년을 전후하여 만주 지역에 한민족을 집단으로 이주시키고자 했다. 그들이 만주를 이주 지역으로 선택한 이유는 첫째, 만주는 두만강과 압록강을 사이에 두고 한반도와 매우 가깝다는 지리적 이점. 둘째, 만주에는 한국인이 이미 다수 거주하고 있다는 점, 셋째, 이 지역은 일본의 압력이 국내보다는 덜 미치고 있다는 점 등이었다.[21]

그러나 이러한 계획을 사전에 탐지한 일본은 1910년의 총독 데라우치 마사타케(寺內正毅) 암살미수 사건을 빌미로 1910년 12월 말부

---

19) 박영석, 『만주 노령지역의 독립운동』, 독립기념관 한국독립운동사연구소, 1989, 26쪽.
20) 서중석, 「청산리전쟁 독립군의 배경」, 『한국사연구』 111, 2000, 1쪽.
21) 박영석, 『만주 노령지역의 독립운동』, 앞의 책, 26~27쪽.

터 1911년 1월 초에 걸쳐 양기탁(梁起鐸, 1871~1938), 이동녕(李東寧, 1869~1940), 이동휘(李東輝, 1873~1935), 윤치호(尹致昊, 1865~1945), 전덕기(全德基, 1875~1914) 등 신민회 간부를 비롯한 약 600명의 민족운동자들을 체포, 투옥하였다. 당시 관련된 600여 명을 한 사건으로 다루기는 너무 규모가 컸으므로 안명근(安明根, 1879~1927) 사건, 양기탁 사건, 105인 사건 등으로 나누어 민족주의자들을 탄압하였으며 국내에서 항일을 주도하던 많은 인물들이 이 사건에 연루되어 투옥되었으므로 해외 항일기지 건설은 큰 타격을 받을 수밖에 없었다. 그 결과 규모나 세력이 축소된 항일기지들이 모색되었는데, 서일이 조직한 단체로는 중광단, 정의단, 동원당, 자유공단, 군정서, 군정회 등이 있다.

중광단

중광단은 서일이 항일투쟁을 위해 북간도 왕청현 덕원리로 옮겨 간 직후인 1911년 3월에 조직한 단체이다. 중광단이라는 명칭은 우리 고유의 단군 신앙에 대한 부활을 의미하는 대종교의 '중광'에서 따온 것이다. 이 단체는 독립운동 단체이자 신앙으로 무장된 철저한 정신 집단으로, 처음에는 대종교 포교와 계몽운동의 기반으로 활용되었다. 국권 회복을 도모하기 위한 동지들을 확보하기 위해 우선 한인 청년들에 대한 독립정신과 민족정신 고취를 위한 정신교육에 진력한 것이다.[22]

---

22) 채근식, 『무장독립운동비사』, 앞의 책, 78쪽. 「대한군정서약사」, 『독립신문』, 1920.4.22.

[그림 20] 서일이 최초 무장단체 중광단을 설립한 곳(왕청현 덕원리) ▷국학연구소 김동환

　1919년 국내에서 3·1항쟁이 일어나자 만주에서도 대종교 신도들에 의해 비슷한 시위가 벌어진다. 1919년 3월 18일 화룡현 삼도구 청산리 지방에서 기독교도, 천도교도, 학생 등과 함께 약 9백 명이 태극기를 흔들며 독립만세 시위를 일으켰으며, 이어서 3월 24일에는 안도현 지방에 거주하는 대종교 신도 약 2백여 명이 관지(關地) 마을에 모여 독립만세를 불렀다. 3월 26일에는 백초구(百草溝)에서 대종교 신도 3백 명이 기독교 신도 3백 명과 학생 350명, 기타 인사 250명 등 1천2백 명이 태극기를 흔들며 한족(韓族) 독립선언 축하회를 열고 독립만세를 불렀다. 이 밖에도 만주의 대종교 신도들은 중광단을 중심으로 도처에서 독립만세운동을 전개 했다.[23] 그러나 국내외 민족운동자들은 3·1항쟁 같은 일련의 시위활동으로는 인적 희생만 초래

---

23) 신용하, 「대한(북로)군정서 독립군의 연구」, 『한국독립운동사연구』 제2집, 한국독립운동사연구소, 1988, 203~204쪽. 『대종교중광60년사』, 앞의 책, 370쪽.

할 뿐 조국의 광복을 쟁취하는 데 별다른 효과가 없음을 깨닫고 조
직적이고 강력한 무장투쟁만이 한민족이 국권을 회복할 수 있는 유
일한 방법임을 절감하게 되었다. 서일 또한 3·1항쟁을 계기로 중광
단의 조직과 활동에 전환을 꾀하게 된다. 이후 중광단은 대한정의단
(大韓正義團), 대한군정부(大韓軍政府), 대한군정서(大韓軍政署)로 발
전해간다.

대한정의단

서일은 3·1항쟁 이후의 국제정세를 활용하여 적극적인 군사 행동
을 취하기 위한 목적으로 중광단을 개편하기로 하였다. 서북간도를
비롯한 만주 일대의 대종교 신도들을 규합하고 국내에서 북상한 의
병, 공교회원(孔敎會員) 및 다른 종교 신도들과 합작하여 음력 4월
왕청현 대감자(大坎子)에서 대한정의단(大韓正義團)으로 확대 개편한
것이다.[24] 당시 북간도 지역만 하더라도 기독교계의 국민회와 정의
군정사, 의군부, 광복단, 이민단 등 무려 40여 개의 각종 단체들이 있
었기 때문에 서일은 이들을 모두 규합하여 세력을 키우고자 한 듯하
다. 일본의 조선총독부 간도 파견원의 전보 내용을 보면 서일은 미·
불 조계에도 정보원을 파견하여 3·1항쟁 후의 국제 정세와 상해로
모여드는 독립군들의 활동 상황을 파악 하는 등 정보 수집을 통해
항일투쟁의 전략 수립에 노력하고 있었음을 알 수 있다.

---

24) 오세창, 「만주한인의 3·1독립운동」, 『수촌박영석교수화갑기념 한민족독립
     운동사논총』, 앞의 책, 541쪽. 김병기, 「국외독립운동기지 건설과 만주 독
     립군의 항전」, 『만주벌의 혼-독립군총재 서일』, 앞의 책, 255쪽.

상해 프랑스 조계에 머물러 있는 조선인 전승묵(田承默)으로부터 재
간도 불령선인 서일(별명 기학夔學, 호는 백포라 함, 대종교 동도사교
의 직에 있으며, 독립운동 조직인 자유공단 단장)에게 보낸 통신에 의
하면 지금 상해 미·불 조계에 각 방면의 한족 독립운동자 300명이 집
합하여 있음. 중국 관민 유력자의 후원을 받아 남만주 지방의 동지들
을 모으고 훈춘 지방과도 연계하여 안동현(安東縣) 부근으로부터 조선
으로 침입한다는 것은 전보(前報)와 같음.[25]

나아가 대한정의단은 간도 각지에 5개의 분단과 70여개의 지단을
설치하고 체계적 조직 관리를 위해 사대강령(四大綱領), 칠대약장(七
大約章), 삼대부신(三大符信)을 제정 발포했다. 이들 강령, 약장, 부신
을 통해 조직을 바르게 유지 관리하기 위한 광명정대한 의리와 의무
를 이행하고, 명령 및 지휘 계통을 세워 규율을 엄수하고자 했으며,
특히 조직의 안전을 위한 철저한 보안 유지에 힘쓰고 있음도 알 수
있다.[26]

이러한 준비와 함께 서일은 자신들의 행동을 공개적으로 일본에
알렸다. 즉 일본에 선전포고를 한 것으로, 1919년 7월 대종교 신자
계화, 김붕, 김일봉, 정신, 김암과 함께 하라 다카시(原敬) 총리에게
경고문을 보냈다. 그 내용을 요약하면 다음과 같다.

　　지금까지 백인들이 벌인 전쟁은 모두 실패로 돌아갔으며 지금은 민
족 평등의 시대이므로 일본이 한국을 합병하여 불리한 일곱 가지를 들

---

25) 일본외무성 기록, 騷密 제1216호(1919.4.29), 「獨立運動ニ關スル件(國外
　　日報 제56호)」, 수신 長谷川好道(조선총독) 등.
26) 부록 참조.

어 경고한다.

첫째, 한국은 오래된 나라로 역사·종교·언어·문자·윤리·습속 등 모든 것이 독립되어 있으니 절대로 일본이 동화할 수 없다.

둘째, 한국에 있는 일본 관리들은 두려움에 떨며 재물을 낭비하고 있다.

셋째, 한국은 가난하므로 일본이 재정을 보충해야 하니 손해다.

넷째, 한국민족은 강한 민족이라 싸움에 나가 물러섬이 없으니 결코 열복(悅服)시킬 수 없다.

다섯째, 황인족 간의 싸움은 백인들에게 어부지리를 줄 것이다.

여섯째, 한국과 일본이 전쟁을 하면 중국과 러시아가 기회를 틈탈 것이니 동양평화정책은 무너질 것이다.

일곱째, 일본이 강해지는 것을 구미인들이 보고만 있지 않을 것이다.[27]

결국 일본은 한국을 식민지화 할 수 없을 것이니 오늘날 동아시아를 위하는 계책은 양쪽이 서로 이롭게 되는 길을 찾아야 한다는 것이다. 그리고 함께 실력을 길러야 서양인들이 감히 동쪽으로 침범하지 못할 것이라고 역설했다. 서일 등이 이 글을 조선 총독에게 보내지 않고 바로 일본 총리대신에게 보낸 것은 앞으로 일본을 직접 상대하겠다는 뜻으로 자신감의 발로이다. 서일은 이에 대한 일본의 회답이 없자 다시 간도 총영사 대리에게 글을 보내기도 하였다. 이후 서일은 군자금과 군량미를 모집하고 무기 구입에 주력하며[28] 대한

27) 한국사데이터베이스, 한국독립운동사, 자료41 중국동북지역편Ⅲ, 機密 제53호(秘受 2203호, 1919.10.4), 「排日鮮人等ノ行動急報ノ件」, 발신 堺與三吉(재간도 총영사대리), 수신 內田康哉. 전문은 부록 참조.
28) 김병기, 앞의 글, 255쪽.

정의단의 무장에 더욱 박차를 가하였다. 그 산하에 무장조직인 대한
군정회를 조직한 것인데, 이와 같이 의병을 모아 군단을 만들게 된
것은 고향 지역에서 활발하게 활동하던 경성의병의 영향을 받은 듯
하다.29) 다음은 한민족이면 누구나 대일 혈전을 준비하는 데 동참할
것을 호소하며 1919년 8월 7일 발표된 '대한정의단 창의격문(大韓正
義團倡義檄文)'의 일부이다.

> 아아, 누가 조종(祖宗)이 없으며 누가 자손이 없겠는가. 위로 신성한
> 영광을 조종에 돌리고 아래로 노예의 욕됨을 자손에게 남겨주지 않으
> 려거든 이때를 놓치지 말라. 이 몸을 생각하지 말라. 한 몸을 바쳐 1백
> 몸이 속죄함은 인도의 원훈(元勳)이니라. 소수를 희생하여 다수를 살
> 림은 정의의 공덕이니라. 누가 살려고 하지 않으랴만 노예로 사는 것
> 은 생의 치욕이며, 누가 죽는 것을 싫어하지 않으랴만 신성하게 죽는
> 것은 죽음의 영광이니라. (중략) 우리 동포 대한 남매여! 지모(智謀)가
> 있는 자는 지모로, 용기가 있는 자는 용기로, 기예가 있는 자는 기예로
> 각자 능력을 다하여 나서고, 무기가 있는 자는 무기로, 양미가 있는 자
> 는 양미로, 금전이 있는 자는 금전으로 각자 힘닿는 대로 내놓아 공적
> 일본을 토멸하여 천하의 공분을 씻으며 우리 한국의 독립을 공고히 하
> 여 만세에 영광을 남기라.30)

격문 어디를 보더라도 대종교에 집착하는 어떤 문구도 보이지 않
는다. 즉 대한정의단으로 개편한 이유는 무엇보다도 대종교 일색에
서 탈피하여 누구든 대일항쟁의 뜻이 있으면 모두 참여하도록 길을

---

29) 김동환, 「백포 서일의 삶과 사상」, 앞의 글, 95~96쪽.
30) 국사편찬위원회, 『한국독립운동사』 3, 정음문화사, 1968, 606~608쪽. 전문
    은 부록 참조. 다만 인용 부분은 원문의 문체를 현대어로 풀어쓴 것이다.

열어 놓은 것이었다. 천하의 공적(公賊) 일본을 토멸코자 하는데 국민 된 도리로서 때를 놓치지 말고 각자가 가진 재능과 재물을 능력껏 내놓아 힘을 모으자는 서일의 절절한 호소력은 피 끓는 젊은이들을 정의로운 항일 구국성전으로 불러들이기에 충분하였다.

한편 일본은 서일의 서한에 답하지 않았으나 대한정의단이 항일무장투쟁을 위해 장정 모집과 무기 확보 등 적극적으로 전쟁준비 활동을 전개하고 있는 상황을 예의 주시하고 있었다.

1919년 9월 5일 정의단 단장 이하 간부 5명은 간도 왕청현 대감자(大坎子)에 모여 독립운동에 관한 비밀회의를 가졌는데 그 내용을 들으니 힘을 다해 단원모집에 노력하고 있으며 러시아령에서 총기 수입을 도모하고, 10월 3일경을 기해 운동을 개시할 계획인 것 같다. 이 단체는 그 본부를 간도 혹은 길림에 두고 단원은 대부분 대종교도로서 그 수가 1,600명에 달한다고 한다.[31]

대한정의단은 이러한 조직 기반 위에서 독립군 편성을 위한 준비로 각지에서 대한정의단의 결사대원을 모집한 결과 대일항쟁군에 자원한 자들로 모두 1,037명의 결사대원을 확보하였다. 안도현의 대한정의단의 경우를 보면 김정일(金廷一), 김우종(金禹鍾), 이태극(李泰極) 등을 주무자로 하여 약 300~400명의 결사대원을 확보하고 사하국민학교(沙河國民學校)에서 교관 안석진(安錫鎭)과 원모(元某)의 지도로 50명씩 교대로 목총(木銃)으로 교련을 시작하였다. 교관이 부

31) 한국사데이터베이스, 한국독립운동사, 자료41 중국동북지역편Ⅲ, 高警 제 26441호(1919.9.15), 「國外情況」, 발신자 조선총독부 경무국장, 수신 長谷川 好道(조선총독).

족하여 나부위(羅副尉)를 초빙하기로 하였으며 무기는 한국인 포수
들이 가지고 있던 총들을 모았는데 오연발총(五連發銃)과 관타총(管
打銃)이었다. 동시에 내도산(內島山)에 거주하고 있는 중국인을 통하
여 군총 구입도 꾀하였다.[32]

또한 대한정의단은『일민보』와『신국보』라는 신문을 순 국문으로
발간하여 민간에 배포함으로써 동포들의 독립사상을 더욱 공고히
하고 대한정의단의 취지를 바탕으로 독립을 쟁취하기 위한 대가는
오직 '혈전'뿐이라는 정신을 더욱 고취시켜나갔다.[33] 이렇게 서일의
투쟁 목표는 조국의 국권 회복에 있었으며 그 목표를 달성하기 위한
전략은 오직 일본과의 전쟁에서 승리하는 길밖에 없다고 확신하였
다. 이를 실현하기 위한 그의 정신은 중광단 조직에서부터 이후 대
한군정서에 이르기까지 일관되게 이어졌다. 그는 교육 계몽운동과
대종교 신앙을 통하여 단원을 강한 민족정신으로 무장시킴으로써 공
적 일본을 몰아낼 수 있다는 자신감을 갖게 하는 한편 조직 내 무기
확보와 체계적인 군사훈련으로 일본과의 혈전을 준비하였던 것이다.

대한군정부

대한정의단은 병력, 군자금 그리고 무기가 어느 정도 준비되자 본
격적인 군사훈련과 독립군 편성 문제가 절박하게 되었다. 무엇보다
대한정의단의 지도급 인물들 중에는 군사문제 전문가가 없었다. 서
일 등은 이 문제를 해결하기 위해 1919년 8월에 김좌진, 조성환(曺成

煥, 1875~1948), 박찬익, 이장녕, 박성태 (朴星泰, 1873~?) 등 군사전략
에 밝은 인물들을 영입하여 대한정의단의 군정회(軍政會)를 맡게 하
고 모집한 장정들의 군사훈련과 대일항쟁군 편성을 위임하였다.34)
김좌진은 대한제국 시절 장교로 복무하였고 당시 광복단사건으로 3
년간 옥고를 치룬 후 1917년 만주로 망명해 있었다. 이 외에도 의군
장군 출신이기도 한 대종교의 김규식, 중국 사관학교 출신인 이범석
등이 서일의 뜻에 합류하여 항일운동의 근간인 군대를 양성하게 되었
다. 아마도 이때 서일을 비롯한 항일세력들이 홍범도도 만난 듯하다.

[그림 21] 대한군정서 총재부 옛터(길림성 왕청현 왕청진 유수하자 부근),
▷ 서일기념사업회 노경래

그런데 대한정의단이 신민회 계통의 조성환, 박찬익 등 민족주의
자들을 영입하고 대한군정회가 공화주의 단체가 되자 복벽주의(復辟

――――――――――――――

34) 『한국독립운동사』, 앞의 책, 310쪽.

主義)의 공교회 계통 유교 지도자들이 반발하여 이규(李珪), 김성극(金星極), 강수희(姜受禧) 등이 이탈하였다. 그 결과 대한정의단과 그 산하 무장 단체인 대한군정회는 대종교 계통의 민족주의자들과 신민회 계통의 민족주의자들에 의한 순연한 공화주의 항쟁군대가 되었다.35) 이러한 조직 정비 과정에서 명목만의 분리가 무의미해지자 대한정의단과 대한군정회는 1919년 10월 통폐합되어 '대한군정부'로 개편되게 된다. 대한군정부의 주요 인물은 서일, 현천묵, 김좌진, 조성환, 이장녕, 계화, 이범석, 박성태, 정신(鄭信), 박두희(朴斗熙), 이홍래, 윤창현(尹昌鉉), 나중소(羅仲昭), 김성(金星) 등이었다.36) 그리고 대한군정부를 '총재부'와 '사령부'로 나누어 총재부는 대종교 계통에서 맡아 민정(民政) 및 민사(民事)를 관장하고(주로 이전의 대한정의단 업무), 사령부는 주로 무관출신들이 군사(주로 이전의 대한군정회 업무)를 전담하게 되었다. 대한군정부 총재는 대종교 계통의 서일, 부총재는 현천묵이었고, 사령부의 사령관은 길림군정사 출신 군사전략가의 김좌진이었다.37)

대한군정서38)

대한군정부는 발족하면서 얼마 후 명칭에 대한 문제가 발생하였다. '정부'라는 명칭을 사용하고 있어 자칫 잘못하면 임시정부와 혼

---

35) 신용하, 앞의 글, 207쪽.
36) 『한국독립운동사』, 앞의 책, 310쪽.
37) 신용하, 앞의 글, 206~207쪽 참조, 박환,『김좌진평전』, 선인, 2010, 82~83쪽.
38) 흔히 '북로군정서'로 불리지만 본래 명칭은 '대한군정서'이다. 같은 시기 임시정부에서 서간도의 한족회(韓族會)와 신흥무관학교가 중심이 된 독립군

동을 가져 올 수 있었던 것이다. 명칭 변경에 대한 임시정부의 요청을 받은 서일은 참모들과 숙의하여 임시정부의 명령에 따를 것을 결정했고, 동시에 임시정부의 공식기관으로 신청했다.39) 임시정부는 1919년 12월에 '국무원 제205호'를 통해 명칭을 대한군정부에서 '대한군정서(大韓軍政署)'로 변경할 것을 조건으로 이를 승낙하였다.40)

단체에게 '서로군정서(西路軍政署)'라는 명칭을 주었으므로 그 후 서로군정서와 대칭되는 의미로 북로군정서라 불린 것이다. 그러나 서일 및 대한군정서 대원들은 애초에 대한민국 군대의 주체이고 싶었던 생각으로 대한군정부라는 명칭을 택했고, 대한민국임시정부의 요청에 의해 대한군정서로 바꾸게 되었지만 한국 독립군의 주종(主宗)이라는 자부심은 변하지 않았다. 따라서 그 뜻을 감안하여 공식명칭인 '대한군정서'로 부르는 것이 타당하다고 생각된다.

39) 이 과정에서 약간의 다른 견해가 있다. 서일이 먼저 군정서로 하겠다고 요청을 했다는 설과 이와 반대로 대한민국임시정부에서 먼저 요청했다는 설이다. 『대종교 중광육십년사』 기록에는 1919년 12월 서일은 현천묵, 조성환, 이장녕, 김좌진, 이범석, 김규식, 계화, 정신 등과 협의하여 상해 대한민국 임시정부의 요청으로 대한군정부를 대한군정서로 명칭을 변경했다고 하였다. 반면에 일본기록과 『독립신문』에는 대한군정부의 성립과 동시에 상해의 대한민국 임시정부에 보고하여 그 산하 독립군 군사기관으로 공인을 신청했다고 기록했다. 『독립신문』과 일본 기록은 사건이 종료된 이후 3~4개월 뒤의 기록이므로 결과만을 가지고 기록했을 가능성이 높고, 또한 3·1항쟁 전후에 여러 곳에 임시정부가 있었으므로 상해 임시정부도 수립 직후에는 곧바로 권위를 인정받기는 어려웠다고 생각된다. 따라서 상해 임시정부에서 먼저 명칭변경을 요청한 것으로 보인다. 『대종교 중광육십년사』, 앞의 책, 391쪽 참조.

40) 한국사데이터베이스, 한국독립운동사, 자료42 중국동북지역편Ⅳ, 機密 제14호(1920.3.29), 「間島ニ於ケル不逞鮮人ノ團體ト其ノ動靜ニ關スル調査書」, 발신 川南省一(국자가 분관주임 외무서기), 수신 內田康哉, 재간

이후 대한군정서는 엄연한 국가 기관으로 존재하게 되었으며 이때 부터 임시정부에서도 간도의 대한군정서에 많은 관심을 갖게 된다. 대한군정서 격고문(大韓軍政署檄告文)[41]에도 군정서는 대한민국임 시정부의 하부 기관으로 명시되어 있다. 따라서 대한군정서가 행한 일본군과의 전투 또한 국가 대 국가의 전쟁 수행으로 볼 수 있으며 이는 대일항쟁사에서 중요한 의미를 가지는 것이다.

대한군정서는 본영을 국경이 가깝고 외진 밀림지대인 길림성 왕 청현 서대파구(西大坡溝)에 두고 각처에 경찰 업무와 정보 연락을 위 한 경신분국(警信分局)을 두었다. 또한 화룡현 밀림지대에서 장병을 양성하였는데 간부와 장교는 물론이고 사졸 군속까지 대종교 교도 로 조직되었다. 한편 서일은 군대의 개편 및 양성 작업에 몰두하면 서 간도지역민들에 대한 교육과 산업 활동 보호에 대해서도 세심하 게 배려했다. 만약 이들이 없다면 전체적 항쟁 작전은 모두 무산되 기 때문에 무엇보다 중요했던 것이다. 그러므로 대한군정부에서는 지방 행정에 유의하여 관할지역 한교부락(韓僑部落)에 소학교와 야 학강습소를 설립케 하고 지방 산업 진흥에도 많은 편리를 주었는데 그 후원 기관은 대종교 교우들이었다.[42] 이와 같이 대종교 정신을 통한 민중적 기반을 확고하게 다진 결과 군량과 군자금은 일반 교도 들이 부담하였다.[43] 서일의 항일 무장투쟁에서 포교와 군대 양성은

도 총영사대리, 두도구 및 훈춘 부영사, 길림, 블라디보스톡 총영사, 재지공 사(在支公使), 조선총독. 「대한군정서약사」, 『독립신문』, 1920.4.22.
41) 『독립신문』, 1921.2.25.
42) 『한국독립운동사』, 앞의 책, 310쪽.
43) 『대종교 중광육십년사』, 앞의 책, 391쪽.

같은 비중을 갖는 두 개의 중심축이었던 것이다.

[그림 22] 대한군정서 사관연성소 옛터(서대파구 십리평 잣덕)

대한군정서에서 항일전쟁을 위한 군대 편성과 훈련 임무를 맡은 김좌진은 왕청현 서대파 십리평 일대에 근거지를 설치하고 십리평으로부터 약30리 거리의 삼림지대에 병사(兵舍) 8동의 사관연성소를 설립하였다. 그리고 신흥무관학교의 도움을 받아 교관 이범석과 졸업생 장교 박영희(朴寧熙), 백종렬(白鍾烈), 강화린, 오상세(吳祥世), 이운강(李雲岡), 김훈 등을 비롯한 훈련장교 및 각종 교재를 공급받고 간도 일대에 거주하고 있던 18~30세의 청년들을 뽑아 6개월 과정의 속성과를 운영하였다. 이 속성과의 주요 교과목은 정신교육, 역사(세계 각국 독립사 및 한일관계사), 군사학, 술과(병기의 조작법, 부대의 지휘운용법), 체조 및 구령법 등이었다.44) 다음은 이에 대한 일본인의 정찰 기록이다.

군정서에서는 무관학교를 서대파에서 나자구로 통하는 중간 지점에 건설하기로 하고 천축 목면 다수를 구입하여 천막을 만들고 그 천막 내에서 학생을 교육할 계획이다. 이 지방 조선인 매호에 짚신 두 켤레 와 새끼줄 8파(把, 1파의 길이 및 대소, 형상, 중량 등 불명)를 의무적 으로 납부하게 했으며, 대왕청 대황구에서 다른 곳으로 곡류의 반출을 금지시켰으므로 다소 불평이 있다. 또한 무관학교에서 초모(招募)한 생도 수는 6백 명으로, 지원 자격은 사립 소학교를 졸업하고 연령 20세 이상 40세 이하의 자로 제한하고 졸업 연한은 6개월이다. 의(衣) 식 (食) 및 서적 등은 정의단에서 급여한다고 한다.[45]

이 기록에 의하면 사관연성소의 병사(兵舍)는 천막으로 설치 운영 한 것으로 보인다. 생도 지원 자격을 소학교 졸업자로 하고 다른 곳 으로 곡류 반출을 금지한 것은 문맹자를 제외하고 안정적인 식량 확 보를 위한 것으로 생각된다. 1921년 6월 일본 외무부 문서에 기록된 대한군정서의 조직표 및 임원 명단은 다음과 같다.[46]

서일이 대한군정서의 총재였던 것과 관련하여, 서일이 중광단을 조직하고 대한정의단과 대한군정서로 확대 개편하는 과정에서 줄곧 단장과 총재를 맡았을 것으로 생각된다. 그러나 일본의 외교문

---

44) 신용하, 『한국민족 독립운동사 연구』, 을유문화사, 1986, 427쪽.
45) 한국사데이터베이스, 한국독립운동사 자료42 중국동북지역편Ⅳ, 機密 제 97호(1920.5.5), 「機密第一四·一五號[羅子溝方面ニ於ケル不逞鮮人ノ行 動報告ノ件]寫送付ノ件」, 발신 堺與三吉, 수신 內田康哉.
46) 일본외무성 기록, 受20669호-公제259호(1921.6.27), 「朝鮮側警察カ朝鮮人 金順等ヲ拘引セルニ關スル件]」, 발신 吉田伊三郎(재중국 임시대리공 사), 수신 內田康哉, 機密第263號(大正十年 6月 27日) 「間島方面ニ於ケ ル不逞鮮人団ノ組織及役員調査書」.

[표 2] 대한군정서 조직표(1920)

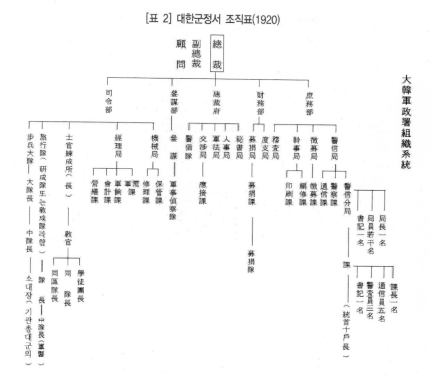

서에는 대한정의단 단장은 이겸재(李兼在)47) 또는 이상인(李尙仁)이48) 맡았고 또 김헌이 주재했다거나49) 신성(申檉), 서일, 김헌(金獻)50)이 함께 이끌었다는 기록도 있다. 또한 대한군정서에서도 1919

---

47) 機密公信 제23호(1919.6.27), 「不逞鮮人等正義團組織ニ關スル件」, 국사편찬위원회, 『한국독립운동사자료』 41(중국동북지역편Ⅲ), 2005, 243쪽.
48) 高警 제26441호(1919.9.15), 「國外情況」, 앞의 자료.
49) 위의 자료.
50) 일본외무성기록, 機密 제66호(1919.11.4), 「露支地方ニ於ケル不逞鮮人ノ行動ニ關スル件」, 발신 堺與三吉, 수신 內田康哉, "정의단은 대종교

[그림 23] 대한군정서 사령부 훈육부 대원들(▷ 서일기념사업회 노경래)

년 9월경[51] 내부에 군무서(軍務署)를 두었는데, 군무서의 최고위직인 독판(督瓣)은 김광국(金光國)이었으며 서일은 독판 밑의 참모장이었다.[52] 또 서일이 대한군정부 군무서의 고문이었다는 기록도 있는

(단군교), 공교회, 무종교 등의 구사상을 가진 예수교 반대 측에 있는 자로 조직된 것으로서 단원은 주로 간도 왕청현 및 동녕현 지방의 자가 많고 표면의 가입자는 2천 8백 명에 이르며 현재의 수령은 신성, 서일, 김헌 등인 것 같다."

51) 대한군정부의 창설 시기는 대체로『독립신문』의 기사(1920.4.22)「대한군정서 약사와 밋 군정서 총재의 신청서」를 근거로 1919년 10월로 보고 있으나 일본 외무성 기록에는 대한군정부령 제1호가 1919년 9월 9일에 반포되었다고 했으므로 대한군정서는 1919년 9월 9일 이전에 성립된 것이 확실하다.「間島不逞鮮人團體卜其ノ動靜ニ關スル調査書ノ件」, 앞의 자료 참조.

52) 한국사데이터베이스, 한국독립운동사 자료42 중국동북지역편Ⅳ, 機密 제87호(1919.12.12),「軍政府ノ組織其他ニ關スル件」, 발신 堺與三吉, 수신

데[53]), 이를 보면 중광단, 대한정의단, 대한군정서로 발전하는 과정에서 서일이 줄곧 처음부터 수장을 맡은 것은 아닌 것 같다. 이는 서일이 자리에 연연하는 사람이 아니라는 것을 의미하는 것으로 서일이 총재에 오른 것도 많은 사람의 추대로 어쩔 수 없이 수락한 것으로 보인다. 신운용은 서일이 평소에도 참모들의 의견을 중요시했고, 무기 구입 과정 등 힘든 일을 솔선수범하는 인물이었으므로 추앙받은 것으로 보았다.[54] 그렇지만 서일이 동원당 등 비밀조직을 운영한 것을 보면 일본군에게 자신의 신분노출에 혼선을 주기 위한 계략이었을 가능성도 생각해 볼 수 있다.

북간도에서 대한군정서가 조직된 시기에 서간도에서는 부민단과 신흥무관학교를 중심으로 서로군정서가 조직되었다. 서일의 대한군정서가 북로군정서로도 불리는 이유이다. 양 군정서는 상해 임시정부의 정규군으로 서로 협의하면서 상호 원조하였다. 양 군정서 대표인 서일과 이상룡은 서신과 대표 파견을 통해 서로 의견을 교환하고

內田康哉.
53) 「羅子溝方面不逞鮮人行動報告ノ件」, 앞의 자료.
54) 신운용, 앞의 글, 16~17쪽 참조.
　　이와 관련하여 일본 외무성 자료에는 서일의 또 다른 면모를 알려주는 보고 기록이 있다. 상해 임시정부가 간도를 총괄하는 총판부를 설치하고 구춘선을 총판부장으로 추천하고자 하여 안정근을 간도에 특파했을 때, 스스로 총판부장의 직에 취임하여 각 단체를 지배하는 실권을 획득하려고 하는 야심을 지녔던 서일이 안정근의 암살을 계획했다는 보고이다. 하지만 이는 그동안 서일의 행적으로 보아 납득이 가지 않는 부분으로, 이 문제에 대해서는 깊은 연구가 필요한 것으로 보인다. 「聯通制改正組織ノ企劃發見檢擧」, 앞의 자료 참조.

군사작전 협조를 도모하였다. 주목할 점은 양 군정서 간부들이 대부
분 대종교 신도였으며 이들 군정서의 활동이 대종교 단군신앙으로
연결되어 있다는 점이다. 서일이 나철의 뒤를 이은 대종교 종사라는
점을 상기한다면 간도의 대일항쟁군은 서일을 중심으로 파악할 수
도 있는 것이다.

참고로 당시 간도 지역에서 일본과의 항쟁을 위해 군대를 양성하
던 기관은 다음과 같다.

[표 3] 1920년대 이전 독립군 양성 교육 현황

단 체 명	활동기간	관련단체	위 치	졸업생(명)	교육기간
서전서숙	1906~1907.8	신민회	연길현	22	1년
명동서숙	1908.4~1920	김약연	화룡현	1,000	
한민학교	1909.3~	권업회	신한촌		
신흥무관학교	1911.4~1919.11	신민회	유하현	3,500*	4년**
동림무관학교	1913~	신민회	왕청현	80	
밀산무관학교	1913	신민회	밀산현		
사관연성소	1919.3~9	대한군정서	왕청현	298	6월
육군무관학교	1919~1920	대한민국임시정부	상해	43	6월
한인 비행사양성소	1920.2~1923	대한민국임시정부	캘리포니아	11	
무관학교	1920.7	국민회·대한독립군	연길현 명월구	400	부대이동 폐교

(윤형호, 「항일무장독립운동의 군사적 고찰」)

이상과 같이 서일이 관여한 간도의 대일항쟁 기지는 처음 대종교
를 중심으로 한 중광단에서 출발하여 그 세력을 점점 확대해갔다.
대한정의단부터는 일개 종교단체에서 벗어나 간도인들이 모두 참여
할 수 있는 기틀을 마련하였다. 그 후 군정서로 확대개편하면서 대
한민국 임시정부의 정규군으로 거듭난 것이다.

비밀조직

중광단, 대한정의단, 대한군정서가 서일이 공개적으로 조직한 대일항쟁 기관들이라면 비밀리에 운영되며 서일의 대일항쟁을 적극적으로 지원한 기관들도 존재했다. 동원당(東圓黨)과 자유공단(自由公團)이 그것이다.

동원당에 대해서는 그동안 잘 알려지지 않았는데 대종교의 중심인물이며 대한정의단과 대한군정서의 핵심 인물이었던 이홍래의 가출옥(假出獄) 문서와 1925년 4월 6일자 청진지방법원 판결서에 의하여 그 실체가 드러나게 되었다. 이홍래는 당시 국내에서 군자금 모집, 일본관청 습격, 일본 순사 살해 등의 활동 중 체포되었다. 그의 판결서에서 의하면 동원당은 서일과 이홍래(일명 金藤 또는 李一秋) 등 수명의 동지가 협의하여 1912년 음력 8월 연길현55) 삼도구 청파호에서 조직한 비밀단체로 독립운동을 완수하기 위한 체계적 활동을 결정하고 지도하기 위한 기관이었다.56) 또한 판결서에 보이는 동원당의 활동은 1918년 파리 강화회의에서 민족자결 문제를 논의할 것이라는 소식에 접하고 당의(黨議)의 결과에 의하여 정신(鄭信) 등 1명을 파견하였으나 정신이 중도에서 귀환함으로서 실패로 끝난 것으로 되어있다. 동원당이 파리 강화회의에 대표를 파견한 사실은 중요한 의미를 시사한다. 첫째 이 단체가 국제 정세를 능동적으로 이용하려는 국제정치적 감각과 수준이 있었다는 점, 둘째 독자적으로 국제회의에 민족 대표를 파견할 정도로 조직운영 능력과 민족대표

---

55) 판결서에는 연길현으로 되어있으나 당시 행정구역상 화룡현이 맞다.
56) 오세창, 앞의 글, 541쪽.

로서의 집단적 권능을 가졌으며, 셋째, 대표 파견을 당의로서 결정했다는 점에서 민주주의의 정당제적 성격을 가진 진보적 단체였다는 것이다.

동원당의 조직 체계와 인원수는 자세히 알려져 있지 않지만 항일단체를 위험으로부터 보호하며 일본의 첩보 활동에 대응하는 조직으로 활동했다는 점은 분명해 보인다. 실제로 이범석이 김좌진의 부름을 받고 서간도에서 처음으로 대한군정서 본부까지 찾아가는데 십여 차례 검문을 받았다[57]는 사실에서도 동원당원들이 조직의 보위를 위해 철저하게 활동하고 있었던 것으로 짐작할 수 있다. 따라서 동원당은 서일이 수전병행의 효율적 수행을 위해 만들어 놓은 비밀결사였을 것으로 추측된다.[58]

한편 자유공단은 대종교도들만으로 이루어진 비밀단체로서 군자금과 군량미 모집 등으로 항일투쟁을 지원하는 역할을 담당한 단체였다. 서일은 본격적인 군대 양성을 시작하며 군자금이 조달에 많은 노력을 기울였다. 공개적으로는 한인들에게 세금 형식으로 걷기도 하였지만 그것은 한계가 있었다. 따라서 별도의 다른 조직을 만들어서 항쟁군의 활동을 지원하도록 하였는데, 그 근거는 당시 간도 총영사관에서 일본으로 보낸 기밀문서에 나타나 있다.

> 간도 국자가에서 대종교도로 이루어진 자유공단(自由公團)이란 비밀단체를 조직하였다. 단원은 1만 5천에 달하고 단장 서일(대종교 동도 사교에 재직하는 자)는 근래 국자가에서 총회를 개최할 것이라고 한다.

---

57) 이범석, 앞의 책, 175쪽.
58) 김동환, 「백포 서일의 삶과 사상」, 앞의 글, 100쪽.

회의 목적은 한국의 독립에 있으며 금후 계획에 필요한 비용으로서 월 1인당 1원씩을 회원으로부터 징수하고 있다고 한다.[59]

자유공단의 실체에 대해서는 현재 정확하게 알 수 없지만 위의 문서로 유추해보건대 이 단체는 군대에 편입되지는 않지만 군대를 지원하고 필요에 따라서는 정보를 수집하는 역할을 하거나 군수물자 확보 등에 적극적인 협조를 한 것으로 추측된다. 주목할 점은 당시 대종교도들이 지하에서 항일운동에 열성을 보였고, 서일을 이들을 통하여 군자금을 모금하고 있다는 점이다. 단원 1만 5천이라는 규모로 볼 때 당시 간도 일대에서 가장 큰 조직이었다고 여겨진다. 매월 1만 5천 원을 모을 수 있는 기반이 형성되었다는 것은 당시 소총 한 자루가 35원이었던 것을 감안한다면 대일 항쟁 활동에 있어서 막대한 기반을 제공한 것으로 볼 수 있다.

3) 군수물자 확보

서일의 대일항쟁은 중광단에서 시작하여 대한정의단을 거쳐 대한 군정서에 이르며 정통성을 얻었고 그 과정에서 소속된 군대는 점차 성장했다. 특히 대한군정서는 병력 확대, 무기 장만, 핵심 군사 양성이란 세 가지 과업에 중점을 두었으므로 이에 따라 식량, 군수품 등의 조달을 위한 막대한 군자금이 필요하였다. 따라서 군정서 산하에 모금부대를 두고 전력을 다하였는데, 간도 지역에 거주하는 동포들

---

59) 「獨立運動ニ關スル件」(1919.4.25), 앞의 자료.

을 대상으로 징수금과 기부금 및 국내에서의 모연금(募捐金) 등으로
조달하였다.

당시 간도의 항일 단체는 각각 이러한 모연금을 징수하였으므로
독립군을 빙자하여 주민들을 약취하는 무리도 존재했다.[60] 따라서
각 단체의 세력범위를 구획하여 군자금이나 군량을 모집할 때는 다
른 단체를 침범하지 않도록 협정을 한 듯하다. 군정서도 처음에는
징수금 부과 구역이 간도대한국민회 등 다른 단체와 중첩되어 충돌
이 있기도 했으나, 서일, 김광국 등 수뇌부가 구춘선 등을 방문, 설명
함으로써 불화는 원만히 해결되었다. 이후 국민의회와 정의단은 서로
제휴, 협력하여 독립운동을 위해 진력할 것을 약속하게 된 것이다.[61]

---

60) 「喻告文」, 『독립신문』, 1920.1.13.
"天道가 循環하고 民心이 應合하야 我大韓獨立을 世界에 宣布한 後
上으로 臨時政府가 有하야 軍國大事를 主하며 下으로 民衆이 團結하
야 萬歲를 齊唱할세, (중략) 들은즉 間島方面에서 無賴之輩가 乘時하야
或 印章을 自意로 雕刻하며 獨立軍을 憑籍하야 民間에 强制募捐도 하
며 或 軍服을 假裝하며 武器를 携帶하고 各洞里에 示威的 作亂이 非
一非再라 하니 民心이 騷擾할 것은 勿論이오 將次 外侮가 不遠할지라
堂堂한 獨立軍으로 身을 彈烟砲雨中에 投하야써 半萬年歷史를 光榮
케 하며 國土를 恢復하야써 子孫萬代에 幸福을 與함이 我獨立軍의 目
的이오 또한 民族을 爲하는 本義라 어찌 一地方 小團體에 偏依하야 軍
中風紀를 紊亂케 하리오 本隊長은 是를 痛歎憫恤하야 玆에 喻告하오
니 自今以後로 이와 갓혼 魑魅魍魎之徒가 村閭에 出沒하거든 該洞里
로 嚴히 懲治하되 만약 勢力이 不足할 時는 卽時 本隊에 報告하야 軍
律로 處置하기를 一般國民은 謹愼心得할지어다."
일본외무성 기록, 機密 제48호(1919.11.18), 「不逞鮮人ノ近狀報告ノ件」,
발신 堺與三吉, 수신 內田康哉.
61) 한국사데이터베이스, 한국독립운동사 자료42, 중국동북지역편Ⅳ, 機密 제

대한군정서는 각 방면에 모연대(募捐隊)를 파견하여 군자금을 징수하였는데,[62] 징수 대상자의 재력을 감안하여 부담을 줄여주고자 하였다. 따라서 미리 재력을 조사해서 고지서를 발부하고 분납주의 (分納主義)를 채용하여 전기, 후기로 나누어 징수함으로써 그 재원이 일시에 고갈되지 않도록 하였다. 1920년의 일례를 보면 8월부터 11월 까지의 기간에 평균 토지 15상(晌, 약 15,000평) 이상을 가진 자에 한 하여 백 원 이상 3천 원까지 출연하도록 공지하고, 일반민에 대해서 도 평균 조 2두, 짚신 2족을 납부하도록 하였다.[63] 그리고 군자금 모 집에 응한 자에게는 수령을 증명하는 수납표를 교부함으로써 이중 징수의 피해를 피하도록 하였다.[64]

군자금 모집은 간도뿐만 아니라 국내에도 모연대가 파견되었는데, 이 경우에는 군자금의 기부를 받고 수납표와 함께 감사장도 발부하 고 있다.[65] 이 외에도 만주·러시아령 지역과 국내로부터 재력 있는 애국 인사들이 자발적으로 보내온 기부금도 군자금에 사용되었다. 서일의 비밀 조직인 자유공단 회원의 경우는 매월 1원씩을 내도록

86호(1919.12.10), 「間島國民議派ト正義團派トノ提携ニ關スル件」, 발 신 堺與三吉, 수신 內田康哉.

62) 한국사데이터베이스, 한국독립운동사 자료42, 중국동북지역편Ⅴ, 機密 제 214호(1920.8.26), 「大韓軍政署側ノ行動ニ關スル件」, 발신 추주(秋洲) 분관주임, 수신 內田康哉.

63) 국사편찬위원회 편, 「북간도지방의 항일단체 상황」, 『한국독립운동사』 3, 1983, 633~634쪽 참조.

64) 「間島國民議派ト正義團派トノ提携ニ關スル件」, 앞의 자료 참조.

65) 姜德相 編, 「不逞鮮人團擊攘 高警 第29412號(1920.9.20)」, 『現代史資 料』 27, みすず書房, 1976, 496~497쪽 참조.

되어 있었는데, 회원이 1만5천 명임을 감안한다면 연간 18만 원이라는 거금이 충당되는 것이었다. 이런 거금은 순수하게 서일의 신뢰도에 의해 형성된 군자금이었다.

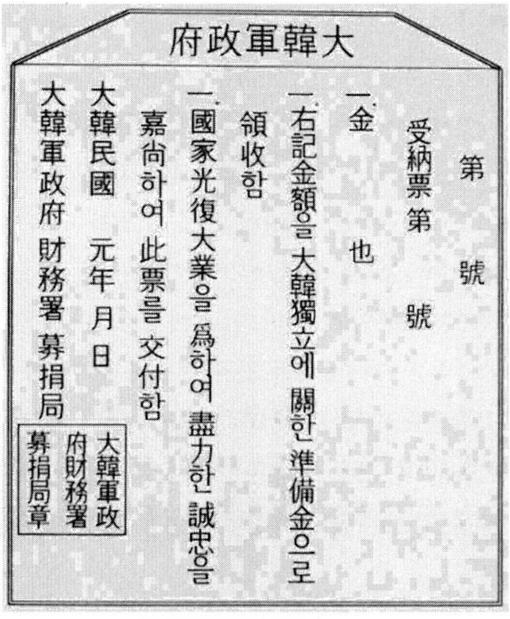
大韓軍政府

第　號

受納票第　號

一金　也

一右記金額을 大韓獨立에 關한 準備金으로

領收함

一國家光復大業을 爲하여 盡力한 誠忠을

嘉尙하여 此票를 交付함

大韓民國　元年　月　日

大韓軍政府 財務署 募捐局

大韓軍政府財務署募捐局章

[그림 24] 대한군정서 수납표

이상과 같은 경로로 모집된 군자금은 1920년 초에는 약 20만 원가량에 이르는데 이를 통해 대한군정서는 다량의 무기를 구입할 수 있었으며, 군량은 약 4~5개월분을 능가하는 식료를 준비하여 저장하고 있었다.66) 이로 보아 대한군정서 독립군은 다른 단체에 비해 매

66) 姜德相 編, 「不逞鮮人行動報告ノ件」, 『現代史資料』 27, 위의 책, 350

우 잘 무장되어 있었고 서대파(西大坡) 근거지에서는 군량도 충분히 확보했었음을 알 수 있다. 이 또한 대한군정서의 근거지에 대종교를 신봉하는 가구 수가 많았던 것이 큰 도움이 되었을 것이다.

한편 서일은 확보된 군자금으로 재무담당인 계화와 함께 전문 병력 확대와 무기 구입에 전력을 기울였다. 서일은 직접 현장을 뛰면서 섭외를 하였는데 간도회전 직전에도 러시아령 현지에 나가 무기 운반대와 함께 한 기록이 있다. 대한군정서 일지에 의하면 1920년 7월과 8월에 걸쳐 무기 구입을 위한 운반대가 출발하고 있다. 7월 26일 출발하여 훈춘을 경유하여 3일 뒤 연해주에 들어갔는데 이때 총재 서일과 재무부장 조성환이 동행하였으며 9월 7일 대한군정서에 귀대하였다.[67]

대한군정서의 무기는 주로 체코슬로바키아 군대와 러시아로부터 구입한 것으로 알려져 있다. 1차 세계대전 당시 체코는 오스트리아의 통치하에 있었는데 많은 체코인들이 오스트리아군의 일원으로 러시아 전선에 투입되었다가 시베리아를 횡단하여 블라디보스톡, 프랑스를 경유하는 귀국길에 오르게 되었다.[68] 이때 체코인들이 귀국 경비 마련을 위해서 가지고 있던 신식 무기를 대량으로 판매하였으므로 대일항쟁군은 이를 통해 무장투쟁에 사용할 수 있는 무기를 입수할 수 있었다.

대한군정서의 근거지는 길림성 왕청현 서대파의 큰 삼림의 한가

쪽 참조.
67) 이렇게 오랜 시간이 경과하게 된 것은 무기대금으로 들고 간 화폐가 화폐개혁으로 인해 사용할 수가 없게 된 사정에 기인한다. 김재두, 앞의 글, 8쪽.
68) 김재두, 앞의 글, 2쪽.

운데에 있었는데, 동으로 시베리아까지 뻗어있고, 남은 두만강변에,
서는 밀산현(密山縣) 호림(虎林) 요하(饒河)에 이르는 이 원시림은 체
코제 무기를 은밀히 대량으로 운반해 오는 데 큰 도움이 되었다.[69]
간도 지방으로 들어오는 무기는 동청연선(東淸沿線) 방면에서 반입
된 일부를 제외한 대부분이 러시아령 방면에서 들어온 것으로 대개
다음의 세 가지 경로를 통했다.[70]

○ 오소리 연선(烏蘇里沿線) 방면에서 왕청현 오지(奧地) 지방으
로 들어오는 경로
　오소리연선 방면에서 왕청현 오지 방면으로 반입된 것은 철도
로 니코리스크(현 우스리스크)를 경유하거나 또는 스파스카야 유
정구역(柳亭口驛) 방면에서 육로로 국경역 포그라니치니 부근으
로 나와 교묘하게 국경을 넘는다. 둔전영(屯田營) 통로 또는 삼
차구(三岔口)를 경유하여 대오사구로(大烏蛇溝路)로 나와서 수
분하(綏芬河)의 근원지로 거슬러 올라가 왕청현 오지 나자구(羅
子溝) 지방으로 들어가는 것이다.
○ 추풍(秋風) 방면에서 왕청현 오지 방면으로 들어오는 경로
　블라디보스토크(浦潮) 또는 니코리스크 지방에서 왕청현 오지
방면으로 반입되는 것은 동녕현(東寧縣)의 국경 호포도하 연선
(胡布圖河 沿線) 또는 삼차구에서 국경을 넘어 대오사구에서 수
류를 따라서 노흑산(老黑山)으로 나오는 72개 정자(頂子), 나자
구 화소포(火燒舖)를 경유해 훈춘현 대황구(大荒溝) 또는 왕청
현 춘명향(春明鄕) 서대파(西大坡) 방면으로 나오는 것이다.

─────────────

69) 이범석, 『우둥불』, 사상사, 1971, 24~25쪽.
70) 한국사데이터베이스, 한국독립운동사 자료43, 중국동북지역편Ⅴ, 高警 제
2467호(1920.9.24), 「國外情報間島地方不逞鮮人團ノ武器移入狀況」.

○ 남부 연해주 지방에서 훈춘현으로 들어오는 경로
　　훈춘현 국경방면에서 반입되는 것은 주로 홍기하(紅旗河) 상
원(上源) 지방의 삼림지대 또는 파라바시 방면에서 교묘하게 국
경 감시를 피해 훈춘의 오지 방면으로 들어오는 것이다.

　먼저 러시아령에서 과격파 또는 기타 연락인들이 구입 교섭을 하
거나 또는 무기를 수집해서 중소 국경 부근으로 운반해 간도 방면의
동지 단체로 건네주면, 이것을 반입할 때에는 특히 체력 강건한 자

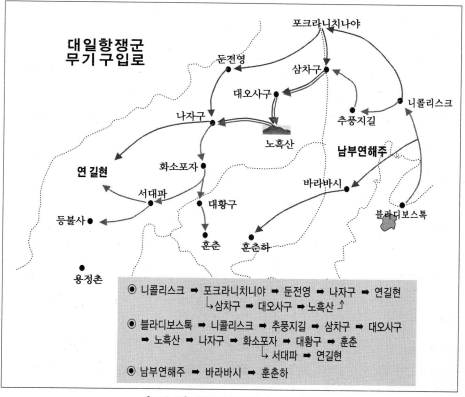

[그림 25] 대한군정서의 무기구입 경로

를 선발하여 보통 1인당 2정 또는 3정을 메고 적당하게 탄약을 분담해서 삼삼오오 연락을 할 정도의 거리를 유지하면서 행진한다. 도중에 중국 관헌이 있는 지방에서는 우회하거나 상황에 따라서 금전을 주고 매수책을 강구하여 통과했다. 이렇게 무기와 군수품을 확충하는 일에는 많은 어려움이 따랐다. 지휘관이 스스로 모든 것을 걸고 해야 하는 일들이 너무 많았다. 한 예를 들면, 1920년 4월 17일 서일은 계화 등 부하 20여 명을 인솔하여 나자구(羅子溝)의 최정국을 만나 약 3일간 머물고 대왕청으로 귀환하면서 군총 50정 기관총 2문 폭탄 12개 들이 3상자를 러시아령에서 운반해 왔다. 도중에 동삼차구(東三岔口)에서 중국 수비대 2백여 명이 갑자기 마적으로 변하여 군총을 모두 중국 수비대에게 탈취 당하게 되었다. 다행히 기관총 2문과 폭탄은 빼앗기지 않고 다시 나자구까지 운반할 수 있었으나 중국 관헌의 단속이 엄중하여 그 즉시 운반이 어렵게 되었다. 이러한 상황에서 서일은 최정국에게 야간에 비밀히 운반하는 방법을 의뢰하고 돌아오는 중 군총 약탈로 인해 2명은 즉사하고 3명은 중상을 입어 나자구 김낙용 집에서 부상자들을 치료토록 하였다.[71]

당시 중국은 말이 정부이지 통일된 정부도 없었고, 마적들이나 토비들이 활개를 치던 시기였다. 군인들에게 월급을 주지 못하니 군대 또한 반정부군으로 변하기 직전까지 간 상태였으므로 대일항쟁군의 무기 운반은 항상 위험에 직면해 있었다.[72] 이것이 대한군정서가 겪

---

71) 한국사데이터베이스, 한국독립운동사 자료41, 중국동북지역편Ⅲ, 機密 제76호「羅子溝方面ニ於ケル不逞鮮人ノ行動報告ノ件」(1920.5.5), 발신 堺與三吉, 수신 內田康哉.
72) 당시 중국은 손문의 신해혁명 이후 공화정으로 가는 길목에서 원세개가 다

[그림 26] 대한군정서가 구입한 무기류

어야 하는 현실이었다. 물론 이런 노력은 혼자만으로 하는 것은 아니었다. 당시 상해 임시정부 간도 파견위원 안정근은 총기 4천정 반입을 위해 동도군정서(東道軍政署) 및 동도독립군서(東道獨立軍署)에서 약 300명의 운반 부대를 삼차구 방면으로 파견하였다. 서일 일파의 군정서는 김영학과 최우익의 알선으로 블라디보스토크 및 니코리스크 방면의 러시아 과격파로부터 군총(軍銃) 3만정의 양수 계약을 마치고 김영학으로부터 일부 인도를 통보 받아 현갑(玄甲)을 수송지휘관으로 하여 가지고 오도록 하였다.

　이러한 일련의 무기 구입 과정을 통해 청산리전투 당시 대한군정서의 군사력은 군사 1,600명이며, 무기류는 군총 1,300정, 권총 150정,

---

시 황제로 등극하고자 하여 혼란 자체로 빠져들었다. 특히 만주지역은 장작림의 손아귀에 들어가 모든 것이 중앙정부의 통제 밖에 있었다. 이런 정치적 상황에서 명색만 중화민국 군대인 만주 군벌은 일본과도 수많은 뒷거래를 하였다.

기관총 7문이었다.73) 열악한 환경 속에서 대한군정서가 이와 같은 무기 확보가 가능했던 것은 총재 서일의 역량이었다고도 할 수 있다.

[그림 27] 대한군정서군이 어랑촌전투 때 사용한 기관총과 박격포

---

73) 일본외무성 기록, 高警 제9336호(1920.4.1), 「國外情報(咸鏡北道知事電報要旨)」. 9630호(1920.4.5), 「國外情報(間島派遣軍電報)」, 발신 조선총독부 경무국장, 수신 내각총리대신, 각성대신, 척식국장관, 경시총감, 검사총장, 조선군 사령관, 조선 양사단장, 헌병대 사령관, 관동장관, 관동군 사령관, 『대한군정서 사령부일지』 1920년 8월 4일, 20일, 9월 7일조 참조.

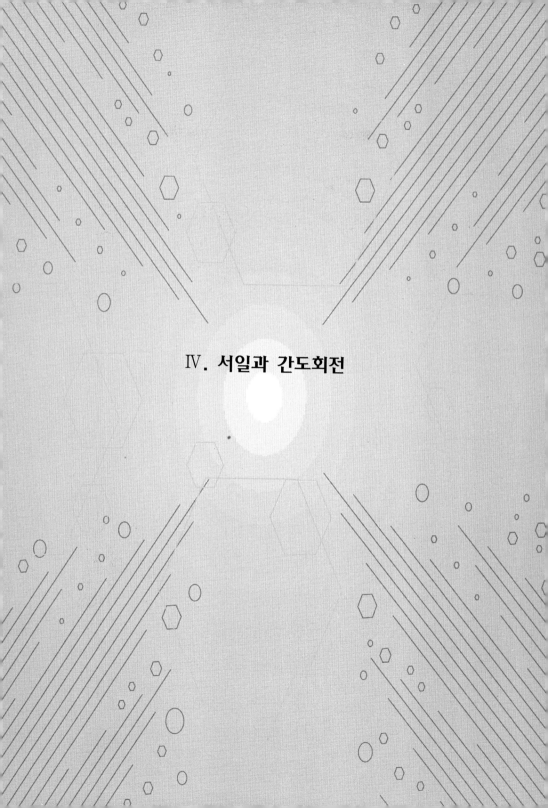

Ⅳ. 서일과 간도회전

1. 간도회전의 단초, 봉오동 전투

1919년 3·1항쟁 후 상해에 대한민국 임시정부가 세워지고 무장 투쟁 준비가 진행되자 간도 총영사는 간도 일대의 한인 및 중국군, 그리고 러시아 사태에 관한 모든 상황을 본국에 수시로 보고하였다.[1] 나아가 함경도에 사단병력 규모의 정규군을 배치하고 중국 정부에는 간도 조선인들의 군대 양성을 강력하게 단속해줄 것을 요청하였다. 그러나 당시 간도의 조선인 거주는 간도 협약에 의해 합법적으로 인준된 것이었으므로 단속할 명분이 없었거니와 일본의 침략 야욕을 염려하는 중국 입장에서는 단속의 필요성을 느끼지도 못하였다. 더구나 중국의 내부 사정은 자국군을 동원하거나 통제할 힘도 없었다. 따라서 간도의 대일항쟁군 세력은 점점 확장되었고 이에 따른 일본과의 충돌은 미구에 닥칠 위협이었다. 이러한 상황 속에서 독립군 대장 홍범도에 의해 개시된 첫 전투가 '봉오동 전투'이다. 이는 대일 항쟁사상 한국의 공식적인 첫 반격이라는 의미를 지니는 전투이자 간도회전의 단초가 된 것이다. 우선 그 개요를 살펴보자.

1920년 5월 28일 홍범도의 주도로 대한독립군과 국민회의 국민군 및 군무도독부(軍務都督府)가 연합하여 대한북로독군부(大韓北路督軍府)가 편성되었고, 국내 진입작전을 위해 본부인 화룡현(和龍縣) 봉오동(鳳梧洞)에 대대적인 병력이 집결되었다. 전투의 시작은 삼둔

---

1) 당시 총영사는 오늘날 대사급이다.

자(三屯子)전투에서 비롯되었는데, 첫 출발대인 약 30명 규모의 소부
대가 6월 4일 새벽 삼둔자를 출발하여 두만강을 건너 강양동(江陽洞)
으로 진격하여 후쿠에(福江)가 인솔하는 일제 헌병순찰 소대를 격파
하고 귀환했다. 일본은 홍범도 부대의 기습공격에 대한 보복조치로
서 신비(新美) 중위가 인솔하는 남양수비대 1개 중대와 헌병경찰중
대가 두만강을 건너 공격해왔다. 이들 부대는 삼둔자에 이르러 홍범
도 군대를 발견하지 못하자 무고한 양민을 살육했는데, 독립군은 삼
둔자 서남방 요지에 잠복했다가 일본군 추격대를 다시 격파했다. 이
에 함경남도 나남에 사령부를 두고 두만강을 수비하던 일본군 제19
사단은 독립군 토벌을 위해 야스카와 지로(安川二郎) 소좌의 인솔하
에 '월강추격대대'를 편성하여 두만강을 건너 북간도에 진입하여 홍
범도 부대를 공격하기 시작하였다.

　한편 야스카와 추격대대가 안산(安山) 방면을 거쳐 고려령(高麗嶺)
을 향해 곧바로 봉오동 입구에 접근하고 있다는 보고를 접한 대한북
로독군부 사령부장 홍범도와 부부장 최진동(崔振東)은 봉오골의 주
민들을 대피시켜 마을을 소개한 후 요지에 병력을 매복시켰다. 제1
중대장 이천오(李千五)는 중대원을 인솔하고 봉오골 윗마을 서북단
에, 제2중대장 강상모(姜尙模)는 동산(東山)에, 제3중대장 강시범(姜
時範)은 북산에, 제4중대장 조식권(曺植權)은 서산 남단에 매복하여
기다리게 하고, 홍범도는 2개 중대를 이끌고 서북 북단에 매복했다.
또한 이화일(李化日)에게 약간의 병력을 주어 고려령 북쪽 1,200m 고
지와 그 북쪽 마을에 대기하고 있다가 일본군이 나타나면 교전하는
척하면서 일본군을 포위망 안으로 유인해오도록 했다. 일본군 추격
대대는 1920년 6월 7일 오전 6시 30분 봉오골 골짜기 입구에 도착하

여 전위 중대를 보냈다. 이화일 부대는 적을 맞아 유인하기 위한 교
전을 한다는 것이 참으로 용감히 싸워서 일본군 전위 중대가 참패를
하고 퇴각했다. 그러나 일본군은 대오를 정렬하여 오전 11시 30분 봉
오동 골짜기 안으로 진입하기 시작했다. 일본군 척후병이 오후 1시
독립군 포위망 안에 도착했고, 이를 통과시켜주자 일본군 본대는 안
심하고 독립군의 포위망 안으로 깊숙이 들어오게 되었다. 이에 독립
군은 3면에서 집중사격을 퍼부어 일본군에 막대한 피해를 입혔다. 일
본군은 정규군을 처음 투입한 이 전투에서 큰 패배를 당한 것이다.

당시 임시정부 군무부에 의하면 이 전투에서 일본군은 전사 157
명, 중상 200여 명, 경상 100여 명이었던 데 비해 한편 독립군 측의
피해는 전사 4명, 중상 2명이었다. 하지만 이러한 수치보다 중요한 것
은 대한민국 대한민국임시정부가 수립되고 첫 반격 작전에서 성공했
다는 점과 강대한 일본을 이겼다는 사실이다. 반대로 일본은 막대한
사상자에 의한 인적 손실과 더불어 정신적으로도 큰 피해를 입었다.

이 전투를 시작으로 한일 간은 1945년까지 기나긴 전쟁을 벌여야
했다. 먼저 일본의 반격에 대비하는 것이 급선무였을 것이다. 한편
봉오동전투 직후 일본군의 강압으로 궁지에 몰린 중국의 현지 당국
은 자신들의 입장을 설명하고 자주 양해를 구하였다.[2] 7월 1일에도
왕청현의 제4구 경찰분소장 왕덕린(王德隣)이 군정서의 총재·부총
재·사령관에게 각각 글을 보내어 대일항쟁군의 장엄한 형세를 찬양
하면서 일본 측의 압력 때문에 자국 관헌으로서는 책임을 면하기 어
려우니 속히 무장을 해제하든가 아니면 군정서 군영을 다른 곳으로

2) 채근식, 『독립운동비사』, 대한민국공보처, 1949, 85쪽.

옮겨 달라고 요청하여 왔다.[3] 9월 6일에는 오전 11시 경 중국 육군 2백여 명이 십리평으로 찾아왔는데 한국 측 사령관·참모장·참모 부장·이범석 등은 이들을 맞이하여 큰 소 두 마리와 돼지 한 마리를 잡아 극진히 환대하였으며 이들은 사령관과 교섭을 마치고 다음날 임지로 돌아갔다.

이즈음 일본군이 침입해 온다는 정보를 입수하게 된 홍범도, 안무 등 국민회 연합부대가 함께 장백산으로 들어가서 기회를 보아 결전을 하자는 연락을 해왔으므로 대한군정서는 이동 준비를 서두르지 않을 수 없었다. 다음은 당시의 상황을 설명한 박은식의 『대한독립운동지혈사』의 기록이다.

[그림 28] 대한군정서 사관영성소 졸업식(▷ 서일기념사업회 노경래)

---

3) 독립운동사편찬위원회 편, 『독립운동사』 8, 독립유공자사업기금운용위원회, 1976, 373쪽, 『대한군정서사령부일지』 7월 1일.

사관을 양성하고 전투 장비를 정비하여 사람마다 결사의 결의로 싸움에 임할 태세가 되어 있으나 병력을 제때에 급양(給養)하고 계속 충당하기 어려우므로 급하게 싸우는 것보다는 먼저 전쟁준비에 만전을 기하려고 하였으나 9월 10일경 일본의 압박을 받은 중국군의 요청으로 하는 수 없이 9월 20일 사관졸업생 2백여 명, 새로 모집한 군대 2백 7십여 명 등으로 여행단을 조직하고, 사령관 김좌진, 여행단장 이범석의 지휘하에 안도현으로 향하였는데 이보다 앞서 서로군정서 대표인 홍범도가 연합을 제의해 옴으로서 유수하(柳樹河)에서 모이기로 약속하였다.4)

이상과 같은 상황에서 본영에서는 9월 9일 사관연성소의 제1회 졸업식을 서둘러 거행하였다. 이렇게 급하게 대한군정서는 모든 본부를 버리고 산악 지역으로 이동하게 된 것이다. 이때 처음으로 서일이 양성하였던 연성소 생도들이 졸업해 일본과의 전쟁에 참전하게 되었다.

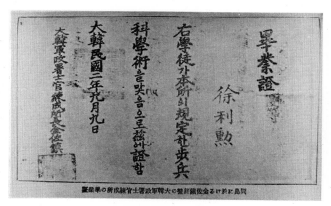

[그림 29] 대한군정서 사관연성소 졸업증(독립기념관 소장)

4) 박은식, 앞의 책, 164쪽.

9월 12일 보병 1개 대대를 편성하였는데 대대장 김사직(金思稷)에 중대장은 김규식, 홍충희(洪忠熹), 김찬수(金燦洙), 오상세 등 4명으로 하고, 소대장은 이교성(李驕成), 허활(許活)외 10명의 사관연성소 졸업생으로 채용하였으며 또한 사관연성소 졸업생 80여 명 이외에 2백 명으로 교성대(敎成隊)를 조직하였는데 간부진은 대대장 나중소, 부관 최준형(崔峻衡), 중대장 이범석, 소대장 이민화(李敏華), 김훈, 이탁(李鐸), 남익(南益) 등이었다. 9월 20일에는 이범석을 단장으로 하는 여행단(旅行團)을 조직하여 백두산을 향해 대부대가 이동할 수 있게 되었다.[5]

2. 훈춘사건과 일본의 간도출병

일본은 봉오동전투에서 패전했을 뿐만 아니라 대일항쟁군들이 밀림 속으로 근거지를 이동하자 당황하여 간도에 직접적 군사 개입 음모를 꾸몄는데 바로 이것이 훈춘사건이다. 1920년 9월 12일과 10월 2일 두 차례에 걸쳐 마적단이 북간도의 훈춘(琿春)을 습격한 이 사건은 일본이 '마적단 토벌'을 빌미로 간도 출병의 기회를 얻기 위해 조작한 사건이다. 일본은 일찍이 중국에 협조를 구해 만주 방면에서 독립군 세력을 제거하려 했으나 중국 측의 미온적 태도로 별다른 실효를 거두지 못하자 1920년 5월 경부터 '간도지방 불령선인 초토 계

---

5) 『대한군정서사령부일지』, 9월 6·7·9·12일 조항. 박은식, 앞의 책, 163~164 쪽 참조.

획(間島地方不逞鮮人剿討計劃)'을 논의하고 있었다.[6] 그러나 중국 영토인 간도에 일본군이 출병하기 위해서는 적절하며 타당한 구실이 필요했다. 따라서 마적단의 장강호(長江好)를 매수하여 훈춘 주재 일본영사관을 습격하도록 하고, "금번 마적단 속에는 러시아인과 중국군 그리고 한국 독립군이 섞여 있었다"고 발표한 것이다.

훈춘사건이 사전 조작된 것이라는 것은 다음에서 확인할 수 있다. 9월 12일 1차 훈춘사건에 대해 당시 일본 훈춘 영사분관의 아키시마(秋洲) 주임이 보낸 제47호 전보(당일 오후 10시 25분 외무성 도착)에는 훈춘을 습격한 자가 "처음에는 마적인지 불량선인지 불명하였으나 그 후 알고 보니 전적으로 마적이란 것을 알았다."[7]고 하였는데, 훈춘에서 멀리 떨어진 경성의 조선 총독이 9월 12일 제1347日暗號로 우치다(內田) 외무대신에게 보낸 전보에는 "12일 오전 6시 불령선인, 러시아 과격파와 중국 마적으로 구성된 대부대가 훈춘을 습격하여 민가에 방화하고 일본인은 영사관에 피난 중"이라고 하였다.[8] 이 전보가 외무성에 도착한 시간이 9월 12일 오후 10시 이므로 아키시마 주임이 보낸 전보보다 조선 총독이 보낸 전보가 25분 먼저 외무성에 도착하였고 전보 내용도 서로 맞지 않았다.

또한 10월 2일에는 습격사건이 발생한 직후인 오전 8시 훈춘 영사분관 주임 아키시마는 "2일 내습한 마적들의 총수는 약 400명이고 그 중에는 약 100명의 불령선인과 5명의 러시아인이 참가한 것이 확

6) 金正柱 編, 「間島出兵史」, 『朝鮮統治史料』 2, 韓國史料研究所, 1970, 6~11/161~164쪽 참조.
7) 국사편찬위원회, 『한국독립운동사자료』 43, 탐구당, 2007. 154~155쪽.
8) 국사편찬위원회, 『한국독립운동사자료』 43, 위의 책. 155쪽.

실하다.”는 내용의 전보를 훈춘이 아닌 50리나 떨어진 경원에서 보냈다. 아직 마적들이 훈춘에서 철수하지 않은 상태에서 소란 중이라 조사할 사이도 없었을 시간에 전보를 보냈다는 것은 이치에 맞지 않는다. 이러한 정황을 따져보면 훈춘사건은 사전 계획으로 날조한 것이 분명하다.

나아가 일본이 두 차례의 사건에서 거듭하여 “불령선인, 러시아 과격파가 만적단과 혼합하여 훈춘을 습격했다”고 한 이유는 첫째, 중국이 일본군 출병을 반대하는 상황에서 이른바 ‘국가의 자위를 위해’ 출병하려면 마적단을 부각시켜 ‘일본인의 생명과 재산을 보호’한다는 명분이 필요했기 때문이다. 둘째, 일본군의 출병 주요 목적이 ‘불령선인 토벌’에 있었기 때문에 마적 가운데 불령선인이 가담하여 일본인을 가해했다는 점을 강조해야 했다. 셋째, 한인의 반일 역량이 신속하게 성장하고 활발한 활동을 전개할 수 있는 것은 러시아 혁명파들의 지지에 의한 것이므로 중·러 변경이 반일 기지가 되는 것을 막고 그들과 한인 반일단체의 연계를 단절시키기 위해 러시아 과격파가 가담했다고 날조한 것이다.

일본 육군성은 훈춘사건 후 일본인 보호를 위한 일본 간도영사의 출병 요구가 있다는 명목으로 용정촌(龍井村), 두도구(頭道溝) 등 간도의 주요 지역에 출병 명령을 해당 각 사단에 하달하고 1920년 10월 7일 일본 내각회의로부터 ‘한국 독립군 토벌’을 목적으로 한 ‘간도출병’을 승인받는다.9) 정부의 승인을 받은 일본 육군참모부는 10

---

9) 姜德相 編, 「大正九年十月七日閣議決定」, 『現代史資料』 28, みすず 書房, 1976, 184~186쪽 참조.

월 7일 밤 나남 주둔 제19사단과 시베리아에 출병해 있던 3개 사단의 블라디보스톡(浦潮) 파견군에 간도 출병 결정을 통보하고 '간도지방 불령선인 초토계획'에 의한 일본군 출동을 명령하였다.10) 중국 정부가 그 출병 승인을 거부11)하였음에도 불구하고 일본군은 10월 16일 만주군벌에게 일본군이 10월 17일 0시를 기하여 간도의 동녕, 훈춘, 연길, 왕청, 화룡 등 5개현에 출병하여 한국독립군 토벌을 위해 2개월간 군사 행동을 할 것임을 일방적으로 통고하였다.

일본군이 간도 '침략'을 자행하면서까지 한국 독립군을 토벌하려고 동원한 병력은 제19사단 전체, 제20사단 일부, 제11사단, 제13사단과 제14사단의 일부 등 5개 사단에서 차출된 2만 5천명에 달하는 대병력이었다. 여기에 관동군의 일부까지 지원 병력으로 배치하였으니 한국 독립군을 없애고 중국으로 진출하려는 일본의 야욕이 얼마나 컸었는지 가늠할 수 있다. 10월 11일 소위 조선군 사령관이 이들 일본군 파견 부대의 주력인 제19사단 사단장에게 내린 작전 명령 제3호 훈령의 내용은 이를 여실히 증명한다.

① 군(軍)은 훈춘 및 간도 지방에 있는 제국 신민을 보호하고 아울러 그 지방에서의 불령선인 및 거기에 가담한 마적 기타 세력을 초토하려 한다.
② 블라디보스톡 파견군은 당 군의 행동에 책응하기 위하여 보병 2·3중대의 1부대를 해림(海林, 동지동선東支東線 철도의 1역)에서 합마당(蛤蟆塘, 대왕청 북방 약 6리) 부근에, 보병 약 1대대,

10) 金正柱 編,『朝鮮統治史料』2, 앞의 책, 25~26쪽.
11) 金正明 編,『朝鮮獨立運動』3, 原書房, 1967. 193쪽.

기병 약 1연대, 저격포와 산포 각 2문, 공병 1소대로 된 1부대를
삼차구에서 수분대전(綏芬大甸) 부근에, 또 보병 약 1대대, 기병,
포병 약간으로 된 1부대를 토문자(土門子) 부근에 진출시키며,
또 동지(東支) 철도 동선(東線) 및 남부 오소리(烏蘇里) 지방의
수비를 엄하게 함과 함께 삼차구 방면의 부대와 연락하여 때에
따라 처치 할 수 있는 준비를 한다.

③ 제14단의 보병 제28여단은 본월 하순 보세트에 상륙 후, 나의 지
휘하에 훈춘, 간도 지방에서의 불령선인에 대한 시위 목적으로
훈춘, 양수천자(凉水泉子), 국자가 부근을 경유, 회령을 향하여
행동한다.

④ 귀관은 그 예하 보병 약 6대대를 기간으로 하는 연합부대로 대개
초토계획에 준하여 훈춘, 왕청, 연길, 화룡 제 현에 걸쳐 적을 수
색, 초토한다.

⑤ 귀관은 행동 개시 기일을 예보한다. 단 준비 완료에 앞서 정황에
따라 토벌을 요할 때에는 기회를 놓치지 말고 실행한다.12)

이렇게 일본은 훈춘사건을 조작하여 2만 5천 명에 달하는 병력을
파견하여 간도 일대를 공격해 들어 왔다. 마적으로부터 일본인을 보
호한다는 명분 아래 간도 한인세력을 토벌을 본격화한 것이다. 나아
가 이는 중국에 대한 엄연한 주권 침해로서, 중국 침략을 공식화한
것이라고도 할 수 있다. 이같은 일본군의 간도출병은 출병이 아니라
중국 정부의 거부를 무시하고 자행된 '간도 침략'이었다.13)

12) 金正柱 編, 『朝鮮統治史料』 2, 앞의 책, 28~29쪽.
13) 신용하, 「대한(북로)군정서 독립군 연구」, 앞의 글, 56~57쪽.

IV. 서일과 간도회전 143

3. 간도회전의 경과와 전투 내역

훈춘사건에서 간도 출병에 이르는 일본의 '간도지방 불령선인 초
토계획'이 진행되는 동한 대한군정서 총재 서일은 무기 구입 등 대
비에 매진하였다. 재무부장 계화와 조성환을 동반하여 러시아로 출
타하였는데 9월 6일 무사히 본영으로 귀환함과 함께 오랜 기간 동안
숙원하였던 무기증강의 사업을 이루게 되었다. 무기운반대 제1중대
장 이교성, 제2중대장 이인백(李麟伯), 제3중대장 최완(崔浣) 등이 뒤
이어 각기 무기를 운반하여 본영으로 돌아온 것이다. 이 무렵인 9월
초 연길에 주둔 중이었던 중국 육군 제2혼성여단 보병 제1단장 맹부
덕(孟富德)이 직접 대한군정서를 찾아와서 동삼성(東三省) 당국의 말
을 전언하였다. 이때는 벌써 시베리아에 출전하였던 일본군 제21사
단이 장고봉(張鼓峰)을 넘어 남하하고 제19사단은 나남으로부터 북
상하여 왕청현 서대파구에 있는 대한군정서를 목표로 양협작전을
위해 진공해오고 있었다.

　일본군의 침략한다는 소식을 들은 간도 일대의 한인 부대들은 모
두 공포감을 느꼈다. 때문에 모든 정파를 떠나 함께 힘을 모아야 된
다는 공감대가 형성되었다. 이때 이도구에 주둔해 있던 대한독립군,
국민회군(國民會軍), 신민단(新民團), 한민회군(韓民會軍), 의민단(義
民團) 등의 독립군 부대들은 10월 13일 대표자회의를 열고 하나의 연
합부대를 편성해서 통일된 군사 행동을 전개할 것을 이미 결정했었
다.14)

---

14) 「十月中得タル情報二據ル間島地方不逞鮮人行動槪況」, 『現代史資料』

대한군정서에서는 무력의 확충과 함께 외교 관계를 통하여 대내 외적으로 융화 단합을 기하였다. 특히 서로군정서의 독판(督辦) 이상룡(李相龍)과는 긴밀히 연락하며 대일 합동작전을 계획하였다. 다음은 이상룡이 보낸 편지에 대한 서일의 답장이다.

> 일찍부터 훌륭한 명성을 흠모하였는데 보내주신 편지를 삼가 잘 받았습니다. (중략) 서약서의 여러 조항은 일찍부터 원하던 바라 귀하의 의견과 마침 서로 부합하고 문서로 만들어 보내셨으니 한편으로는 다행이요, 한편으로는 저희 군정서의 영광입니다. 아무쪼록 이후로도 넉넉한 빛을 베풀어 주심으로써 혼미한 눈을 깨우쳐 함께 크나큰 사업을 완수하기를 천만 번 바랍니다.

또한 이상룡이 서일에게 보낸 편지는 다음과 같다.

> 멀리 떨어진 남북 사이에 전령을 내왕케 하기도 어려운데 외세의 침탈이 촉박한 이때를 당하였으니 흠모하는 마음 더욱 간절합니다. (중략) 전일에 있었던 두 번의 행차는 실로 시작이 있으면 마무리가 있어야 한다는 생각과 힘을 합하여 부조하고 보호하려는 계획에서 나온 것이었는데, 천만다행으로 귀하의 견해가 저와 부절처럼 맞아 떨어져 한 마디로 응낙하시고, 지정하신 기일에 함께 만나서 서로 상의하고 손을 잡고 큰일을 완수하고자 하시니 이는 동서양로의 다행일 뿐 아니라 오히려 우리 대한 전체의 큰 복입니다.[15]

28, 앞의 책, 402~403쪽 참조.

15) 『대한군정서 사령부일지』 8월 25일, 31일조. 이상룡 저·김명균 외 역, 「答徐白圃書與徐白圃書」, 『국역 석주유고』상, 경인문화사, 2008, 380~381쪽.

편지만으로는 구체적인 일은 알 수 없으나 외세의 침탈이 촉박한 때를 당하여 서로 상의하여 큰일을 완수하고자 하는 의견이 일치되었음을 알 수 있다. 또한 협조 사항 등을 문서로 남기면서 구체적인 사항을 협의하여 합동작전을 추진하고 있다는 것도 나타나 있다. 뿐만 아니라 대한군정서는 홍범도를 지휘관으로 하는 대한독립군과 최진동(崔振東, 일명, 명록)의 도독부(독군부)와도 항상 긴밀한 연락을 취하고 서로 호응하였으며 도독부의 장병은 수시로 군정서 사령부를 견학하기도 했다. 이러한 평소의 친밀한 협조는 유명한 간도회전에서 3군 협동작전을 가능케 한 원동력이 되었던 것이다.16)

한편 김좌진의 대한군정서 독립군과 홍범도 연합부대의 수뇌들은 10월 19일 묘령(廟嶺)에서 최종적으로 일본군에 대한 대항책 결정을 위한 연합작전회의를 개최하였다. 이날 회의에서는 대한군정서 부총재 현천묵 등이 일본군과의 교전에서 승패는 미지수이지만 항쟁군의 전쟁은 중국 측의 감정을 해하고 일본군의 증파 결과를 가져올 것이므로 분전(奮戰)의 호기가 아니니 은인자중 피전(避戰)할 것을 주장하여 갑론을박 끝에 피전책이 결정되었다.17) 당장은 유격전으로 일본군을 약화시키되 큰 전쟁은 피하여 훗날을 도모하자는 쪽으로 의견을 모은 것이다. 서일 또한 객관적으로 볼 때 도저히 승산이 보이지 않는 전쟁은 피하고자 했다. 하지만 상황은 여의치 않았다. 일본군의 추이를 지켜본 결과 그 행동은 군대와 군대 간의 전쟁이 아닌 간도의 한인초토화 작전이라는 것을 알게 된 것이다.

---

16) 『대한군정서 사령부일지』 7월분 참조.
17) 신용하, 앞의 글, 243쪽.

이도구와 삼도구로 침입해 들어온 일본군은 행군하는 도중에 작전지역 내의 한인 촌락을 소탕하고 무고한 한인 촌락민들을 모조리 포획하거나 사살하는 만행을 자행하였다.[18] 뿐만 아니라 일본군이 침략한 북간도 전역에서 학살과 방화 등의 만행을 저질러 두만강 건너편 간도의 한인 촌락들이 폐허가 되었다.[19] 대한민국임시정부 군대는 일본의 이런 만행을 예상하지 못하여 간도 한인들을 피난시키지 않았다가 큰 피해를 입게 된 것이다. 처음에 피전책을 채택했던 대한군정서를 비롯한 독립군 부대들은 일본침략군이 선량한 동포들에게 저지르는 야수적인 만행을 보고 결정을 바꾸게 되었다.[20] 대결전을 앞둔 연합작전회의[21] 결과 청산리 부근의 지리적 조건을 이용하되 연합군을 3개 연대로 편성하여 적을 요격 섬멸하는 작전이 채택되었다. 당시 독립군 3개 연대의 병력 및 배치 상황을 보면 아래와 같다.[22]

대한군정서는 3개 연합군의 중앙진을 담당했다. 당시 대한군정서 군대의 상황을 살펴보면, 1정보 넓이의 연병장 2개를 만들어 구한국

---

18) 朝特 제113호 「電報」(1920.10.24)/朝特 제115호(1920.10.26), 『現代史資料』 28, 앞의 책, 221~224쪽 참조.

19) 暗號電報 제376호(1920.10.27.), 위의 책, 294쪽.

20) 신용하, 앞의 글, 243쪽.

21) 박은식, 『한국독립운동지혈사』 하편 제29장 및 이범석, 『우둥불』 제2장 12항 참조. 『우둥불』에 의하면 이때 참가한 단체는 국민회군(홍범도·안무)·독군부군(최진동) 외에 훈춘에서 온 한민단(韓民團) 병력 1개 중대와 의민단(義民團, 모험대만 파견)이 있었다고 한다.

22) 1920년 11월 12일 임시정부 군무부 발표 「북간도에 있는 우리 독립군의 전투 상보(詳報)」.

[표 4] 독립군 연합부대 병력 배치상황

연대	대 장	병 력	배치 장소
제1	홍범도	6개 중대	완루구(完樓溝, 일명 만록구) 중앙 산록
제2	김좌진	2개 대대	이도구(二道溝) 좌편 고지
제3	최진동	6개 중대	이도구 우편 고지

군대식 방법을 기본으로 한 군사훈련을 날마다 실시하였고, 술과(術科)는 일본군의 모형을 만들어 놓고 실탄사격 연습을 시행했다. 1920년 6월 집계로 이미 기초 훈련을 마친 군인이 600명이었고, 회색 군복에 상등병격의 견장을 붙이고 본격적인 군사훈련을 받고 있는 재학생도가 약 300명이었다.[23] 부대 편제는 소대, 중대, 대대로 구분하여 1소대를 50명으로 하고 2개 소대를 1중대로 하였으며 4개 중대를 1대대로 하였다. 초병(哨兵)과 첨병(尖兵)제도를 실시하여 본대와의 연락을 긴밀하게 하였으며[24] 장정 약 1천명, 군총 약 1천 3백정, 탄약 총 1정당 약300발 내외, 권총 1백 50정, 기관총 7정, 기타 다수의 수류탄을 가지고 있었다.[25] 대한군정서 사령부의 전시 편성은 아래와 같다.

　총사령관 김좌진, 참모장 나중소(羅仲昭), 부관 박영희, 연성대장 이범석, 종군장교 이경화(李敬華), 백종열(白鍾烈), 한건원(韓建源), 김훈, 보병 대대장 김규식, 부관 김옥현(金玉鉉), 제1중대장 강화린, 특무정사 나상원(羅尙元), 제2중대장 겸 대대장 서리 홍충희(洪忠熹), 제3

---

23) 신용하, 앞의 책, 428쪽.
24) 「不逞鮮人ノ根據地移動ニ關スル件」, 『現代史資料』27, 앞의 책, 356쪽.
25) 위의 글, 356쪽.

중대장 김찬수(金燦洙), 특무 정사 권중행(權重行), 제4중대장 오상세(吳祥世), 제1중대 제1소대장 강승경(姜承慶), 제2소대장 신희경(申熙慶), 제2중대 제1소대장 채춘(蔡春), 제2소대장 김명하(金明河), 제3중대 제1소대장 이후구(李詡求), 제2소대장 정면수(鄭冕洙), 제4중대 제1소대장 김동섭(金東燮), 제2소대장 이운강(李雲岡), 기관총대 제1소대장 김덕선(金德善), 제2소대장 최인걸(崔麟杰)[26]

위와 같은 상황에서 서일은 대한군정서 지도부와 함께 전문회의를 갖고 대한군정서 부대를 '동부'와 '서부' 2개 전선으로 나누기로 결정하였다. 서부전선에 소속된 1,000여 명 주력부대는 선발대와 본대로 나누어 십리평 잣덕 본부를 떠나 화룡현 삼도구 심산 속에서 추격해오는 일본침략군을 일망타진하기로 계획했다.[27] 사령관을 맡은 김좌진은 일본군 동지대(東支隊)의 야마다(山田) 보병연대가 청산리 입구에 도착했다는 보고를 받자 군정서의 서부군을 2개 제대(弟隊)로 나누었다. 제1제대는 본대로서 주로 경비대 병사들로 편성하였는데 사령관 김좌진이 직접 지휘하여 제2제대가 잠복한 지점 건너편 사방정자(四方頂子)의 산기슭에 매복시켰다. 제2제대는 사관연성소 졸업생을 중심으로 편성한 최정예 연성대(硏成隊)로서 연성대장 이범석의 지휘하에 일본군 추격로의 최전면을 담당하는 후위대(後衛隊)로 삼고, 지리(地利)를 이용하여 청산리 백운평(白雲坪) 바로 위쪽 골짜기 길목의 절벽 위에 매복시켰다.

---

26) 이범석, 「시산혈해의 청산리전역」, 『신동아』 제58호, 동아일보사, 1936.7.
   1921년 1월 15일자 대한군정서 총재 서일의 임시정부 대본영 보고서.
27) 『만주벌의 혼-독립군총재 서일』, 앞의 책, 22쪽.

1) 서부전선 전투

간도회전은 만주의 독립군 연합 부대가 간도에 출병한 일본 제국 육군에 맞서 길림성 화룡현 청산리 백운평(白雲坪), 천수평(泉水坪), 완루구(完樓溝) 등지에서 수행한 10여 차례 전투의 총칭이다.[28] 그 중 서부전선 전투를 구성하는 연속된 전투들 중에서 백운평 전투, 천수평 전투, 맹개골(孟家溝) 전투, 만기구(萬麒溝) 전투, 쉬구 전투는 대한군정서 독립군이 단독으로 수행한 전투이고, 어랑촌(漁郞村) 전투와 천보산(天寶山) 전투는 대한군정서 독립군과 홍범도의 연합부대가 공동으로 수행한 전투이며, 완루구 전투와 고동하(古洞河) 전투는 홍범도 연합부대가 단독으로 수행한 전투이다.[29] 이하 진행 상황에 따라 정리해보고자 한다.

---

28) 간도회전은 삼도구 청산리의 백운평 전투만을 청산리전투라고 부르는 협의의 개념과 또는 삼도구와 이도구 일대에서 전개된 여러 차례의 전투들을 묶어서 '청산리독립전쟁'이라고 부르는 광의의 개념이 있다. 협의의 개념을 취하면 간도회전은 백운평 전투를 수행한 대한군정서 독립군 단독의 전쟁이 되며, 광의의 개념을 취하면 간도회전에는 백운평 전투 뿐만 아니라 이도구에서 전개된 완루구 전투, 천수평 전투, 어랑촌 전투, 맹개골 전투, 만기구 전투, 쉬구 전투, 천보산 전투, 고동하곡 전투 등도 포함하게 된다. 이 책에서는 이 전체를 포함하는 광의의 개념으로 간도회전이라고 명명하고, 대한군정서, 대한독립군, 국민회군, 신민단, 한민회군, 의군부군, 광복단, 의민단 등의 연합부대와 일본의 전쟁으로 본다.
29) 신용하, 앞의 책, 389~498쪽 참조.

백운평 전투

백운평 전투는 간도회전의 첫 전투로서 1920년 10월 21일 대한군
정서군이 일본군 야마다 부대(山田部隊, 보병연대)를 삼도구 청산리
골짜기의 백운평(白雲坪) 부근에서 섬멸하여 승리한 전투이다.

일본군 동지대(東支隊)는 제19사단장의 보고에 의거하여 삼도구
청산리 부근에 있는 김좌진의 대한군정서 독립군 5~6백 명을 토벌하
기 위해 천보산에 병력을 배치했다. 승평령(昇平嶺)과 노령(老嶺) 부
근 퇴로를 차단하고 야마다 토벌연대(山田討伐聯隊)에게 두도구 남
방 팔가자에서 숙영하며 20일을 기해 대한군정서 독립군을 토벌하라
는 명령을 내렸다.[30] 그리고 동지대 지대장 아즈마 마사히코(東正彦)
가 지휘하는 본대는 이도구 방면의 홍범도 연합부대를 토벌하기 위
해서 19일 오전 8시에 이도구로 출동하였다. 일본군 동지대는 기병
부대와 포병 부대를 포함한 약 5,000명의 막강한 병력으로 삼도구와
이도구 일대를 포위하여 그 안에 있는 김좌진의 대한군정서 독립군
과 홍범도 연합부대를 10월 20일을 기해서 공격하여 섬멸하려고 한
것이다.[31]

10월 20일 일본군이 청산리로 추격해오자 김좌진은 부대를 본대와
후위대의 2개 제대로 나누었다. 후위대는 이범석 지휘하에 청산리
백운평 바로 위쪽 골짜기의 길목에 잠복하여 추격해오는 일본군의
최전면을 담당케 했으며 본대는 김좌진의 직접 지휘하에 제2제대가
잠복한 약간 위쪽 사방정자의 산기슭에 배치시켰다.[32] 당시 대한군

---

30) 朝特 제102호(1920.10.19),「電報」,『現代史資料』28, 앞의 책, 216~217쪽
   참조.
31) 신용하, 앞의 글, 242쪽.

정서는 행군 도중에 전투에 부적합한 다수의 인부들과 경비대원들을 귀가시켰기 때문에 실제 전투 병력은 본대 약 300명과 후위대 약 300명을 합한 약 600명이었다.[33] 또한 일본군을 유인하기 위해 대랍자(大磖子), 청산리, 송림평(松林坪), 백운평에 남아있는 한인 노인들에게 독립군들이 무기도 제대로 갖추지 못하고 허둥지둥 계곡 끝 쪽으로 도망했다는 거짓 정보를 퍼뜨리도록 하였으며, 이범석의 제2제대는 병력을 삼면으로 매복시켰다. 우측에는 이민화의 1개 중대, 좌측은 한근원(韓根源)이 지휘하는 1개 중대, 정면 2개 중대는 김훈이 우중대를 이교성이 좌중대를 맡고 이범석이 중앙에서 지휘하였다.[34]

[그림 30] 백운평 전투 현장(화룡시 부흥향 청산리 임장 입구에서 2km, 한국독립운동사적
        지보존회 소장)

32) 위의 글, 463쪽.
33) 위의 글, 245쪽.
34) 이범석, 『우등불』, 앞의 책, 41쪽.

1920년 11월 12일 상해 대한민국임시정부 군무부 발표에 의하면, 10월 21일 오전 8시 일본군 전위부대는 야스카와 지로(安川二郎) 소좌의 선발(選拔) 보병 1개 중대로 독립군이 매복하고 있는 절벽 밑 공지로 진입하기 시작하였으며, 독립군이 패색이 짙어 하루 전 도망했다는 정보를 입수하고 말똥 상태를 살피면서 조심스럽게 접근해 왔다. 일본군 전위 부대가 완전히 공지 안으로 들어서고 제2제대가 매복한 10여 보 앞까지 도달하였을 때 독립군은 일제히 기습 사격을 시작하였다. 군정서군의 무기(소총 600여정, 기관총 4정, 박격포 2문)가 일시에 불을 뿜었으며, 20여 분의 교전 끝에 일본군 전위 부대 200여 명은 전멸하였다.[35]

뒤이어 도착한 야마다 토벌대의 본대는 전위 부대의 전멸에 크게 당황하여 산포와 기관총으로 결사적인 응사를 하였으나 조준과 목표가 명확치 않아 화력만 허비하였다. 잠시 퇴각하였다가 다시 보병 2개 중대와 기병 1개 중대로 새로운 1개 부대를 편성하여 군정서군의 측면을 우회하여 포위해 보려고 시도하였으나 절벽위에서 내려다보며 정확하게 조준 사격하는 공격에 밀려 패주하였다. 일본군은 또다시 부대를 정돈하여 제2대대를 공격하며 필사적인 반격을 시도했지만 200~300명의 전사자만 낸 채 패주하고 말았다.[36] 일본군 측은 이 전투에 대해 다음과 같은 보고 기록을 남기고 있다.

곧이어 일본군 측은 야마다 토벌대를 백운평 전투에 투입하기 위해

35) 「북간도 우리 독립군의 전투정보」, 『독립신문』 제88호, 1920.12.25. 1920년 11월 12일 대한민국임시정부 군무부 발표 참조.
36) 신용하, 앞의 책, 466~467쪽.

출발시켰다. 토벌대는 10월 18일 용정촌을 출발하여 두도구 남방 팔가 자 삼도구를 거쳐서 10월 20일 청산리에 도착하였고 다음날인 21일 안 천소좌의 1중대를 노령(老嶺)을 향해 추격시켰다. 약 600명이 야영한 흔적을 발견하고 7~8백 미터 전진하다가 돌연히 대한군정서군의 사격 을 받았다. 추격대가 이에 반격하여 교전 30분 만에 대한군정서군은 삼림 속으로 퇴각하여 전혀 접촉할 수 없었으므로 일단 주력 위치로 철퇴하였다. 이 전투에서 일본군의 아군 피해는 전사 병졸 4명, 부상 하사 1명과 병졸 2명이며 적은 사체 16구를 남겼다.[37]

대한민국임시정부 발표에 비해 피해 상황이 극도로 축소되어 있 다. 하지만 당시 일본군의 첫 비밀보고에서 독립군의 전사를 1명이 라고 했다가[38] 후에는 16명이라고 보고한 것에서도 허위 사실이 잘 드러난다.[39]

----

37) 『朝鮮統治史料』 2, 앞의 책, 57쪽 참조.
38) 「電報」 제64호(1920.10.23), 暗 15902호, 『現代史資料』 28, 앞의 책, 319~ 320쪽.
   "21일 오전 노판지방(老坂地方)에서 김좌진이 거느린 적도(賊徒) 약 600 명과 교전하였는데 적도는 사체 1을 유기하고 삼림 속으로 퇴각하였으며 노획품은 38식 보병총 및 총검 1, 소총탄 398, 약통 106, 기(旗) 3, 피복 수 점으로 기타 손해 많음, 일본군 피해는 전사 병졸 3, 부상 하사 1과 병졸 3"이라고 하여 규모는 줄였어도 전과에서는 패전을 인정하고 있다.
39) 「電報」 제64호(1920.10.23.), 暗 15894호, 『現代史資料』 28, 앞의 책, 293쪽.
   "삼도구 청산리 방면에 행동한 야마다 부대에 관해서 아직 확실한 보고는 접하지 못했으나 10월 21일 적도 김좌진 부대를 공격하여 이를 격퇴시켰 다. 일본군 피해는 전사 보병졸 3, 하사 1로 4명이며, 적의 전사는 16명에 달한다"고 하여 독립군 전사자를 1명에서 16명으로 부풀려 허위 보고를 하 고 있다.

[그림 31] 청산리항일전적지 목비(백운평)

완루구 전투

간도회전 서부전선의 두 번째 전투는 홍범도의 대한독립군과 연합부대(국민회군·한민회·신민단·의민단·광복단)가 이도구 완루구(完樓溝)에서 10월 21일 오후 늦게부터 22일 새벽에 걸쳐 동지대(東支隊)의 한 부대를 섬멸한 대전투이다. 이 전투는 이도구 어랑촌의 서북방 북완루구와 남완루구 사이의 삼림지대에서 전개된 것으로 기발한 계책으로 승리를 이끌었다. 그러나 이 전투는 큰 승전이면서도 제대로 알려져 있지 않다. 이는 간도회전에 대해 알려진 대부분이 대한군정서의 보고서나 회고록에 의한 것이기 때문이다. 당시 임시정부와 일본의 기록에 의하면 이 전투는 홍범도 부대가 수행한 것이었다.40)

---

40) 「北墾島에 在한 訝獨立軍의 戰鬪情報」『독립신문』제88호, 1920.12.25.
   1920년 11월 12일 임시정부 군무부 발표.

대한군정서군이 갑산촌으로 철수하는 시간에 이도구 완루구에서는 일본군 동지대가 2개 부대로 나누어 홍범도 부대를 포위하여 남완루구와 북완루구의 양쪽으로 좁혀 들어오고 있었다. 홍범도군은 처음에는 북완루구에서 남완루구로 내려오는 일본군 부대와 남완루구에서 북완루구 서편으로 올라가는 일본군 부대에게 포위되었으나 재빨리 빠져나왔다. 뿐만 아니라 북완루구에서 남완루구로 내려오는 일본군 부대를 남완루구에서 북완루구 서편으로 진격해온 일본군 부대가 오인 공격하게 만들었다. 홍범도군은 결과적으로 일본군과 협공하여 북완루구에서 내려오는 일본군 부대를 섬멸해 버린 것이다. 이때 일본군 400명이 전멸한 것은 일본군끼리의 자상(自傷) 뿐만 아니라 홍범도군의 치열한 공격에 의한 것이었다. 일본군이 홍범도군을 잡기 위해 삼림에 불을 지른 결과 연기와 새벽안개가 홍범도군의 작전을 도와준 셈이 되었다.[41]

일본 측 기록은 완루구에서 섬멸당한 일본군 부대가 이노 대대(飯野大隊)와 지대 예비대(支隊豫備隊)가 합친 부대인데 '밀림 속에서 길을 잃었다'고만 되어 있어 패전을 호도하고 있다.[42]

천수평 전투

백운평에서 이동한 김좌진 부대는 이도구 갑산촌(甲山村)에 도착하여 동포 촌민들로부터 일본군 기병 중대가 천수평 마을에 머물고 있다는 정보를 얻었다. 백운평 전투를 거쳐 허기진 채로 100리를 강

---

41) 신용하, 앞의 책, 471~473쪽.
42) 『朝鮮統治史料』 2, 앞의 책, 57쪽 참조.

행군하여 극도로 지쳤지만 김좌진, 나중소, 이범석 등은 선제공격을 결정했다. 10월 22일 새벽 4시 30분경 여행대가 선두에 서고 본대가 뒤를 따르며 천수평으로 약 1시간 동안 진격하였다. 일본 기병대는 독립군이 아직 100리 밖에 있는 줄 알고 깊은 잠에 빠져 있었다.

김훈이 이끄는 중대가 북쪽 산을 타고 만기구를 점령하여 퇴로를 차단하고 이민화 중대는 천수평 남방 고지를 점령했으며, 이범석은 한근원, 이교성 2개 중대를 이끌고 천수평 북쪽 냇물을 가로질러 동쪽으로 이동하여 정면 공격을 결행하였다. 한차례 날카로운 공격으로 일본군 4명이 말을 타고 탈출하였으나 116명이 몰살당하였고 독립군 측의 피해는 전사 2명, 부상 17명으로 경미하였다. 이 전투도 대한군정서가 선제공격과 기습 작전을 감행하여 획득한 완벽한 승리였으며, 특히 일본군 보병 2개 대대, 기병 1개 중대, 포병 1개 중대가 천수평에서 동으로 약 80리 되는 어랑촌에 숙영하고 있

[그림 32] 천수평 전투 현장

다는 정보까지 입수하였다.[43]

---

43) 신용하, 앞의 책, 477~478쪽.

어랑촌 전투

간도회전의 네 번째 전투는 10월 22일 오전 9시부터 종일 이도구 어랑촌 서남방 표고 874m 고지 남측에서 김좌진의 대한군정서군과 홍범도의 대한독립군, 국민회군, 한민회군, 광복단군, 의군부군, 의민단군, 신민단군 등이 공동으로 일본군과 대격전을 벌여 격퇴한 전투이다.

대한군정서군은 천수평에서 도주한 일본군 기병 4명이 기병연대 사령부에 보고했을 것이므로 쉴 틈도 없이 일본군의 공격을 대비했다. 어랑촌 서남단 고지를 선점하고 전투태세에 들어갔을 때 일본군이 달려왔다. 일본군 병력은 동지대 예비대까지 가담하여 5천명이나 되는 압도적 병력이었고 기병대와 포병대가 주축을 이룬 우세한 화력이었다. 대한군정서군은 계속된 전투에 지쳐있었고 병력도 소모되어 600명이 채 되지 않았으나 지형상 유리한 점이 있었다.[44] 일본군이 많은 병력과 화력으로 포위하였으나 위에서 내려다보는 위치에서 응전할 수 있었던 것이다. 이후 홍범도 부대가 서쪽으로 이동하다가 대한군정서군이 혈전을 치르고 있다는 통보를 받고 지원해 왔다. 홍범도가 거느린 부대는 대한독립군 300명, 국민회군 250명, 한민회군 200명, 광복단군 200명, 의민단군 100명, 신민단군 200명 등 1,250명의 대병력이었으며, 여기에 의군부군 150명까지 참가하여 병력은 1,400명이 되었다. 홍범도의 연합부대는 대한군정서군 바로 옆의 고지를 점령하여 맹공하였으므로 일본군은 한차례 교전에서만 300명의 전사자와 수많은 부상자를 내고 공격이 둔화되었다.[45]

---

44) 신용하, 앞의 책, 480~481쪽.

[그림 33] 어랑촌 전적지(길림성 화룡시 와룡향 어랑촌 야계골, ▷ 서일기념사업회
       노경래)

　그러나 일본군은 천수평 서북방 고지를 따라 독립군을 측면 공격
하고 전방에서는 포병과 보병이 해질 때까지 결사적 공격을 계속했
다. 우리 독립군 병사들은 하루 종일 굶었으므로 부근 촌락의 동포
들이 주먹밥을 가지고 와서 전투 중인 병사들의 입에 넣어주는 형편
이었다. 기관총 중대장 최인걸(崔仁杰)은 사수가 전사하자 기관총을
자기 몸에 묶어 일본군을 집중 사격하여 패주시킨 후 탄환이 떨어지
자 장렬히 전사하였다.[46]

　어랑촌 전투에 대해서는 서로 다른 두 개의 보고가 남아있다. 대
한군정서 측의 보고는 대한군정서 단독 전투로 보고하였고, 상해 임
시정부와 일본 측의 기록은 대한군정서와 홍범도 부대가 참가했다
고 기록하고 있다. 임시정부 군무부의 자료를 보면 "보병 제2연대(임
시정부 지명 연대장 김좌진)는 어랑촌 후방 고지를 점령하여 적의
진로를 차단하고, 제3연대(임시정부 지명 연대장 최진동, 어랑촌에서

45) 위의 책, 482쪽.
46) 이범석, 『우둥불』, 앞의 책, 71쪽.

는 사령관 홍범도가 지휘)는 동 고지 최고 표고에 자리하여 지원대에 임하였다."고 기록하였다.[47)

일본군 측의 자료는 어랑촌 전투의 주력은 홍범도 부대이며 김좌진 부대가 같이 참가했다고 보고하였다. 또한 10월 22일 아침부터 오후 7시까지 전투를 계속하여 밀림 속으로 격퇴시켰으며 어랑촌 서쪽 산중에서 싸운 독립군은 김좌진의 부하 200~300명 외에 초적단(草賊團) 700~800명으로 합계가 1,000명이며 아직 봉밀구(蜂蜜溝) 서북 산지에 있는 것 같으므로 본월 25일을 기하여 다시 포위 소탕하려 한다고 보고하고 있다. 이 전투에서 일본군 피해는 전사 보병 병졸1, 기병 하사1, 병졸1, 부상 보병 병졸4, 기병 병졸 7이며, 독립군의 피해는 사상자 인원 표시 없이 노획품이 기관총1, 소총11, 검2, 탄약 1,200, 안경 1로 보고하여 전투 규모를 축소하고 있다.[48)

대한군정서의 보고서와 회고록들은 자신들 단독 전투로 되어 있어 간도회전에 대한 전체적 시각으로 보기에는 불충분한 측면이 있다. 어랑촌 전투는 김좌진 부대와 홍범도 연합부대가 모두 참전하여 연합작전을 펼쳤다는 상해 임시정부의 보고와 일본의 보고 문서가 사실과 일치하는 것으로 보인다.

맹개골 전투

10월 22일의 어랑촌 전투에서 대승을 거둔 당일 밤 독립군 부대원들은 만록구(萬鹿溝, 혹칭 완루구) 삼림 속에서 노영하고 이튿날인

---

47) 신용하, 앞의 책, 483쪽.
48) 朝特 제115호(1920.10.26), 「電報」, 『現代史資料』 28, 앞의 책, 223~224쪽.

23일 아침부터 안도현 황구령(黃口嶺) 방면을 향해 소부대를 편성하여 이동하기 시작하였다. 대한군정서군이 병력을 작은 부대들로 나누고 길을 달리 하여 하오 3시경 맹개골 삼림 속을 통과할 때 일본군 기병 30명이 이 골짜기의 길로 진입하는 것을 발견하였다. 군정서군은 곧 삼림 언저리에 매복했다가 일제히 사격을 가하여 접근해온 일본군 기병 10여 명을 사살했다. 나머지 일본군은 패주하였는데 이 전투에서 얻은 전리품은 말 5필, 군용지도 4매, 시계 5개, 기타 피복, 장구 등이었다.[49]

만기구 전투

맹개골 전투의 승리 후 약 20리 떨어진 만기구(萬麒溝) 후방 삼림 속에서 휴식 도중 전방 약 100m 지점에서 일본군 보병 약 50명이 서서히 행군해 오는 것을 발견하였다. 군정서군은 당시 약 50명씩 소부대로 나누어 이동중이었으므로 김좌진은 뒤따라오는 아군 병력인지 일본군인지 판별하지 못하고 "아군인가?"라고 소리쳐 물었다. 일본군이 이에 즉시 산개하려 하므로 그때서야 적군임을 알아채고 급히 사격을 가하여 적병 30명이 즉사하고 나머지는 탈주했다. 잠시 후 적병 2백여 명이 대거 쫓아왔으나 군정서군은 전투를 피하고 후방 삼림으로 퇴각하여 숙영하였다.[50]

---

49) 「經將校 金訓氏 談戰」,『독립신문』, 1921.3.12,
50) 위의 글.

쉬구 전투

대한군정서군은 10월 23일 밤을 삼림 속에서 숙영한 다음 24일 아침 쉬구로 향하였다. 이때 일본군 기포(騎砲) 6문과 보병 100여 명이 방심한 채 촌락의 전방을 통과하여 군정서군 50명이 행군하고 있는 삼림 쪽을 서서히 올라오는 것을 발견하였다. 군정서군은 즉각 공격하여 일본군 포병을 모두 섬멸시키고 뒤따르는 보병도 다수 살상하여 패퇴시켰다. 또한 마침 이때 삼림의 좌측에서 일본군 기병 1개 소대가 나타나 말은 촌락에 매어두고 산개하여 삼림 쪽으로 올라왔다. 이를 발견한 군정서군은 약 20분간 공격을 가하여 대부분 섬멸하였으나 기갈이 심하여 전투를 중지한 채 삼림 속으로 퇴각하였다.[51]

천보산 전투

홍범도 부대와 대한군정서 부대는 10월 24일과 25일에 천보산(天寶山) 남쪽 부근에서 일본군 1개 중대를 습격하였다. 일본군의 비밀보고서는 다음과 같이 기록하고 있다.

10월 24일 오후 8시경 연길현 은동재(銀銅財)(천보산 남방 약 2리 반) 부근에서 이도구 방면으로부터 오던 적도 15명의 일단(一團) 및 동 9시경의 약 30명의 일단은 아군 공격에 의해 2명의 전사자를 내고 삼림 속으로 도주하였다.[52]

---

51) 신용하, 앞의 책, 492쪽.
52) 秘間情 제42호(1920.10.27), 「我討伐隊ノ行動ニ關スル件」, 『現代史資料』 28, 앞의 책, 377쪽.

천보산 방면에서는 24, 25일 이른 아침 2회에 걸쳐 적의 일단이 내습하였으나 아군 초병이 이를 격퇴하였다. 이때 적이 유기한 사체 2, 무기와 피복 약간을 노획하였으며, 이들 적도는 지난 22일 어랑촌 부근에서 교전한 자들의 일단임이 확실하다. 아직 천보산 부근에 잠복하고 있는 것 같으므로 국자가에 있는 이시즈카(石塚) 소좌로 하여금 보병 1중대, 기관총 1소대를 인솔하여 천보산에 이르러 그곳에 있는 보병 1중대와 합하여 그 방면의 적을 소탕시키려 한다.[53]

천보산 부근의 은동광을 수비하던 일본군 1개 중대가 어랑촌 전투를 끝내고 이동하던 독립군에 의해 24일과 25일 두 차례 습격당했다는 기록이다. 긴급하게 증원군을 파견하였던 것을 보면 그들이 패전했음을 알 수 있다.

10월 24일 천보산 부근에서 일본군과 백병전(白兵戰)을 벌인 독립군의 일단은 이범석이 인솔하는 대한군정서의 한 부대였으며 이범석은 이 전투에서 가벼운 부상을 당하였다.[54] 또한 천보산 부근에서 일본군을 습격한 또 다른 일단은 홍범도 부대에서 식량 조달을 위해

---

53) 朝特 제124호(1920.11.2), 「電報」, 『現代史資料』 28, 앞의 책, 229쪽.
54) 이범석은 다음과 같이 술회했다.
　　"어랑촌 전투의 다음다음 날 사방의 2·3중 포위망을 뚫기 위해 왕청현 관할의 삼선령을 향해 부대는 중대단위로 분산 전진하고 있었는데, 유격전의 화정위령(化整爲零, 강한 적을 상대하는 방법)의 주요 원칙에 따라 밤 9시경 나는 김훈 중대만 데리고 천보산 부근을 통과하는 중 달이 안 떠 어둡고 안내자의 잘못으로 적 진지에 무심코 들어섰다가 혼란한 일대 백병전이 벌어져 좌측 흉부에 총검자상을 입었다. 중상은 아니었으나 출혈이 심했다. 중대원들은 쓰러진 나를 구하려 우회작전을 하였다."(『우둥불』, 앞의 책, 481쪽.)

파견한 부대였던 것으로 보인다. 이는 일본군의 비밀보고에 "홍범도 부대는 천보산 서남 지구의 간도(間道)에서 양식의 보충을 받았다는 정보가 있다"55)고 한 기록에서 확인할 수 있다.

고동하곡 전투

간도회전 서부전선의 마지막 전투는 고동하곡(古洞河谷)에서 일본군이 1920년 10월 25일 한밤중부터 26일 새벽까지 홍범도 부대를 야습했다가 도리어 반격당해 패주한 전투이다. 일본군은 독립군을 얕보고 낮에도 행동하기 어려운 밀림 속으로 한밤중에 소부대가 들어와 야습을 감행하였다. 그 결과 일본군보다 2배나 병력이 많고 산림전(山林戰)에 숙달된 홍범도 부대의 매복 작전에 걸려 45분간의 격전 끝에 제1선을 맡았던 2개 소대(약 100명)가 거의 전멸되고 패잔병들은 1743고지로 도망하였다.56)

일본군 동지대는 이 참패를 호도하기 위해 거짓 전과를 보고했는데 독립군의 사체 7구와 탄약 1만발을 노획하였다고 했다. 당시 독립군이 생명처럼 여기던 탄약이 1만발이라면 엄청난 양이므로 이는 허위일 수밖에 없다. 뿐만 아니라 최초의 보고서에 암흑으로 판명할 수 없으나 독립군의 피해가 30명으로 추측된다고 한 것이 이후 독립군 피해는 30명이라고 단정되어 있다는 점에서도 그들의 전과 보고는 허위라는 것을 알 수 있다.57)

55) 間情 제44호(1920.10.28), 「不逞團ノ脱出及食糧ノ補充」, 『現代史資料』 28, 앞의 책, 379쪽.
56) 신용하, 앞의 책, 494~497쪽.
57) 위의 책, 494~497쪽.

[그림 34] 청산리대첩에서 패한 일본군 부상병 후송

고동하곡 전투를 마지막으로 이도구와 삼도구 일대의 독립군은 26
일 낮부터 철수작전을 전개하여 일본군의 '토벌' 포위망을 벗어났으
므로 간도의 전투는 일단 막을 내리게 되었다. 이렇게 간도회전은
1920년 10월 21일부터 26일 새벽까지 6일간에 걸쳐서 전개된 약 9개의
전투로 이루어져 있으며,[58] 이를 도표화 하여 요약하면 다음과 같다.

---

58) 이 부분은 신용하가 강하게 주장하는 내용이며 이견은 있지만 별 무리 없
이 받아들여지고 있다.

[표 5] 서부전선 전투 요약

전투명	장소 및 시간	한국군 부대	일본군부대	특 징
백운평전투 (단독전투)	삼도구 청산리 백운평 10월 21일 오전	대한군정서군 (김좌진 지휘/ 연성대장 이범석)	보병 연대급 야마 다 부대 (야스카와 소좌 선발중대)	협의의 청산리전 투, 일본군 200~ 300명 사망, 절벽 위 산림 속 매복 기습작전
천수평전투 (단독전투)	두도구 천수평 22일 새벽	대한군정서군 (이범석 지휘)	시마다(島田) 중 대장 지휘 1개 기 병중대(기병 27연 대소속)	일본군 116명 사 망. 한국군전사 2 명, 부상 17명. 마 을 포위 기습공격
맹개골전투 (단독전투)	만기구 맹개골 23일 오후 3시	군정서군 이동 중 예하 1개 부대	일본군 기병 30명	소규모 이동 중 적 발견. 일본 기병 10명 전사
만기구전투 (단독전투)	만기구 후방 삼림 23일 오후	김좌진 인솔 군정 서군	일본군 보병 50명	삼림 속 휴식중 적 발견. 일본군 30 명 전사, 아군 후퇴
쉬구전투 (단독전투)	쉬구 24일 새벽	군정서군 50명	기포 6문 보병 100 명, 후속 1개 소대	일본군 포병 섬 멸, 보병 다수 살 상, 후속 1개 소대 도 대부분 섬멸하 고 심한 기갈로 퇴각
어랑촌전투 (연합작전)	두도구 어랑촌서 남방 22일 오전 9시~ 당일 저녁	대한군정서군 600 명 미만이 일본군 과 전투 중 홍범도 연합부대, 의군부 1,400명이 지원	동지대 주력부대 약 5,000명, 기병· 포병대가 주축. 기 병연대장 가노(加 納) 전사	일본 및 대한민국 임시정부 기록에 는 홍범도 참전기 록이 있고, 대한 군정서일지에는 없음. 일본군 1,000여 명 사망 추정, 가장 대규 모 전투, 아군 피 해도 100명 전사
천보산전투 (연합작전)	천보산 남쪽 24일 저녁~	홍범도 부대 및 군 정서군(이범석	일본 은동광(銀銅 鑛) 수비대 1개	24일 2회, 25일 1 회 기습공격, 피

전투명	장소 및 시간	한국군 부대	일본군부대	특 징
	25일 새벽	지휘부대)	중대	해 기록은 없고 일본군의 1개 대대 지원 요청 기록만 있음.
완루구전투 (연합작전)	이도구 완루구 21일 오후~ 22일 새벽	대한독립군(홍범도 지휘) 및 연합부대(국민회군·한민회·신민단·의민단·광복단)	일본군 동지대 예하 부대 중 1개 부대	유인작전에 의한 일본군끼리의 오인사격과 아군의 공격으로 일본군 400명 전멸
고동하전투 (단독전투)	고동하 계곡 25일 저녁~ 26일 새벽	홍범도 연합부대	동지대 예비대 제1선 2개 소대	일군의 유일한 선제공격. 병력 오판으로 일군 100명 사망. 예비대의 저지선이 무너져 아군은 일본의 포위망을 탈출

　　일본 비밀문서에 수록된 다음의 약도 [그림 35][59]는 청산리라 불리는 백운평 계곡 일대에서 벌어진 전투지역을 상세하게 나타내고 있다.

　　당시 대한민국임시정부의 입장을 대변하던 『독립신문』은 "김좌진 씨 부하 600명과 홍범도 씨 부하 300명은 대소전쟁 10여회에 걸쳐 왜병을 1,200여 명 사살하였다"라고 보도했다. 이렇게 간도회전의 서부전선 전투는 막을 내렸다. [그림 36]는 간도회전 서부전선 전투에서 대승을 거둔 대한군정서군 정예부대원들이 승전을 축하하는 기념사진이다.[60]

59) 秘間情 제47호(1920.10.29), 「不逞鮮人ノ行動」, 『現代史資料』 28, 앞의 책, 382쪽.

60) 김윤환 외, 『독립군의 전투』 4, 민문고, 1995, 화보.

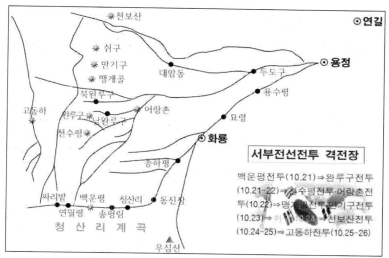

[그림 35] 간도회전 서부전선 격전장

[그림 36] 대한군정서군의 서부전선전투 승전 기념사진(앞에 앉은 사람이 김좌진)

이들 당시 간도회전에 참전한 병사들은 살아 돌아올 생각은 하지
못한 것 같다. 이범석이 지은 독립군가를 보면 알 수 있다.

　　　　하늘은 미워한다
　　　　배달족의 자유를 억탈(抑奪)하는 왜적들을
　　　　삼천리 강산에 열혈이 끓어
　　　　분연히 일어나는 우리 독립군
　　　　백두의 찬바람은 불어 거칠고
　　　　압록강 얼음 위엔 은월(銀月)이 밝아
　　　　고국에서 불어오는 피비린 바람
　　　　갚고야 말 것이다 골수에 맺힌 한을
　　　　하느님 저희들 이후에도
　　　　천만대 후손의 행복을 위해
　　　　이 한 몸 깨끗이 바치겠으니
　　　　빛나는 전사를 하게 하소서

대한군정서 군가로 불린 이범석이 지은 '기전사가(祈戰死歌)'이다.
이 군가를 청산리 싸움터에 나가면서 불렀다고 하는데, 후손들에게
복된 조국을 물려주기 위해 한 목숨 깨끗하게 바치게 해 달라고 기
원하는 비장한 결의를 엿볼 수 있다.[61] 이렇게 어려운 전쟁을 치뤘
다. 그러나 해방 이후의 현실은 백운평 전투만 집중 조명되고 실제
로 가장 큰 전과를 올리고 모든 부대가 참여한 어랑촌 전투 및 기타
다른 전투는 부각되지 못했다. 홍범도 부대의 역할은 학계 일각에서
만 규명되고 있을 뿐 국민 일반의 뇌리에는 김좌진 장군의 대한군정

---

61) 이범석, 『우둥불』, 앞의 책. 469쪽.

서만 부각되었다. 이는 대한군정서는 대한민국임시정부 소속인 데 반해 홍범도 부대는 대한민국임시정부 소속이 아니었던 점도 한 가지 요인으로 작용하였을 것이다.[62] 뿐만 아니라 홍범도는 훗날 러시아군에 편입되었기 때문에 그 평가가 어쩔 수 없는 시대적 분위기도 있었다고 봐야 할 것이다.

2) 동부전선 전투

동부전선은 훈춘의 동북부와 동녕현 서쪽에 접한 왕청현의 지역을 가리킨다. 당시 훈춘과 왕청현 일대에서는 훈춘민회와 신민단군이 노중(露中) 변경에서 활동했고, 왕청현 나자구와 노흑산(老黑山) 일대에는 독군부, 광복단, 의군단, 나자구 의사부 등이 활동하고 있었다.[63] 즉 반일 부대들의 본래 근거지로서 민중들의 반일정서가 높고 잘 조직화 되어 있었다. 뿐만 아니라 노중 변경 지구로 항일단체들이 항상 왕래할 수 있었으므로 러시아령과 연계하여 무기를 구입할 수 있는 후방 기지로서 전략상 매우 중요한 곳이었다. 서일은 이 동부전선에 속하여 직접 대한군정서 기관 및 후방부대를 이끌었다.[64]

---

62) 홍범도는 박일리아 부대, 박그리고리 부대와 손을 잡고 이청천(李靑天) 부대를 연결시켜 준 적이 있다. 박일리아의 경우 러시아 혁명에 공을 세운 자이므로 이러한 이념적 전력 때문에 홍범도의 항일 무장투쟁의 공과는 김좌진 장군에 비해 상대적으로 소홀히 다루어진 면이 있었다. 재향군인회가 1993년 편찬한 『광복군전사』에는 김좌진, 홍범도, 이청천을 균형 있게 다루어 진일보한 면을 보이고 있다.
63) 박창욱, 「봉오동전투와 청산리전투 연구」, 『한국사연구』 Ⅲ권, 2000, 121~122쪽.

[그림 37] 동부전선 십리평 전투지역

　일본군은 이 지구에 나남 주둔 제19사단 제38여단의 주력과 시베리아 파견군 제11, 13, 14사단의 부분 병력을 합한 1만여 명을 투입했다. 서부전선보다 더 많은 병력이 투입된 것인데, 이는 우선 기지를 파괴하여 서부와 연결을 단절시키고자 한 것이다. 나아가 간도 지구의 반일 무장부대들이 북만 혹은 러시아 경내로 이동하여 그 곳에 있는 조선족 반일단체와 합류하게 될 것에 대비하여 연해주 지구에서 조선족 반일부대를 저지하여 그 이동 부대를 소탕하려는 전략적 기도였다고 분석된다.65)

　동부전선의 항일부대들은 서일 등의 지휘 아래 10월 23일의 왕청

64) 『만주벌의 혼-독립군총재 서일』, 앞의 책, 23쪽.

65) 리광인, 「백포 서일 총재 평전」, 『만주벌의 혼-독립군 총재 서일』, 위의 책, 205쪽.

현 십리평 전투를 서막으로 왕청현의 나자구, 노모저하(老母猪河), 장가점(張家店), 하마탕(蛤蟆塘), 훈춘현의 삼도구, 우두산(牛頭山), 소수분하(小水芬河), 팔가자 등에서 전투를 수행하였다. 여기서 주목할 것은 서일 총재의 동부전선 전황은 더 어려웠다는 것이다. 이 지역 항일무장부대의 병력은 서일이 이끄는 북로군정서 유수(留守)부대와 최진동이 이끄는 군무도독부 부대, 신민단, 의군부, 나자구 의사부, 훈춘한민회 등 800여 명이었다. 서부전선은 대한군정서 정예부대와 연합부대 병력 약 2천명[66]이 일본군 약 5천명을 상대하였으나, 동부전선은 전체 병력 800여명으로 일본군은 1만 명을 상대하게 되었으니 동부전선 부대들이 받은 압박과 어려움은 서부전선보다 훨씬 더 컸을 것으로 짐작할 수 있다.

동부전선의 전투 상황은 자료가 부족하여 상세하게 밝히기는 어렵지만, 남아 있는 기록을 정리하면 다음과 같다.

10월 23일 대한군정서 유수부대가 십리평에서 아시다(芦田)와 다카하타(高畑) 중위가 지휘하는 부대를 습격하였다.[67] 이날 일본군은 항일군의 퇴로를 막을 생각으로 금화골 산중에서 수색하면서 전진하였는데, 매복해있던 반일군은 적들이 가까이 오자 맹공을 퍼부었다. 전투는 약 30분가량 진행되었는데 일본의 기록으로는 저들의 피해가 사망 1명, 부상 2명으로 되어있다.

---

66) 신용하, 앞의 책, 481~482쪽.
67) 대한군정서 주력부대가 서쪽으로 진출한 후 서일 등은 일부 군관 양성소의 졸업생을 골간으로 부근의 조선족 청장년을 모집하여 300여 명의 무장 대오를 조직하고 서대파와 하마탕 일대에서 활동하였다. 김철수,『연변항일사적지 연구』, 연변인민출판사, 2002, 541쪽.

[그림 38] 동부전선 나자구 전투지역

10월 27일에는 150여 명의 나자구 의사부군이 노모저하에서 다요(田代) 기병소대, 아베(阿部) 대대의 1개 소대, 히데시마(秀島) 대대의 1개 중대와 1개 기관총 소대 등을 상대하여 약 2시간 동안 격렬한 전투를 벌였다. 10월 28일에는 76연대 이와오(岩尾) 소좌가 나자구에서 대황구(大荒溝)로 돌아올 때 왕청현 장가구에서 항일 소부대가 두 차례 습격하였다.

11월 4일에는 훈춘 한민회군 30여 명이 훈춘현 삼도구 북쪽 39리 지점에서 일본 78연대 우에사카 대대를 습격하였다. 전투는 약 1시간 진행되었고 이다(井田) 소위 이하 5명을 살상했다. 11월 9일 훈춘 한민회 김운서(金雲瑞)가 지휘하는 30여 명의 결사대가 75연대 쥬지(十時) 중좌가 지휘하는 2개 중대를 훈춘현 우두산 남쪽에서 습격하여 약 1시간 교전하였다. 같은 날 동녕현 소수분하와 팔가자에서는 북만 파견군 야스니시 대대의 무라다(村田) 중위가 지휘하는 5명의 경찰대를 전멸시켰다.

12월 5일 시마다(島田) 소위가 지휘하는 30여 명의 일본군이 하마탕 서북쪽 산곡에 있는 항일부대의 숙소를 포위 공격함으로써 쌍방이 교전하였다.

[표 6] 동부전선 전투 요약

월일	장소	항일부대	일본군	전투내용
10월 23일	십리평	대한군정서 300여 명	이시다, 다카다 중위 부대	항일군의 퇴로 차단을 위해 금화골을 수색중인 일본군을 매복하여 공격
10월 27일	노모저 하구	나자구 의사부군	다요 기병대, 아베 대대의 1개 소대, 히데시마 대대 1개 중대, 기관총 소대	약 2시간 동안 격렬한 전투
10월 28일	왕청현 장가구	항일 소부대	76연대 이와오 소좌 부대	두 차례 기습 공격
11월 4일	훈춘현 삼도구 북쪽 39리 지점	훈춘한민회군 30여 명	78연대 우에사카 대대	이다 소위이하 5명 살상
11월 9일	훈춘현 우두산 남쪽	훈춘한민회 김운서 지휘 30여 명	75연대 쥬지 중좌 지휘 2개 중대	습격하여 약 1시간 교전
11월 9일	동녕현 소수분하 팔가자	항일부대	북만파견군 야스니시 대대, 무라다 중위 인솔	5명의 일본 경찰대 전멸
12월 5일	하마탕 서북쪽 산곡	항일부대	시마다 소위 지휘 30여 명	항일부대 숙소를 포위공격, 쌍방 교전

이상의 동부전선 전투의 의의를 들자면 첫째, 대부분의 전투들이 분산 은폐하였다가 주동적으로 습격하는 전법을 충분히 과시하였다는 점이다. 둘째, 적을 타격하여 토벌 계획을 혼란시켰으며, 셋째, 적의 병력을 견제하여 항일부대의 철수를 엄호함으로써 서부전선의 전투 부담을 경감시켰다. 즉 일본군은 동부전선 소부대들의 빈번한

기습전 때문에 북상하는 항일부대들을 추격할 수 없었다.[68]

서일 등이 이끈 동부전선의 항일 전투는 일본군 진영을 교란하여 서부전선 전투에 투입되는 일본군의 증원을 막았으며, 나아가 서부전선의 광복군들이 무사히 밀산 지역으로 퇴각할 수 있도록 해주었다. 이는 비록 규모 면에서 서부전선 전투에 뒤떨어지지만 간도회전의 승리를 견인한 역할을 한 것이다.

4. 간도회전의 결과와 의의

서부전선 전투 후 대한군정서 총재 서일은 대한민국임시정부에 "김좌진의 부하 600명과 홍범도의 부하 300여 명이 일본군 1,200여 명을 격살하였다."고 보고하였다. 아군 손실은 전사자 60명, 전상자 90여 명이었다. 이 집계는 당시 광복군이 직접 조사한 것은 아니다. 근방에 사는 한인들이 일본군이 사상자를 우마차에 실어 이송하는 것을 보고 계산한 숫자이다. 중국군은 일본군 손실을 1,300여 명으로 발표했으며, 일본영사의 보고에 의하면 이도구전에서 가납연대장 대대장 2명, 중대장 5명, 소대장 9명이 전사하고 하사관 이하의 전사자가 900여 명으로 되어 있다.[69]

이 같은 전과는 발표 주체의 입장에 따라 수치의 차이는 나타날 수 있지만, 여기서 중요한 것은 기록된 수치가 아니라 광복군이 협

---

68) 박창욱, 앞의 글, 126~127쪽.
69) 박은식, 『한국독립운동지혈사』, 앞의 책, 165쪽.

동작전으로 일본군을 크게 패퇴시켰다는 사실이다. 수많은 항일운동
가들에게 희망과 용기를 주고 자력으로서 조국광복을 쟁취할 수 있
는 가능성을 제시해 준 것이다. 그렇다면 이러한 역사적 대승전의
원인은 어디에 있었던 것일까. 이듬해 1월 15일 대한군정서 총재 서
일이 임시정부 대본영에 보낸 보고서에는 양국 승패의 원인이 다음
과 같이 분석되어 있다.[70]

    <독립군의 승전의 이유>
    ① 대종교 신앙을 바탕으로 한 강력한 민족정신으로 무장하고 한
       목숨을 기꺼이 바치는 용전태세로 적의 지기(志氣)를 압도하
       였다.
    ② 지형지물을 잘 이용하여 시야를 확보할 수 있는 양호한 진지를
       선점하여 완전한 준비로 사격 성능을 극도로 발휘하였다.
    ③ 응기수변(應機隨變)의 전술과 정확한 척후 활동, 주민을 활용한
       기만 작전, 적시에 치고 빠지면서 연합부대와 유기적인 작전으로
       적의 예상을 깨뜨리는 수장들의 탁월한 지휘 능력이 빛났다.
    ④ 재만 한인사회의 적극적인 지원과 비오는 듯한 전쟁의 포화 속
       에서 부녀자들의 주먹밥 운반 등은 독립군 장병들의 사기를 더욱
       충천하게 하였다.
    ⑤ 빼놓을 수 없는 것은 충분한 군자금 확보로 체코군대와 러시아
       로부터 구입한 세계수준의 신무기의 성능이었다.

    <일본군의 패전의 이유>
    ① 병가에서 제일 꺼리는 것은 경적(輕敵)의 행위인데, 험곡장림(險

70) 독립운동사편찬위원회 편, 「독립군전투사(상)」, 『독립운동사』 5, 독립유공
    자사업기금운용위원회, 1973, 393쪽.

谷長林)을 별로 수색도 없이 경계도 없이 맹진(盲進)하다가 일부 혹은 전부의 함몰을 당하였다.

② 국지전에 대한 경험과 연구가 부족하여 삼림과 산지 중에서 종종 자기편끼리 충돌하는 상황을 초래하였다.

③ 그들 군인의 염전심(厭戰心)과 피사도생(避死逃生)하는 두려움은 극도에 달하여 군기가 문란하며 사법(射法)이 부정(不精)하여 1발의 효과도 없는 난사를 행하였다.

위 내용에서 항일군과 일본군은 명확히 대비된다. 전쟁 준비에 있어 일본군은 지형지물에 대한 사전 파악과 분석이 부족했던 데 비해 항일군은 유리한 고지를 선점하고 시의적절한 전략을 구사했으며, 병력이 열세였음에도 불구하고 완벽한 준비로 정확하고 효율적인 전투를 수행했다는 것이다. 정신력에 있어서도 일본군은 적을 경시하고 전투를 두려워하여 군기가 문란했던 반면 항일군은 죽음을 두려워하지 않는 용전태세로 임했으며 한인 사회의 지원 또한 빛났음을 강조하고 있다. 그리고 이들이 대종교 신앙을 바탕으로 한 강력한 민족정신에서 발로한 것임을 첫머리에 언급한 것이 주목된다.

이상의 분석은 오늘날에도 그대로 받아들여지고 있다. 일명 청산리전투라고 부르는 간도회전은 한국근대사에 있어서 더할 나위 없이 중요한 역사적 사건으로, 열악한 환경에서 일궈낸 민족정신의 발로가 승전의 가장 큰 이유이자 의의로서 강조된다. 물론 이러한 강조 사항을 무시할 것은 아니지만 전쟁이 마음만 가지고 되지 않는다는 것은 고래로부터 모두 아는 사실이다. 따라서 상대적으로 간과되고 있는 간도회전의 의의를 덧붙인다면, 먼저 대한민국이라는 이름으로 치른 침략자들과의 첫 번째 전투였다는 것이다. 즉 대한민국

임시정부수립 이후 정부의 이름으로 치러진 첫 전투에서 승리했다는 점이 기억되어야한다. 둘째, 근대전의 모든 요소가 담겨 있는 전투였다는 것이다. 군대의 조직, 훈련, 무기 체계, 그리고 전투 방법 등이 당시로는 매우 현대적이었다. 그리고 당시 어느 군대보다 현대화된 일본군과의 전투에서 승리한 것이다. 셋째, 당시 항일 연합부대가 대한민국 정부군으로서 철저한 역사의식으로 무장된 군

[그림 39] 청산리대첩 기념비(길림성 화룡시)

대였다는 점 또한 강조되어야 한다. 끝으로 이 간도회전의 승리로 상해 임시정부는 국제적으로 그 존재감을 분명하게 드러낼 수 있었다는 의의가 있다.

5. 간도회전 이후의 서일

간도회전에 대해서 전투에서는 완승하였지만 전략적 차원에서 결코 승리하였다고 볼 수 없는 측면이 있다는 지적이 있다. 회전 이후 일본의 독립군 토벌과 거주민에 대한 만행으로 독립전쟁의 근거지가 조기에 초토화됨으로써 전투적 승리에도 불구하고 독립군의 기

세가 약화될 수밖에 없었기 때문이다.[71) 대한군정서군도 간도회전 이후 전략전술상 왕청현 지역으로 후퇴하지 않으면 안 되었다. 일본 군은 국지적인 전투에서 패했어도 계속 병력이 보충될 뿐 아니라 무 기도 계속 보급되고 있었다. 그러나 대한군정서는 군량과 무기 등 군수물품을 계속 보급 받을 수 없었고 보유한 탄약도 제한되어 있었 다.[72) 그러므로 빨리 대책을 세워야 하는 불리한 정황이 되었다. 이 런 상황은 이미 간도회전이 일어나기 전부터 예견되었던 것이다.

간도회전을 전후하여 일본군은 간도 일대의 한인 마을들을 집중 적으로 초토화시키기 시작하였다. 일본은 독립군뿐만 아니라 간도 일대의 일반 양민들까지 거의 무차별적인 살육을 자행하였다. 특히 일본은 대종교도를 무차별 학살하는 만행을 저질렀는데 당시에 희 생된 대종교도만도 수만 명에 달한다고 한다. 당시『독립신문』이 보 도한 사태의 추이와 피해 현황은 다음과 같다.[73)

적은 소위 훈춘사건이 발생된 후 언칭(言稱) 생명 재산 보호이니 호 비(胡匪)를 초멸(剿滅)이니 하고 出兵 하엿다. 기(其) 내용은 몬져 우 리 독립군을 멸절하고 후에는 동삼성(東三省)에 입을 대여 보려고 수 월(數月) 전에 4만의 다수 군병을 몰고 봉오동으로 달녀드럿다. 그러나 천연적 양호한 지대와 신묘한 전술을 가진 우리 독립군을 저당(抵當) 할 수 업서 도로혀 10여차의 전패와 3천명에 근(近)한 사망을 밧앗다. 동시에 왜적은 기(其) 독을 우리 농민동포와 밋 그 거류하는 촌락에 다

---

71) 조필군, 앞의 글, 488쪽.
72) 박영석,『일제하 독립운동사 연구』, 앞의 책, 163쪽.
73)「西北間島同胞의 慘狀血報」,『독립신문』제87호, 1920.12.18, 전문 및 상 세 피해 집계는 부록 참조.

발한다. 그래서 10월 9일부터 11월 5일 합 27일간의 도처에 양민을 학살하고 부녀를 강간하고 가옥과 노적(露積)과 교당과 학교를 소신(燒燼)하는 중 더욱 백발의 노친과 강보의 유아들이 혹은 왜인(倭刃)을 밧고 혹은 기한(飢寒)으로 백설상(白雪上)에 쓰러지넌 참상 뉘가 피눈물을 흘니지 아니하리오.

  서일은 동포들의 희생을 최소화하기 위해 대한군정서를 소만(蘇滿) 국경지역인 밀산(密山)으로 이동시켰다. 당시 군정서 부대는 혹한 속에서 헐벗고 굶주리는 절박한 상황이었으므로 서일은 군수품 조달 명령을 하달하면서도 백성들의 형편을 걱정하였다.74) 하지만

---

74) 일본외무성 기록, 秘受 1916호-機密 제72호(1921.2.8), 「間島通信部設置及軍政署ノ軍需品徵發ニ關スル件」, 발신 堺與三吉, 수신 內田康哉. "대한군정서 총재 서일은 12월 5일부 각 경신분국장에게 다음과 같이 군수품 징발령을 발하였다.(본령은 원본을 입수하였으나 특히 그 명단은 비밀이다.) 발신 장소 및 운반 장소 등은 미상이나 군정서 부대가 여전히 모여 있음을 알 수 있다.
훈령 제63호(대한민국 2년 12월 5일/대한군정서총재 서일)
경신 제(第) 분국장 좌하(座下)
피복 징발에 관한 건
근일 전승군 수백명이 계속 집합하고 있으나 지금 아직 단의(單衣)를 동이고 신발은 구멍이 났는데 천한지동(天寒地凍)의 계절을 맞아 일각이라도 이를 견딜 수 있겠는가. 기한절부(飢寒切膚)의 실정을 참을 수 없어 해당 방면 민간에 모연하려해도 꽤 많은 날과 때가 필요하므로 부득이 이에 다음과 같이 영시(令示)하니 해관 각과에 통달하여 이들 군인으로서 동뇌(凍餒)의 형편을 면할 수 있도록 조달하기 바람.
다 음
1. 상하 면의(綿衣) 합 10건(중국복은 광동식으로 회흑색으로 함)
1. 구피(狗皮) 50매

일본군이 명령 문건을 미리 입수하여 보고하고 있다는 점에서 제대로 군수품이 조달되었는지도 분명하지 않다. 급박한 상황 속에서 서일은 일본을 격퇴하기 위해 각 항일단체의 일치단결과 환난 중인 양민들의 구휼을 촉구하는 대한군정서 격고문을 발송하였다.75) 이에 간도 대한국민회의 구춘선과 이명순(李明淳), 대한신민회의 김성배(金聖培), 도독부의 최진동, 의군부(義軍府)의 이범윤(李範允), 혈성단(血誠團)의 김국초(金國礎), 야단(野團)의 김소래(金笑來), 대한정의군의 이규(李圭) 등 많은 지도자가 호응하여 대한군정서를 중심으로 10개 단체가 병력 3,500명으로 대한독립군단(大韓獨立軍團)을 결성하게 된다. 이 단체의 조직은 서일을 총재로 추대하고76) 부총재에 홍범도, 김좌진, 조성환, 총사령 김규식, 참모총장 이장녕, 여단장 이청천으로 꾸려졌다.77) 군대 편성은 3개 대대를 두고 1대대 밑에 3중대를 두고 1중대 밑에 3소대를 두게 하니 소대 총수는 27개였다. 중대장에는 김창환(金昌煥), 조동식(趙東植), 윤경천(尹擎天), 오광선(吳光鮮) 등 명장들이 많았다. 이는 당시 간도에 있었던 대일항쟁 단체들이 모두 모인 연합 세력이 형성되었다. 이 대한독립군단결성에 참여한 각 단체의 명칭과 지도자는 다음과 같다.

그러나 대한독립군단에 참여한 10개 단체의 병력 3,500명으로 3개

---

1. 마혜(麻鞋) 매호에서 2족씩
1. 미곡 매호에서 조선 되 1두(斗)
단, 지난 번 환난을 만난 인민의 것은 면제함. 준비 기한은 수령후 20일 이내."
75) 「대한군정서 격고문」, 『독립신문』, 1921.2.25. 부록 참조.
76) 강수원, 『우리배달겨레와 대종교 역사』, 한민족문화사, 1993, 262쪽.
77) 『한국독립운동사』, 앞의 책, 320~321쪽.

[표 7] 대한독립군단 참여 단체

단 체 명	분 파	지 도 자
북로군정서	대종교파	서 일
대한독립단	구 의병파	홍범도
재간도 대한국민회	예수교파	구춘선
재간도 대한국민회		이명순
대한신민회		김성배
도독부		최진동
의군부		이범윤
혈성단		김국초
야 단	元宗敎徒	김소래
대한정의군정사		이 규

대대를 편성한 小隊 총수가 27개라면 1개 소대병력이 130명이라는 계산이 나오는데, 이는 대한군정서의 소대 편성 인원이 50명인 것[78]으로 볼 때 차이가 있어 보인다. 또한 서부전선 전투 이후 각 부대가 밀산으로 이동하면서 타처로 이동하거나 흩어진 병력을 감안하면 대한독립군단의 병력은 2~3천 명 정도로 추정된다. 이렇게 대부분의 세력들이 다시 결집하여 독립군단을 조직하였는데 일본군의 압박은 상상을 초월하였다. 결국 대한독립군단은 시간이 갈수록 급박한 상황으로 변하는 사태를 해결하기 위하여 간도에서 1921년 1월에 연해주로 이동하였다. 노령에는 50만의 동포와 약소민족의 해방을 지지하는 소련정부의 원조 하에 군대도 개편하고 무장도 보충하여 항일

---

78) 일본외무성 기록, 高警 제23792호(1920.8.26),「間島地方二於ケル不逞鮮人團ノ情勢二關スル件」, 국사편찬위원회,『韓國獨立運動史 資料』43, 탐구당문화사, 2007, 123쪽.

전을 강행하려 한 것이었다.[79]

[그림 40] 서일 총재 항일투쟁유적비(중국 흑룡강성 밀산시 당벽진, ▷ 글로벌프런티어
투어 남상만)

그런데 간도회전 이후 일본의 보복전을 피하여 러시아령으로 옮
겨간 독립군단은 또 다른 난관에 부딪쳤다. 정확하게 말하면 당시의
독립군단은 일본군에 쫓기는 형편이었는데 수천 명의 대군이 이동
을 하는데 제대로 준비된 것이 없었다. 당장 군량이 모자라 민가를
약탈하는 상황도 발생하였다. 근본적인 해결책을 모색해야 했으나
사정은 여의치 않았다. 이때 독립군단에게 가장 이상적인 지원 세력
이 바로 러시아였다. 당시 러시아는 거의 내전에 가까운 혼란을 겪
고 있었지만 대세는 볼세비키들이 장악하고 있었다. 레닌이 이끄는
볼세비키는 그들의 적색혁명의 목적을 달성하기 위한 수단[80]에서

79) 홍영도 편, 『한국독립운동사』, 애국동지원호회, 1956, 321쪽.
80) 국사편찬위원회 편, 『한국독립운동사 3』, 정음문화사, 1983, 218쪽.

겉으로는 약소국과 소수민족을 도와준다는 공산당 강령을 발표함으로써 힘없는 많은 국가들이나 노동자 계급이 호감을 갖고 있었다.

따라서 대한민국임시정부에서는 이동휘가 중심이 된 친 러시아 세력들에 의해 독립군단을 러시아로 이주시키는 계획이 추진되었다. 이동휘의 교섭은 매우 구체적으로 진행되었음을 당시 일본의 간도 총영사가 본국에 보낸 기밀문서에서 볼 수 있다. 다음은 러시아 노농정부(勞農政府)와 독립운동기관과의 연락 상황을 보고한 내용이다.

노농정부와 연락을 하기 위해 이전에 모스크바로 향하였다. 9월 중순 치타시에 돌아온 상해 임시정부 외무총장 박용만은 노농정부와 다음과 같이 비밀조약을 체결하였다.

- 노농정부와 대한민국 임시정부는 지난날의 한러 양국 수교를 바탕으로 공수동맹(攻守同盟)을 맺고 서로 다음의 조항을 확수(確守)하기로 한다.

(1) 노농정부는 전 세계 인류가 요구하는 공산평등주의를 동양에 선전하고 대한민국 임시정부는 이에 찬동 원조하며 공동 행위를 가질 것

(2) 대한민국 임시정부는 한민족의 자립을 기도하며 또한 동양평화를 영원히 확보하고 노농정부는 이에 찬동 원조하여 공동 행위를 가질 것

(3) 노농정부는 중로(中露)(시베리아) 지방에서 대한민국정부의 독립군 주둔 및 양성을 승인하고 이에 대하여 무기와 탄약을 공급할 것

(4) 대한민국 임시정부는 중로 지방에 주둔한 독립군을 노농정부가 지정한 러시아 군사령관의 명령을 받아 행동하도록 할 것과 중로 지방의 공산주의 선전 및 중로 지방 침략의 목적을 가진 적국과 대전할 경우 임기 사용할 것을 승인함

(5) 앞의 각 항의 목적을 달성하기 위해 중로 지방에 중로연합선전

부(中露聯合宣傳部)를 설치한다. 동 선전부는 노농정부 지정 위
원 및 대한민국 임시정부 指 위원으로써 조직한다.
(6) 대한민국 임시정부는 본 조약 제2항의 목적을 달성하고 정식 정
부 수립일로부터 10년 이내에 자국 군대가 사용한 무기 탄약의
상당한 대가를 노농정부에 상환하고 또한 사례장을 보낼 것.[81]

대한민국임시정부가 러시아와 긴밀한 관계를 형성하고 있음을 알
수 있는 내용이다. 나아가 대한민국임시정부와 러시아 정부는 합의
하에 연변 일대에 러시아 공산당 관련 지부를 설치하게 된 것이다.
이와 관련하여 일본의 첩보는 대한민국임시정부를 모스크바로 옮긴
다는 계획을 타전하기도 했다.

러시아 노농정부와 상해 임시정부의 접근이 밀접하게 됨에 따라 상
해에 있는 대한임시정부는 수뇌부를 구로(歐露) 모스크바로 옮겨 독립
운동 계획을 계속할 것으로 결정하여, 외교부는 여전히 상해에 남겨두
고 동서 서로 호응하여서 운동할 계획이라는 밀보를 접하게 되었다.[82]

이런 상황에서 간도 일대에서 활동을 하던 대일 항쟁군들은 러시
아와의 상황을 주시하지 않을 수 없었다. 당초 군정서의 서일, 김좌
진 등은 이동휘 일파의 한족 공산당 본부와는 의견을 달리하여 단독
으로 동녕현 삼차구 오지 방면을 근거로 모병(募兵)에 노력하며 세력
만회를 도모하고 있었다. 하지만 서일의 군단 내부에서도 공산당 측
의 세력이 유리함을 알고 그 산하로 이탈하는 자들이 생겨났다. 다

---

81) 「大正九年十二月中ニ於ケル間島地方情況ノ槪要」(1921.1.20), 앞의 자료.
82) 위의 자료.

시 힘을 길러 일본에 대항하기 위해 군사기지와 군량, 군수품 등의
확보가 시급한 상황에 러시아 과격파의 도움을 받을 수 있다는 것은
충분이 끌리는 일이었다. 더구나 상해 임시정부의 국무총리를 지낸
이동휘가 주축이 되어 선동하고 있으니 많은 광복군들이 한족 공산
당의 무력단체로 이입되어 간 것은 어떻게 보면 자연스러운 것인지
도 모른다.

이 과정에서 각 항쟁군 단체 수뇌자들이 1921년 2월 하순 러시아
령 추풍(秋風)에서 통일에 관한 1차 협의회를 개최하였다. 하지만 논
의 과정에서 이론이 백출하여 도저히 합치할 여지를 찾아낼 수 없어
서 결국 산회하였는데 일본의 보고문서에 의하면 주요 논의 내용은
다음과 같다.

> 군무도독부 최명록(崔明祿)은 극력 러시아 과격파와 제휴하여 그 후
> 원 하에 소지(素志)를 관철할 것을 주장하고, 군정서의 서일은 러시아
> 과격파의 금후 형세는 쉽게 앞일을 미리 내다볼 수 없는 것이며, 또 광
> 복대업은 모름지기 우리 한민족의 피와 기로써 이루지 않으면 안 된다
> 는 사실을 주장하였다.[83]

무엇보다도 서일을 비롯한 항쟁군 지도자들은 또 다시 외세에 의
지하여 싸운다는 것을 마땅치 않게 생각했던 것 같다. 1894년 청일전
쟁, 1905년 한일조약 등을 지켜봤기 때문에 외세는 절대로 믿을 수
없다는 분명한 신념을 갖고 있었던 것으로 추측해볼 수 있다. 서일
은 이런 생각을 대일 항쟁군 수뇌부 회의에서 분명하게 표출한 것이

83) 「間島地方情況ノ槪要」(1921.5.24), 앞의 자료.

다. 나아가 그는 공산주의화를 경계하며 모든 항일무장단체를 통일한 참다운 광복군단 편성과 '민족개병주의'에 의한 총동원제 시행계획을 천명하면서 각 단체에게 참석을 통첩하였다.[84] 서일의 제창에 의해 1921년 3월 하순에 다시 군정서, 신민단, 의군단, 광복단, 도독부 및 의민단의 수뇌자 등으로 이루어진 육단회의(六團會議)가 개최되었다. 본 회의에서도 러시아 과격파와 연합하여 행동할 것인지를 놓고 열렬하게 논의하였으나 마침내 과격파와 밀접하게 연합, 행동할 것을 결정하고 대한총군부라는 통일단체를 조직하였다. 다시 4월 12일 노령 이만에서 대소 36개 단체의 수뇌자로 구성된 독립군대회를 개최하고 대한총군부를 대한독립단으로 개칭하여 서로 합체하였다. 단 본부에 외교부를 설치하고 중국 영안현에 사관학교를 설치하기로 하였으며, 대회 결의사항과 임원 선임 명단은 다음과 같다.[85]

---

84) 「不逞團ノ統一運動」(1921.3.9), 앞의 자료.
   "이동휘 등 일파가 극동 노중령(露中領) 방면 각 불령단의 통일 운동에 분주하고 있는 정황은 기보(旣報)와 같으나, (중략) 군정서 총재 서일의 이름으로 최근 각단 수령에게 다음 요지에 의거 대표자회의 개최의 통첩을 보냈다.
   -호기가 바야흐로 도래하였으니 동포 분기(奮起)의 시기가 닥쳐 이미 천시지리(天時地利)를 아울러 얻으니 인화(人和)로써만이 대업을 성취할 수 있는 것이나 일찍이 각단의 대동단결은 생각하자마자 끊어졌다. 이에 대표자회의를 열어 종래의 정폐(情弊)를 일소하여 제사공론(諸事公論)으로 결정함으로써 참된 광복군단을 편성하려고 한다. 그리고 통일 후에 있어서는 민족개병주의(民族皆兵主義)로써 총동원을 시행해야 하고, 민치행정(民治行政)은 볼세비키 제도에 준하여 공산주의를 여행(勵行)하고자 하는 것이니 위의 내용을 잘 살핀 후 속히 대표자의 파송을 기원한다."
85) 김정명 편, 『조선독립운동』 Ⅲ, 동경 (주)원서방 1980, 382~383쪽.

<결의사항>

① 대한총군부를 대한독립단으로 개칭한다.
② 독립단에 총재부를 두고 총재부의 규칙 및 조직 등은 전 총군부
   와 같은 형태로 한다.
③ 현재 장정으로 2개 여단을 편성한다. 단 제1여단은 노령 이만, 제
   2여단은 중국 영안현에 두도록 한다.
④ 중국 영안현에 사관학교를 설치한다.
⑤ 독립단 본부에 외교부를 부설한다.

<임원 명단>

총재 서일, 부총재 홍범도, 고문 백순·김호익, 외교부장 최명록, 사
령관 미정(김좌진 참모부장 겸임 설), 참모부장 김좌진, 참모 이장
녕·나중소, 군사고문 이청천(일명 지청천), 제1여단장 김규식, 참모
박영희, 제2여단장 안무, 동 이단승, 제2여단 기병대장 姜ピリジ(ピ
リッポ?)

<독립단 사관학교>

사관학교의 위치 : 寧安縣 三河漳東溝
교관 이범석, 김홍국
교관 2명은 4월 하순 사관학교 설립지에 도착하여 제반 준비 및 학
생 모집에 착수하기로 하고, 참모부장 김좌진도 부하 십 여명을 인
솔하여 그곳에 도착하여 사관하교 설립에 힘을 보태기로 하였다.
독립단 총재 서일은 부하 현천묵을 북간도에, 나중소를 서간도에 파
견하여 各團의 통일, 중국의 후원 및 사관학교 설립 등을 선전하였
으며, 독립사상을 불러일으키고 인심의 고무 및 동지 규합의 임무를
수행토록 하였다.

서일이 한민족의 광복 대업은 오직 외세가 아닌 우리 한민족의 힘
으로 이루어야 한다는 강렬한 의지를 표명했지만 그 뜻이 선뜻 받아

들여지지 않은 것은 당시 각 광복군 단체가 겪고 있던 궁핍한 생활
고 때문이었을 것으로 짐작할 수 있다. 대한군정서를 비롯한 모든
광복군들은 근거지를 옮기면서 군량과 군자금 등의 조달에 어려움
을 겪었다. 많은 인원이 굶주리는 처지에 부대를 유지하기란 쉽지
않았을 것이며 서일은 부하들의 어려움을 알기 때문에 그들의 이탈
을 그냥 지켜볼 수밖에 없었을 것이다. 당시 러시아 과격파가 이동
휘 일파와 기타 광복군 단체에게 어느 정도를 원조하고 있었는지는
이동휘가 옴스크 정부와 체결한 다음의 동맹조약 요지를 보면 알 수
있다.86)

(1) 노중령(露中領) 대한독립군은 과격파 정부의 주의에 복종할 것.
(2) 러시아 과격군이 러시아령에서 일본과 교전할 때는 대한 과격군
　　은 이를 원조하고 대한 과격군이 조선 영토내에서 일본군과 교
　　전할 때는 러시아 과격군이 이를 원조할 것.
(3) 대한 과격군이 조선 본토로 이환(移換)할 때까지는 임시 일정지
　　구를 할양할 것.
(4) 대한 과격군은 러시아 과격파 정부가 지정한 군사고문을 둘 것.
(5) 대한 과격군이 필요한 경우는 무기 및 군자금을 보조할 것.
(6) 대한 과격군에 대하여 임시 하바로브스크 제3호 및 제6호 금광
　　채굴권을 특허할 것.
(7) 러시아 철도수비는 당분간 공동으로 그 임무를 맡을 것.
(8) 대한 과격군 부대 행동의 경우 철도는 무임승차를 특허할 것.

또한 치타에 본부를 둔 한족 공산당의 선전강령을87) 보면 대일 항

---

86) 「間島地方情況ノ槪要」(1921.5.24), 앞의 자료.

쟁 전투를 치르며 온갖 고초에 심신이 지친 독립군 부대원들이 공산
주의에 마음이 끌렸을 것은 충분히 짐작할 수 있다.

육단회의 결과 한족 공산당 활동에 가담하기로 한 각 단체는 임무
를 부여 받은 듯하다. 전 대한국민회 회장 구춘선은 막료와 함께 목
릉현(穆陵縣) 팔면통(八面通)에 근거를 두고 간도지방 회원과 비밀
통신으로 연락하며 공산당 군인 모집을 계획하고, 신민단 단장 김규
황은 간도 방면 예수교 성리교과 신도에게 통신을 보내 각 교회 목
사 및 전도사 중에서 공산주의 선전위원을 선발하고 공산당 군인 모
집 및 선전비 모연 등에 노력하게 되었다. 러시아 과격파는 배일(排
日) 조선인을 이용하여 공산주의를 선전하도록 계획하고 재로(在露)
문창범, 최진동, 서일, 윤정현, 이장녕, 채창 등은 간도 방면 적화운동

---

87) 일본외무성기록, 秘受 9760호-機密 제336호(1921.8.12), 「大正十年七月中
ニ於ケル間島地方情況」, 발신 堺與三吉, 수신 內田康哉.
"한족공산당 선전강령의 내용
  A. 영토에 국경은 있어도 주의(主義)에 국경은 없다. 어떠한 국민이라도 공
     산주의에 찬의를 가진 민족은 우리 당으로 인정할 것.
  B. 종래의 국가사회제도를 근본부터 개선하여 공존, 공영, 극락의 신사회
     (新社會)를 조직할 것.
  C. 남녀노약 빈부귀천의 분별없이 의식주의 공급을 평등하게 하고 종래의
     관료 및 자본주의 등에 기초한 계급제도하에서 신음한 기억의 수많은
     생령을 구제할 것.
  D. 우리당의 주의에 반대한 자는 이를 적으로 알고 무력 수단을 사용하는
     일이 있을 것.
  E. 한족에 대한 한족공산당주의의 선전은 본부, 총지부, 지부, 향촌부 및 연
     락소에서 그 임무를 수행할 것.
  F. 의식주의 수납 분급 방법은 세칙으로 정한다."

의 선봉에 서게 하였다. 그러나 1921년 6~7월의 간도와 노중 접경지
역에서 각 광복군 단체들의 활동을 보면 한족 공산당과의 통일은 이
루어지지 않은 것으로 생각된다. 특히 유사시에 국경을 쉽게 넘나들
수도 있고 무기 확보에도 유리한 접경지역에서 활동한 독립군 단체
들은 여전히 일본이 주시하고 있는 상태였다. 당시의 일본 기록에서
볼 수 있는 지역별 활동 내용을[88] 정리하자면 다음과 같다.

간도 지방에서는 대한독립단 사령관 김좌진의 부하 이하룡과 전
군정서 모연대장 이홍래 등은 장정과 군자금을 모집하고, 국민회 사
령관 안무(安武)는 간도 지방 주요 관변과 친일유력선인 암살단을 파
견하였으며, 전 군정서 보관과장 서청(徐靑)은 6월 하순부터 군정서
가 대감자(大坎子) 지방에 은닉했던 총기 탄약의 반출을 기도하였다.

간도 접양지방은 최근 이범모, 김승관, 원득주 등이 안도현 홍도자
(興道子)에서 전 대한의군부·대한군정서·대한광복단의 잔여 인원으
로 헌경회(憲警會)를 조직하여 동지규합에 노력하고 있으며 이홍래,
허동규(許東奎) 등은 광복군들 중에서 농민으로 돌아가는 자들을 중
심으로 황무지 개척을 표방하며 돈화현성(敦化縣城) 부근에 간민국
(墾民局)을 조직하였다.

노중국경지방(露中國境地方)은 흑하 지방의 한인들이 흑하중국중
학교 선인학생(鮮人學生) 기숙사에서 독익보(獨謚報; 月報)를 발간하
였고, 5월 중순 밀산현 방면에서 흑하 지방으로 이동한 광복군의 대
부대는 러시아 신당(新黨)의 압박에 의해 6월 상순 다시 밀산현 방면
으로 이동하였으나 식량, 피복의 보충이 불가능하게 되자 6월 하순

---

88) 「大正十年七月中ニ於ケル間島地方情況」(1921.8.12), 앞의 자료.

수분하(綏芬河)에서 약 삼백 명의 부대원들이 해산하였다.

그리고 러시아령에 있는 대한독립단은 간도 접양지방 각 방면에 통신기관을 설치하여 연락 유지에 노력하고 있으나 동 단은 최근 다시 화전현(樺田峴), 무송현(撫松縣), 장백현(長白縣), 임강현(臨江縣), 통화현(通化縣), 안동현(安東縣) 및 평안남북도, 충청남북도, 전라남북도에 각 통신부를 설치하여 동지의 연락을 꾀하고 있었다.

또한 영안현(寧安縣) 영고탑(寧古塔) 마도석(磨刀石)에 있는 대한군정서 임시통신부의 간도 방면 통신에 의하면 군정서 측은 최근 대한민국임시정부의 공인을 얻어 간도 지방의 군사 기능을 장악하게 되었다.

한편 대한민국임시정부 내무총장 이동녕(대한군정서파)은 항일단체의 이반을 방지할 필요성을 극력 주장하며 반대당인 이동휘 일파와 타협하여 상해 임시정부는 대한군정서 총재 서일에게 독립사업 공적을 행상하여 금 칠백 원을 증여하였다는 기록도 있다. 이렇게 러시아와 관계 설정과 관련해서 많은 의견들이 있었다. 비록 서일은 간도에 있는 군 단체들과 협의하여 러시아로 이주하기로 하였지만 끝까지 자구 노력을 하고 있었다.

1) 자유시 참변

시베리아는 만주와 같이 우리 독립운동지사들의 활동 기지였으며 1910년에는 10만의 한인이 거주하고 있었다. 1917년 3월 러시아의 2월 혁명으로 로마노프 왕조가 쓰러지고 11월 17일 레닌의 볼세비키 혁명이 일어나면서 러시아가 걷잡을 수 없는 소용돌이에 빠지자 한

인들은 당황할 수밖에 없었다. 더욱이 1918년 일본군의 시베리아 출
병은 현지 한인들의 생활에 큰 변화를 가져왔다. 한인들은 일본과
그들의 비호 하에 활동하던 백파(白派)에 반대하는 투쟁 과정에서 시
베리아의 민족·공산주의자들과의 연합전선을 쉽게 구축하였으며 송
두리째 볼세비키의 지배하에 들게 되었다.[89]

[그림 41] 많은 독립군이 희생당한 러시아의 자유시

당시 레닌 정부는 한인을 비롯하여 일본, 차이나, 몽고 등 혁명적
성향의 청년들에 의한 국제원동혁명군(國際遠東革命軍)의 편성을 원
했다. 특히 한국의 숙달된 병력들이 참여하는 것은 레닌의 목적에도
일치되는 것이었다. 당시 만주 전역에서는 일본군에 의한 대대적인
독립군 색출작전이 펼쳐지고 있던 상황이기도 했다. 이에 대한민국

---

89) 김준엽·김창순, 앞의 책, 109쪽.

임시정부는 1920년 7월에 한형권을 파견하여 대한민국임시정부 군대를 자유시로 보내겠다는 협정을 체결했고, 노백린(盧伯麟) 군사업무총장에 의해 각 독립군 부대들에게 연해주의 자유시로 집결하는 계획이 전달되었다.

대한독립군단은 먼저 연해주로 이주하였는데, 이미 연해주에 체류하고 있던 대한국민의회의 문창범, 한창해와 자유대대의 오하묵, 박승길 등이 12월 초에 하바롭스크의 적군(赤軍) 제2군단과 교섭하여 간도(間島) 및 노령(露領)방면 무장군(武裝軍)을 자유시로 집결하도록 하였다. 이들은 자유시(알렉쎄브스크, 현재의 스바보드느이)에 군대주둔지를 마련하는 한편 독립군 각대에 사람을 보내 자유시로 인도하게 하였다.[90] 만주에서 활동하던 한인 무장부대들이 러시아령으로 이동하여 자유시로 집결한 것은 대략 1921년 1월에서 3월 사이였다. 연해주 이만(伊曼)에서 중간 집결한 독립군은 철도편으로 자유시로 이동했다.

그러나 이만에서 다시 만주로 되돌아간 부대도 있었다. 자유시로 이동하기 전 독립군 부대들은 외교상 이유로 무장해제를 요구받았기 때문이다. 극동공화국은 일본군과의 군사적 충돌을 가능한 한 방지하려는 외교정책을 취하였고 일본을 적대시하는 완전무장한 한국의 대일항쟁군을 중립지대로 통과시키는 것은 무리한 부담이었다. 그러나 대일항쟁군에게 무장해제는 굴욕이었으므로 이를 받아들일 수 없었던 사람들은 만주로 되돌아갔다. 대한군정서 총재 서일과 사령관 김좌진이 그 대표적 인물이다. 서일은 분산된 군정서 부대의

---

90) 국사편찬위원회 편, 『한국독립운동사』 3, 앞의 책, 284쪽.

남은 대원들을 조직하여 밀산에 돌아와 백포자를 중심으로 군정서를 재건하고 항일활동을 전개하였다.[91]

당벽진의 조선인촌에는 대종교를 신봉하는 교민들이 많아서 반일활동의 거점 기지로 적합하였다. 서일은 소부대를 이곳에 주둔시키면서 군사훈련과 농사일을 하면서 재기의 기회를 준비하고 있었다.

한편 1921년 3월 중순까지 자유시에 집결한 항쟁군은 최진동·허재욱의 총군부, 안무·정일무의 국민회군, 홍범도·이청천의 독립군과 군정서군이었으며 시베리아에서 활동해오던 김표돌·박공서의 이만군, 최니꼴라이의 다반군, 박그리골리의 독립단군, 임호·고명수의 니항군과 오하묵·최고려의 한인보병자유대대 등이었다. 이와 별도로 다른 군대를 이끌고 들어온 숫자를 합하면 약 5천 명 정도였다. 이와 같이 각기 사정이 다른 여러 부대의 무장군이 자유시에 집결하였으므로 이들 간의 분쟁은 예견된 것이었다. 문제는 누가 지휘권을 갖느냐 하는 것이었는데, 일단 러시아 땅에 들어온 이상 공산주의자들이 군권을 쥐게 된 것은 자연스러운 귀결이었다. 그러나 같은 공산주의자 안에서도 러시아 공산당 극동공화국의 지원을 받는 상해파, 고려 공산당 계열의 대한의용군(사할린 의용군, 박일리아와 이동휘가 중심)과 코민테른 동양비서부의 지원을 받는 이르쿠츠크파 계열의 고려혁명군(오하묵이 중심)으로 양분되어 막심한 알력이 빚어졌다. 이르쿠츠크파는 이전부터 러시아를 활동기반으로 삼고 있었으므로 당연히 자신들에게 주도권이 있다는 생각이었고, 상해파는 대부분 독립군은 대한민국임시정부 휘하에 있으니 자신들이 주축이 되

---

91) 김광한 편, 『밀산조선족백년사』, 흑룡강성조선민족출판사, 2007, 48쪽.

어야 한다는 것이었다. 한편 자유시로 이동한 한인 독립군 부대의 상당수는 대한의용군과 제휴하고 있었다. 그런 가운데 재러시아 한인 군대의 관할권이 극동공화국에서 코민테른 동양비서부로 이관되면서 상황은 고려혁명군에게 유리하게 전개되었다. 코민테른 동양비서부는 두 파의 대립을 조정하기 위하여 고려혁명군정의회를 설치하고 총사령관에 칼란다리쉬빌리를 임명했다. 그러나 고려혁명군정의회가 두 세력의 대립을 조정하는 데 실패하면서 칼란다리쉬빌리는 대한의용군에게 무장 해제를 명령했다. 대한 의용군이 이를 받아들이지 않자, 고려혁명군정의회는 대한의용군에 대한 무장 해제에 착수하였다. 이것이 이후의 대일항쟁사에 지대한 영향을 미친 자유시 참변이다. 다른 이름으로 자유시사변 또는 흑하사변(黑河事變)으로도 불린다.

2) 대한독립단 해체

이날 사망한 한국군은 960명이었다. 무력으로 의용군의 무장해제를 강행한 군정의회군은 포로 864명을 심사하여 500명은 군정의회군으로 편입시키고, 364명은 재차 심사하여 중대범죄자 72명은 이르쿠츠크로 압송하고, 292명은 적군 2군단으로 넘겨버렸다.[92] 속히 만주로 출동하여 대일전에 참전하는 것이 지상의 염원이었던 한국군은 소련당국의 배신행위에 실망하여 일부는 이르쿠츠크행을 반대하고

---

92) 간도 10개 단체 성토문에는 포로 817명에 대하여 1등부터 4등까지 죄를 정하여 1등은 총살, 2등은 전 세계가 적화될 때까지 구금, 3등은 징역 15년, 4등은 노동대로 유배되었다고 한다.

탈영하기도 하였다. 간도회전의 자랑스러운 대한민국 독립군단의 세력은 사실상 와해된 것이었다.

이후 자유시에서 대한독립단 대표들(홍범도, 이청천은 공격을 가한 고려군정회 소속이었음. 그러나 이회의에 참석하였음.)은 7월 하순 경에 영고탑에서 회의를 거쳐, "자유시 사건은 '재러대한민족회'의 일파인 문창범, 김하석, 원세훈 등이 소련의 볼세비키 정권에 책동하여 일으킨 참극이었다. 우리들은 그들을 타도할 때까지 싸우고야 말 것이다."라는 피맺힌 성토문을 결의하여 공표했다. 또한 그때까지 고려공산당 당수 이동휘를 지지하고 있던 모든 사람들은 공식적으로 이동휘와의 모든 관계를 끊고, "공산주의자는 러시아 볼세비키의 괴뢰이며 볼세비키는 조선독립군을 내란 음모에 이용하고 있을 뿐이며, 목적을 달성하면 가차 없이 숙청할 목적을 가지고 있다."라고 성토했다. 그러나 이런 분노는 분노로서 만족해야 했다. 그 이상은 없었다. 결국 자유시로 간 것은 아무 것도 얻은 것은 없고 실패만 있었다.

자유시에서 분열과 배신으로 인한 대한독립단의 참혹한 해체는 자유시 사변만으로 끝난 것이 아니라 한국 근·현대사에 엄청난 영향을 끼쳤다. 무엇보다도 10년 넘게 양성한 대일항쟁군 조직을 단 한순간에 무너뜨린 일대사건이었다. 서일이 처음 중광단을 조직하면서부터 양성한 대일항쟁군은 죽음을 당하거나 포로로 잡히거나 아니면 러시아군으로 편입되면서 와해되었다. 김좌진은 이후 공산주의자가 된 부하에게 암살당했다. 홍범도는 코민테른 동양비서부에 의해 적계군 제5군 직속 한국인 여단 예하 제1대대장으로 임명되어 항일전선에서 멀어지게 되었다. 그는 소련의 내분이 수습되고 나서 카자흐

스탄으로 이주를 당하여 말년에 극장 경비원을 하다가 쓸쓸이 세상을 떠났다. 뿐만 아니라 상해 임시정부도 큰 타격을 입었다. 당장 일본과 싸우려고 해도 싸울 수 있는 군대가 없어진 것이다. 그렇기 때문에 대일 투쟁의 방식도 전면적으로 전환을 해야 하는 상황이 왔다. 정치적으로는 이승만, 이동휘 라인이 모두 깨져버렸다. 이승만 대통령은 대국의 '위임통치론'까지 주장하면서 이동휘, 한형권을 통하여 러시아와 긴밀한 관계를 맺었는데 종국에는 러시아의 배반으로 그간의 모든 행동이 거짓으로 들어나면서 이승만과 이동휘는 몰락하였다. 훗날 한국 현대사에서 공산주의에 대한 불신과 증오는 여기서부터 출발한 것이다.

이 자리에서 서일은 김좌진과 함께 끝까지 대한인의 자존심을 지켰다. 이만에서 자유시로 이동 중 소련군은 대한독립단의 무장해제를 요구하였으나 서일과 김좌진은 끝끝내 이를 거부하였다. 무장해제라는 것은 군인으로서 모든 것을 잃는다는 것을 의미하기에 이들은 무장해제를 거부하고 다시 밀산으로 돌아 왔다. 그때 인원은 불과 50명 정도 밖에 남아있지 않았다고 한다. 자유시 참변이 낳은 가장 큰 불행은 서일의 죽음이었다. 서일은 자유시 참변소식을 듣고 얼마 후 죽음으로 항거하였다.

V. 종 장

1. 서일의 조천[1]

　서일은 밀산으로 돌아온 후 자유시 참변 소식을 들었다. 그에게는 더할 수 없는 충격적 소식이었다. 간도회전의 일본에 대한 승리는 너무 아득하게 느껴졌을 것이다. 어쩌면 모든 것을 포기해야 하는 상황이었으나 그는 다시 일어서기로 마음을 굳히고 당벽진에서 둔전을 시작했다. 농사를 지으며 군대를 양성하고자 한 것이다. 이때 서일 옆에는 김좌진 밖에 없었다. 그들은 불과 얼마 남지 않은 군대를 거느리고 재기를 위해 노력하고 있었다. 태평양회의[2]에서 대한독

---

1) 대종교에서 조천(朝天)은 본성을 닦아 참 성품을 회복하여 세상의 공업을 마치고 하늘로 올라간다는 뜻으로 선거(仙去)와 같다.
　선도문화연구원 편, 『한국선도의 역사와 문화』, 국제평화대학원대학교출판부, 2006, 44/277쪽.

2) 태평양회의(워싱턴 회의)는 1921년 11월 11일부터 워싱턴 D.C.에서 미국·영국·일본·중국 등 9개국이 참여하여 해군 군비 축소 문제와 태평양지역 문제를 토의하기 위해 열린 국제회의이다. 대한민국 임시정부는 1919년 파리강화회의에 대한 외교에서 실패한 후 국제 여론과 정세에 실망했지만, 태평양지역의 동북아시아 문제를 집중 토의한다는 태평양회의에 외교능력을 총동원하기로 했다. 1921년 7월 10일경 태평양회의가 개최된다는 발표가 있자, 8월 13일 태평양회의 한국외교후원회를 조직하고 홍진(洪震)을 임시의장으로 선출했다. 이어 8월 26일 제3차 총회에서 간사장 홍진, 서무전임간사 장붕(張鵬), 서기 이병주(李秉周) 등 11명의 간부를 선출해 후원회 운영의 당면 문제를 협의했으며, 특히 자금모집 연설회를 여러 차례 개최했다. 그리고 기관지 『선전(宣傳)』을 발행하기로 하고 주필에 장붕을 선임했다.

립 문제가 논의될지도 모른다고 하여 그 가능성에 희망을 안고 큰 관심을 두었던 것으로 보인다. 그러나 이나마도 더는 희망적인 상황이 아니었다. 서일을 더 아프게 한 것은 그가 재기를 위하여 건설한 당벽진 둔전에 토비들이 공격하여 얼마 남지 않은 대한군정서군을 거의 몰살시킨 참변이다. 이 사건으로 서일은 모든 희망을 잃은 것으로 보인다. 마침내 그가 택한 길은 스승 나철이 그랬듯이 조천으로 자신의 결의를 알리는 것이었다.

서일의 죽음에 대해서는 '마적의 유탄을 맞고 죽었다',[3] '피살되었다',[4] '자결하였다'[5] 등 여러 가지 설이 있는데 일본 외무부 기밀문서에는 서일이 자살한 것으로 보고되어 있다. 그 내용은 다음과 같다.

전 군정서 총재 서일은 음력 8월 27일(양력 9월 27일) 밀산현 쾌상

태평양회의는 1922년 2월 6일까지 열렸으며, 이승만, 서재필을 주축으로 한 한국 대표단은 각국 대표를 접촉하고 특히 국무장관 휴즈를 단장으로 한 미국 대표단과 긴밀한 관계를 유지해 각종 진정서를 전달하는 등 회의에 참석 발언할 수 있는 기회를 얻으려고 노력했다. 그러나 본래 강대국의 이권 재조정 문제로 열린 국제회의였기 때문에 한국인들의 의견은 묵살되어 한국 독립문제는 제기되지 않았다.

3) 일본외무성 기록, 秘受 13298호-高警 제28943호(1921.11.16), 「軍政署軍務總裁徐一ノ死亡」, 수신 내각총리대신, 척식국장관 등. 이 설은 『매일신보』에 보도된 내용을 근거로 한 것이다.

4) 「배일거두 서일 피살설」, 『동아일보』, 1921.11.15.

5) 秘受 13990호-機密 제497호(1921.11.27), 「元大韓軍政署總裁徐一ノ死亡ニ關スル件」, 앞의 자료. 「독립군 총재 서일 씨의 자결」, 『신한민보』 1922. 1.19. 『대종교 중광육십년사』, 앞의 책, 386~387쪽. 김송죽, 「당벽진 참안과 서일의 조천」, 『만주벌의 혼-독립군총재 서일』, 앞의 책, 393쪽.

봉(快上峯) 벽리(壁裡)에서 자살하였다. 11월 13,4일경 재 왕청현 대왕
청 유수하의 실부(實父) 서재운(徐在云)에게 연락이 있었고, 이 연락에
서 서일의 자살 사망한 사정에 대해 설명한 바에 의하면, 서일은 음력
8월 27일 동지 10여 명과 모여 독립에 관한 문제를 토의하였으나 금후
행동에 있어 조금도 유망하다고 인정되는 방침 등이 없고, 또 유일하
게 의지했던 태평양회의는 형세와 전도가 허락되지 않음이 일반적으로
관측되고 있다는 데 대해 매우 비관했다. 고 나철(7~8년 전 자살한 서
일의 스승)의 유서를 품속에서 꺼내어 거듭 암송한 후 서일은 자리를
고쳐 모여 있던 동지들에게 '지금 나선생의 유서를 보니 우리가 희망
하는 조국독립의 전후관계는 거울을 보는 것처럼 명확히 본서에 상세
하게 기록되어 있으니 토의할 필요도 없다'6)고 하며 산회하였다. 같은
날 저녁때가 되어 서일은 외출한 그대로 돌아오지 않았는데 그 결과
음력 9월 9일(외출로부터 12일)에 쾌상봉 벽리라고 하는 산곡(山谷)에
서 사체를 발견하였다. 조사하니 전신에 한 점의 창흔(瘡痕)도 없으므
로 독약자살을 기도한 것 같다.7)

이 내용을 보면 일본의 밀정은 서일과 같이 있었던 사람을 통해서
정보를 수집한 것으로 보인다. 서일의 실부 서재운에게 전해진 것과
같이 서일이 자결한 것은 자명하다. 서일은 더 이상은 물리적인 행
동을 하기 어렵다는 것을 깨달았던 것 같다. 그러나 그는 어떻게든

---

6) 나철의 유언 중 광복에 대해 언급했다는 것은 그가 지었다는 시를 두고 말
하는 것이라고 여겨진다. 이 시의 내용에 은유적으로 1945년이 되어야 비로
소 광복이 된다는 내용이 있다. 아마도 서일이 지금 광복을 얘기할 때가 아
니라고 한 것은 바로 이 시의 내용을 말한 것으로 보인다. 해당 시는 "鳥鷄
七七, 日落東天, 黑狼紅猿/ 分邦南北, 狼道猿敎, 滅土破國/ 赤靑兩陽,
奔蕩世界, 天山白陽/ 旭一昇天, 食飮赤靑, 弘益理化"이다.
7) 「元大韓軍政署總裁徐一ノ死亡ニ關スル件」(1921.11.27), 앞의 자료.

[그림 42] 서일 순국 조천지(밀산시 당벽진 상촌마을 뒤 수림)

자신의 의사표시를 해야 하는 상황인 것을 알았고, 이를 죽음으로
알린 것이라고 할 수 있을 것이다.

　그런데 서일이 자결하게 된 과정과 연유에 대해서도 서로 다른 여
러 설이 있다. 위의 인용에서는 서일이 태평양회의에 희망을 걸고
있다가 상황이 기대할 수 없게 되자 이를 비관하여 죽은 것으로 보
고 있다. 사실 그는 1918년 정신(鄭信) 외 1명을 파리강화회의에 파견
하려 했으나 성공하지 못했는데, 또다시 실패한 것이다. 또 다른 보
고에는 서일의 자살 원인을 다음과 같이 분석했다.

　　러시아 과격파를 방패로 한 최명록 일파와 서일 일파는 서로 반목
　상태에 있었는데 최근 최명록의 세력이 신장하고 있는 것에 반해 서일
　측은 고성낙일(孤城落日)의 형국이었다. 그래서 최명록이 위압적으로
　손을 뻗쳐 서일의 부하를 자기의 세력 내에 끌어들이려고 획책하고 있
　다는 사실에 서일이 분개하던 차 유일의 희망을 기대한 태평양회의에
　서 조선독립 문제를 의논하는 것도 기대할 수 없는 상태라는 것을 알
　게 되어 차라리 죽음으로써 명예를 후세에 알리기 위해 자살한 것이라
　는 별보(別報)가 있었다.[8]

　물론 이런 상황도 서일이 자진하게 된 원인 중 하나가 되었을 것이다. 그의 죽음이 러시아의 배반에 기인한 것도 분명 사실이다. 그러나 그가 명예를 지키기 위하여 스스로 죽음을 택했다는 것은 납득하기 어렵다. 왜냐하면 그는 평생에 걸쳐 개인의 명예를 돌본 사람이 아니었기 때문이다. 그럼에도 불구하고 명예를 지키기 위한 행동으로 몰아간다는 것은 분명 잘못된 판단이라고 본다.

　『대종교 중광육십년사』에는 아래 내용과 같이 서일이 밀산 이주 후 둔병제를 채택하여 양병(養兵)하고 있다가 불의에 토비들의 습격을 받고 광복운동의 전도도 암담하여 만인의 죄를 대속하기 위해 목숨을 바쳤다고 기록되어 있다.

　　백포 종사는 밀산 이주 후 군기(軍機)를 다시 도모하며 시세의 추이를 보기 위하여 일시 둔병제를 채택하여 양병하고 있을 즈음 1921년 음력 8월 26일 불의에 토비들 수백 명이 야간에 내습하여 살인·방화를 자행하니 온 마을이 가위 멸문의 화를 당하였고 또한 둔병중인 우리 청년 병사가 다수 피해된지라 이 참변을 당한 종사는 너무도 통분상감(痛憤傷感)될 뿐 아니라 광복운동의 전도도 암담하고 도탄에 빠진 민족의 장래도 막연한지라 신은(神恩)의 총애로 홍원(弘願)을 달성하기에는 죄송함을 금치 못할 것이오 실국(失國)의 일민으로 보람 없는 생을 향수하기에는 동포에게 책(責)을 면치 못할 것이니 한배검 앞에 만인의 죄를 대속(代贖)하고 목숨을 바쳐 마땅할 것이라는 결의하에 동년 음력 8월 27일에 대종사 유서 중의 한 구절을 낭음(朗吟) 장탄(長嘆)하면서 마을 뒷산 산림 중에서 석침초석(石枕草席)으로 이 세상을 버렸다.9)

8)「元大韓軍政署總裁徐一ノ死亡ニ關スル件」(1921.11.27), 앞의 자료.

206 항일무장투쟁의 별 대한군정서 총재 서 일

그런데 김송죽[10]의 연구에 의하면 서일이 간도회전 이후 노중(露
中) 국경지대이며 그가 관할하고 있는 대종교 동도본사 제2사가 있
는 밀산현 당벽진으로 옮겨온 이후 조천할 때까지의 상황을 보다 상
세히 알 수 있다.

> 1921년 1월, 엄동설한에 대한독립군단은 당벽진을 떠나 러시아령의
> 이만(伊曼)으로 들어갔으나 1921년 6월 28일 '자유시참변'을 당하여
> 많은 인원이 사살되거나 포로가 되고 가까스로 탈출한 독립군들은 밀
> 산 당벽진으로 모여들었지만 아직 곡식이 익지 않은 시기라 아사지경
> 에 이르게 되자 나중에는 총을 들고 밀산의 양곡집을 털었다. 이제는
> 정의롭던 독립군이 포악한 약탈자, 강도로 변해버렸다. 더구나 악덕지
> 주이자 양곡 상인 송곰보의 상점을 털었으니 보복은 당연한 것이었다.
> 그의 둘째 처남 진사해가 이끄는 청보산 마적 3백 명이 1921년 8월 26
> 일 밤중에 야습을 감행하였다. 지칠 대로 지치고 무장도 제대로 갖추
> 지 못한 독립군들은 무참히도 살육당하고 말았다. 포교일로 여러 날
> 다른 마을에 가있던 서일은 당벽진의 참변 소식을 듣고 달려왔으나 온
> 마을이 불타 없어지고 당벽진에서 농사짓던 군인과 자유시에서 탈출해
> 왔던 군인들도 거의 다 죽고 주민들도 여럿이 죽었다. 자유시 참변을
> 당한 지 두 달 만에 또다시 이런 참변을 당하였으니 총재인 서일로서
> 는 비감과 절망이 극에 달하고 그럴수록 자기의 책임이 무거움을 절감
> 했을 것이다.[11]

서일은 당벽진에서 시세의 추이를 살피면서 독립군이 다시 모이

---

9) 『대종교 중광육십년사』, 앞의 책, 386~387쪽.
10) 중국 소수민족작가협회 회원.
11) 김송죽, 앞의 글, 386~393쪽.

면 둔병제를 실시하여 군량미 확보에 안정적인 기반을 닦아 장기적
으로 강한 군대를 양성해서 일본에 대응할 계획이었던 것으로 보인
다. 서일이 주둔하고 있던 마을에 대한 습격이 일본의 사주를 받은
마적에 의해서가 아니라 소작료 관계로 서일에 대한 감정이 좋지 않
았던 양곡상 송곰보[12]가 독립군의 약탈에 대한 보복으로 저질렀다
는 새로운 사실도 주목된다. 이를 통해 볼 때 서일이 이끄는 부대가
당벽진 일대에서 거의 힘을 발휘하지 못했음도 알 수 있다. 그만큼
세력이 약화된 것이다. 또한 일반 기록들에서는 마을이 초토화 되고
청년 병사들이 모두 죽었다는데 서일은 어떻게 무사했던가 하는 의
문이 있을 수 있었으나, 당시 그가 출타 중이었다는 사실도 알 수
있다.

　서일은 조천을 선택하면서 스승 나철의 유훈 중 한 구절을 낭음하
였다고 하는데, 그도 스승과 같은 뜻을 품었던 것으로 생각된다. 나
철은 순교하면서 "한배님 오르시었던 신령한 땅에서 목숨을 끊노니
뭇사람이 나로 인해 크게 건짐을 원한다."[13]고 하였다. 또 무원 종사
에게 보내는 유서에서 "이 세상을 위하여 이 백성을 위하여 한 번 죽
기를 판단하니 진실로 영광이라"[14]하였으며, 「지기와 인체에게 남기

---

12) 1920년 소작료 문제로 서일과 마찰이 있었던 자다. 그는 밀산 뿐만 아니라
　　왕청현에도 땅이 있어 대리인을 두어 세도를 부리는 악덕 대지주로서 독립
　　군에게도 곡물 값을 터무니없이 받았다. 그가 왕청에서 소작료를 부당하게
　　인상하려 하자 서일은 총통 원세개의 통역관이었던 이동춘 선생의 도움으
　　로 원세개에게 상소를 올려 소작료 인상문제를 해결한 일이 있었다. 송곰
　　보의 뒤를 봐준 진사해(陳四海)라는 자는 작은 처남이면서 3백 명의 무리
　　를 가진 토비였다. 김송죽, 위의 글, 381~384쪽 참조.
13) 『대종교 중광육십년사』, 앞의 책, 204쪽.

는 글(遺贈知己仁棣)」에서는 "죽고 삶이 몸 덩이에 있지 않고 신의는 오직 신명이 증거 한다"15)라고 했다. 이를 통해 보면 나철은 죽음에 대한 추호의 두려움도 없이 마치 이 방에서 저 방으로 옮겨가는 것처럼 거리낌이 없었으며 한 번 죽음으로 만인의 죄를 대속하는 영광으로 여겼음을 알 수 있다. 생사가 몸뚱이에 있지 않고 신령이 증명한다는 말에서도 반진일신(返眞一神)을 실천한 수행의 경지를 짐작할 수 있다. 그는 또 "순명삼조를 통하여 한배님의 큰 도를 빛내지 못하고 한겨레의 망함을 건지지 못한 죄로 대종교를 위해 죽고, 한배님의 사랑과 도움을 받고 은혜를 갚지 못하니 한배님을 위해 죽고, 가달 길에 빠진 동포들의 죄를 대신하여 천하를 위해 죽는다."

[그림 43] 서일 조천장소 답사

---

14) "爲斯世爲斯民, 而判一死, 死固榮焉." 『대종교중광 육십년사』, 앞의 책, 208쪽.
15) '死生不在軀殼, 信義惟證神明." 위의 책, 217쪽.

고[16] 하였으니 대종교와 하느님과 천하를 위하여 죽는 그의 죽음은 순교이자 순국이라 할 수 있을 것이다.

서일은 나철의 죽음에 대해 「동도본사 애사(東道本司哀辭)」에서 "하늘에 성품을 트고 돌이켜 하늘로 돌아가시니 선천후천은 당신에게 두 개의 하늘이 있음이로다. 오직 바라옵건대 선생은 신국에서 영생하사 이 중생들을 불상이 여겨 널리 구제하여 재생케 하소서"[17] 라고 한 바 있다. 따라서 서일 또한 죽음에 대한 인식이 나철과 같으며 나철의 죽음이 대종교의 발전과 항일민족운동을 촉발케 하는 계기가 된 것처럼 자신도 스승의 뒤를 잇고자 했다고 볼 수 있다.

서일의 생사관은 스승 나철의 순교를 기리기 위하여 지은 「가경가(嘉慶歌)」라는 시를 보면 더욱 확실해진다.

기승을 피려는 몹쓸 바람 / 온 누리 빼앗아 가질 듯이 / 구름발 몰아서 어둠을 재촉 / 눈과 비 한 번에 퍼붓더니 / 배달나무에 쪼이는 햇볕 / 따뜻해 부드런 그 솜씨에 / 하늘은 깨끗 따는 잠잠타 / 아 — 이것이 검의 뜻이라.

어디서 빛기둥 우뚝 솟아 / 한길을 가리켜 밝히더라 / 때마침 꽃바람 새노래 있어 / 별들이 가지록 든 받더니 / 아사달메에 꽃다운 노을 / 한울집 그리로 연잇대어 / 이 우리 티끌 다 녹이도다 / 아 — 이것이 새로움이라.[18]

---

16) 위의 책, 208~210쪽.
17) "性通于天, 返而朝天, 先天後天, 吾有二天, 惟願先生, 神國永生, 哀此衆生, 普濟再生." 위의 책, 287쪽.
18) 서일, 「嘉慶歌詞」, 『대종교경전』, 대종교종경종사편수위원회, 1973, 300쪽.

[그림 44] 서일 총재 어록비

서일은 스승의 죽음을 '따뜻하고 부드러운 솜씨'와 '꽃다운 노을'로 비유한다. 그리고 죽음의 아름다움으로 세상의 질서를 새롭게 하고 '신명(神命)'에 의해 전도된 세상을 올바로 세우기를 갈망하고 있다. 따라서 서일은 스승의 순교를 슬픔과 절망이 아닌 '아름다운 경사(嘉慶)'[19]로 해석했다. 이는 서일이 수행주의적 혜안으로 스승의 수행주의의 완성을 평가한 종교적 역설이자 스승의 순교를 우러른 만가인 것이다.

서일은 이 노래에서 스승을 우러렀지만 동시에 스승이 목표를 달성하지 못한 여한도 새겼고 스스로의 목표도 분명하게 인식했을 것

---

19) 가경(嘉慶)이라는 단어에는 나철과 서일의 특별한 인연을 암시하는 일화가 있다. 나철은 1912년 10월 8일 꿈에, 백두산 북쪽 기슭인 만주 북간도 화룡현 삼도구에 있는 안산(案山)에 올라 한시 세 수를 지었다. 그리고 꿈에서 깨어 몽작시(夢作詩)를 써 내려가다가 끝 줄의 '玉殿金花○○日'의 구절에서, 두 글자가 기억이 나질 않아 늘 걱정을 한다. 그러던 4년 후인 1915년 8월 15일 추석날 밤에 서일(당시 대종교 동도본사 책임자)이 역시 꿈속에서 '嘉慶'이라는 두 글자를 얻어 스승 나철에게 전하자 나철은 이루 말할 수 없이 기뻐했다. 대종교에서는 이 시를 홍암 순교의 예언시로 보는데, 즉 옥전(玉殿)은 순교의 장소인 삼성사(三聖祠)이고 금화(金花)는 순명(殉命)으로 풀이하는 것이다. 그러므로 대종교에서는 홍암 나철이 순교한 날을 기려, 수행주의의 완성을 뜻하는 '가경절(嘉慶節, 아름답고 경사스러운 날)'이라 하여 추념한다. 『대종교 중광육십년사』, 앞의 책, 292~293쪽 참조.

이다. 그런데 그 역시 스승처럼 꿈을 이루기 어려운 상황에 다다른
것이다. 시대는 그의 뜻을 받아주지 않았다. 뿐만 아니라 민족 독립
의 실현을 위하여 자유시에 들어갔다가 그가 생각지 못했던 참변을
겪으면서 맛본 좌절감은 상상외로 컸던 것 같다. 무엇보다도 자기주
도하에 움직였던 대한군정서가 통제가 되지 않으며 민심의 지지를
받지 못하는 상황에 직면하자 이를 바로 잡기 위한 고육책으로 자진
을 택한 것으로 볼 수 있다. 그가 죽기 전에 암송한 것은 '순명삼조'
라고 한다.

> 제1조: 죄악이 무겁고 재덕(材德)이 없어서 능히 단군신족(神族)을 건
>   지지 못하여 오늘의 모욕을 당하매 대종교를 위하여 죽노라.
> 제2조: 대종교를 받든지 8년에 빌고 원하는 대로 다 이루어주신 한
>   얼님 은혜를 갚지 못하매 한얼님을 위해 죽노라.
> 제3조: 이 몸이 가달 길에 떨어진 인류의 죄를 대신으로 받았으매
>   천하를 위하여 죽노라.

그의 목적은 대종교라는 종교적 정신을 활용하여 단군 대황조의
이상을 실현하고자 하였다. 그 마음은 바로 '순명삼조'에 그대로 남
아 있다. 그러나 서일의 죽음 이후 대일항쟁군의 역할이 약해졌다는
데 서 알 수 있듯이 그는 한국인들의 대동단결을 위하여 스스로 목
숨을 던져 교훈을 주고자 하였지만 당장은 효과를 내지 못하였다.
스승 나철이 남긴 유훈 중의 한 구절을 되새기며 41세 나이로 폐
기순명(閉氣殉命)하니 그의 죽음이야말로 순교(殉敎)이며 순국(殉國)
이니 그의 자주독립 정신은 오늘에도 살아서 숨 쉬고 있다.

귀신이 휘파람 불고 도깨비 뛰노니 하늘·땅의 정기 빛이 어두우며 배암이 먹고 도야지 뛰어가니 사람·겨레의 피·살이 흥건하도다. 날은 저물고 길이 궁한데 인간 가는 길이 어디메오.[20]

일본은 간도총영사대리영사가 외무대신에게 보고한 내용에서 서일의 사망을 확인하며 다음과 같이 논평하였다.

홀로 초연하게 공산당의 마수를 준거(峻拒)한 서일 일파도 서일 사망에 의해 드디어 공산당의 색채를 가진 문창범(文昌範) 등의 지배를 감수하지 않을 수 없는 사태에 이른 것 같다. 따라서 무력단 중 가장 위력과 성망(聲望)을 가졌던 군정서의 파멸은 독립 급진주의를 고지(固持)한 불령단(不逞團)의 사기에 영향한 바가 컸을 것이다.[21]

위의 인용문에서 예상한 바와 같이 대한군정서 총재 서일의 사망 사실이 각지에 알려지자 대종교도들뿐만 아니라 많은 사람들이 낙담하였다. 또한 군정서 내부에도 동요가 일어나 군정서의 해산을 주장하는 자가 생겨났다. 부총재 현천묵(玄天默) 이하 계화(桂和), 윤정현(尹貞鉉) 등 간부 임원들은 부하 군인 중 주요 18명과 회합하여 군정서 존속 여부에 관하여 협의했다. 그 결과 일시 해산도 생각할 수 있으나 유사시 다시 집합하기는 극히 어려울 뿐만 아니라 여러 해 이어온 실적을 이번의 해산으로 마침내 영구히 무의로 끝낼 수는 없

---

20) "鬼嘯而魅跳하니 天地之精光이 晦冥하고 蛇食而豕突하니 人族之血肉이 淋漓로다 日暮途窮이 人間何處오." 위의 책, 392쪽.
21) 일본외무성 기록, 秘受 14445호-機密 제524호,(1921.12.13),「大正十年十一月中間島地方治安情況ニ關スル件」, 발신 堺與三吉, 수신 內田康哉.

으며, 또한 총재의 변동으로 좌절해 보이면 타 단체의 경모(輕侮)를 받지 않을 수 없다는 데 의견이 일치하여 존속할 것을 결정하였다. 일본은 또한 "현천묵이 총재가 되어 극력으로 부하의 결속과 세력 만회에 노심초사하고 있으나 겨우 이를 유지하고 있는 상태로 군정서는 고성낙일(孤城落日)을 나타내 보이게 되었다."22)는 기록을 남기고 있는데, 이를 보면 서일의 위치가 얼마나 크고 대단하였으며 단원들이 그를 얼마나 의지하고 있었는지를 짐작할 수 있다.

서일은 죽음으로서 흩어진 광복진영이 단합하여 대일항전에 분발할 것을 촉구하고자 하는 수전병행의 가치를 최후까지 보여주었다.23) 그는 죽을 때와 죽음의 의미를 진정으로 안 인물이었다. "마땅히 복되지 않을 때 복되면 이것은 도리어 허물이요, 마땅히 살아야 하지 않을 때 오래 살면 이것은 도리어 욕됨이요, 마땅히 부귀하지 않을 때 부귀하면 이것은 도리어 부끄러움이다"24)라는 그의 철학이 이를 대변한다. 서일이 한민족의 선구자요 국권을 유린당한 조국을 구하고자 일본에 대한 무장투쟁에 자신의 전 생애를 바쳐 우리 한민족의 광복과 자유를 되찾기 위해 헌신하였고 또 이 사실을 당대에도 인정했다는 것은 서일의 조천을 애통해하는 다음의 『독립신문』 기사를 보아도 알 수 있다.

---

22) 일본외무성 기록, 秘受 14656호-機密 제536호(1921.12.20), 「密山縣方面不逞團ノ狀況ノ件」, 발신 堺與三吉, 수신 內田康哉.

23) 이동언, 앞의 글 77쪽.

24) 서일, 「회삼경-三妄」, 『譯解佺經四部合編(全)』, 대종교총본사, 1968, 155~156쪽.

오호(鳴呼) 통재(痛哉)라 선생의 서(逝)하심이여. 수(誰)를 위하야 금일의 일거(一擧)가 유(有)하엿으며 수(誰)를 위하야 금일의 일사(一死)가 유(有)하엿는가. 선생의 일거(一擧)는 과연 이천만 동포의 자유존영(自由尊榮)을 위하엿스며 선생의 일사(一死)는 또한 13의사와 수백 양민의 무고 피해함을 위함이시니, 일거(一擧)도 국(國)을 위하여섯고 일사(一死)도 동포를 위함은 곳 선생의 고의(高義)가 기명(己命)을 기(己)의 명(命)으로 자인치 아니하고 오직 동포의 생명으로 곳 기(己)의 명(命)을 삼으시며 동포의 사생으로 곳 기(己)의 사생을 정하여슴으로 그의 생도 중(衆)을 종(從)하여 생(生)하여섯고 그의 사도 또한 중(衆)을 종(從)하여 사(死)하섯도다. (중략) 우리들에게는 만리장성이 문허 스며 대하동량(大廈棟梁)이 꺽거짐 갓도다.[25]

이 기사는 대종교 내부가 아닌 1920년대 초 모든 대한인의 마음을 나타내고 있다. 그의 죽음은 대일항쟁의 한 축을 잃어버린 것이었다.

[그림 45] 대종교 3종사 묘역(길림성 화룡시 용성향 청호촌 소재)

25) 「고 서일 선생을 조(弔)함」, 『독립신문』, 1919.12.6(1면).

3기 중 중앙 묘비에 "대종교 대종사 홍암 나선생 신해지장(大倧敎 大宗師 弘巖 羅先生 神骸之藏)", 왼쪽의 묘비에 "대종교 종사 백포철 형 서일 신해지장(大倧敎 宗師 白圃喆兄 徐一 神骸之藏)", 오른쪽 묘 비에 "대종교 종사 무원 김교헌 단해지장(大倧敎 宗師 茂園 金敎獻 檀骸之藏)"이라고 기록되어 있다. 묘역 입구에는 '화룡시 문화유물 보 호단위'로 지정한 표지판에 세 사람 모두 계몽활동과 교육운동, 항일 무장투쟁에 헌신한 반일 의사라는 점이 한글과 중국어로 병기되어 있다.

2. 서일에 대한 평가

1910년대 일본의 무력 침략에 의한 대한제국의 붕괴로 당시 국민 들은 역사상 보기 드문 혼란에 빠졌다. 외래 종교도, 새로운 정치세 력도, 동학을 이은 천도교를 비롯한 어느 누구도 당시 대한제국 국 민들의 대안은 되지 못하였다. 이때 나철이 주도한 대종교는 단군 대황조를 중심으로 국민들에게 심리적인 안정감을 주기 시작하였다. 그러나 그들은 국내에서 활동을 못하고 간도로 옮겨갈 수밖에 없었 다. 간도로 이주한 대종교도는 나철을 중심으로 뭉쳤고 그 세력들은 서일로 이어졌다. 서일은 일본의 침략을 더 이상 보고만 있을 수 없 어 무오년의 '대한독립선언서'를 발표하고, 이를 대의명분으로 하여 일본과 항쟁을 시작하였다. 이때부터 서일은 단지 대종교도만의 대 표가 아니었다. 비록 종교는 대종교를 신봉했을지도 모르지만 그의 모든 행동은 단군민족주의의 지도자로서 나라를 잃은 대한제국 국

[그림 46] 삼종사묘 참배

민의 마음을 모아 행동했다. 서일은 무엇보다 중요하게 생각한 것은 단군의 후손들의 단결이었다. 그러기 위해서는 무엇이든 마다하지 않았다. 그렇기 때문에 서일은 간도의 지도자가 될 수 있었던 것이다.

나철이 내세운 대종교의 핵심세력들은 그의 사후(死後) 대한민국 임시정부 주도세력으로 거듭났다. 임시정부가 수립되었다고 해도 정부를 대표할 변변한 무장부대도 없었던 어려운 시기에 서일은 대일항쟁군을 결성하여 대한민국의 정부군으로 전환시켰다. 그의 결단은 대한민국 임시정부에 가장 큰 후원이 되었다고 할 수 있다. 그는 스승인 나철과는 달리 일본에 대한 무력항쟁을 주도하였다. 일본과의 무력항쟁은 필설로 표현하기 어려울 정도로 어려움이 많았다. 그 첫 번째 전투가 간도회전의 단초가 된 '봉오동전투'이다. 이 전투는 홍범도가 주도한 것이지만, 이후 항일군과 일본 간의 일대 전쟁인 간도회전이 시작되었다. 그동안 '청산리대첩'이라고 불린 이 전역은 청산리를 비롯한 간도 지역에서 벌어진 전투를 총칭하는 것으로 '간도회전'으로 부르는 것이 타당할 것이다.

간도회전은 표면적으로는 항일군의 대승으로 일단락 지어졌지만 결과는 대일 항쟁사에 있어서 한층 더 혹독한 시련을 낳았다. 일본의 집요한 토벌 작전에 직면하여 독립군 단체들은 러시아와 손을 잡을 수밖에 없었고 결과는 피비린내 나는 동족상잔의 비극으로 막을 내렸다. 간도회전 이후 서일은 대일항쟁세력들을 규합하고 임시정부의 결정을 따랐으나 10여년 동안 양성한 대일항쟁군에 큰 타격을 입게 되었다. 외세에 기대지 않는 자주적 독립을 주장하며 독립군의 자유시 이주를 반대한 그의 사상은 비록 자유시참변을 방지하지는 못하였지만 단군민족주주의 지도자로서 평가받아야 할 것이다. 그가 자유시로 가던 발걸음을 돌려 당벽진으로 돌아와 독립군이 되돌아왔을 때를 대비하고자 한 것도 그만의 혜안이었다고 할 수 있다.

서일은 반생을 일본에 의해 일거수일투족을 세세히 감시당했고 일본은 그의 세력을 제거하기 위하여 온갖 수단을 다하였다. 간도회전 당시도 일본은 서일을 제거하기 위하여 중국에 압력을 넣었다. 무엇보다도 서일은 일본 총리를 엄중히 꾸짖는 서한을 보내 공식적으로 선전포고를 하면서 무장투쟁을 시작하였다. 이런 서일의 행동은 당시 여타의 대일항쟁과는 달랐기 때문에 일본으로서는 당연히 주시할 수밖에 없었을 것이다.

일본의 감시는 그의 죽음으로 끝났다. 자유시참변 이후 채 50명이 안 되는 군정서군을 이끌고 밀산 당벽진에서 재기를 꿈꾸었으나 서일은 다시 일어나지 못하였다. 그의 주변에서 계속되는 사건들은 결국 그를 스승과 같은 길을 가게 하였다. 그러나 30대 초반 고향 함경도에서 간도로 옮겨간 후 10년의 세월은 불꽃같은 시간이었다. 그는

[그림 47] 중·러접경지역에 위치한 당벽진

자신에게 주어진 세상을 바꾸고자 전 생애를 바쳤던 선구자였다. 단군 대황조의 뜻을 받들어 홍익인간이 행동강령이 되는 단군민족주의를 실천하며 간도일대에 있던 모든 정파와 종파를 규합하여 하나의 세력을 만들고자 하였고, 그 절반의 성공을 거둔 것이다. 그가 임시 정부의 일원으로 대한군정서를 지휘한 기간은 불과 2년이 채 되지 않았지만 이후 광복에 이르기까지 긴 전쟁을 치렀던 대일항쟁군들의 불굴의 정신력은 서일에서 기초가 만들어졌다고도 할 수 있을 것이다.

　나아가 서일이 설계한 단군민족정신은 오늘날 한반도의 분단정세를 풀어 가는 데에도 유념해야 할 필요가 있다. 남과 북이 통일을 하는 과정에는 역사경험주의가 근거가 되어야하며 그 뿌리는 바로 고조선에서 출발하기 때문이다. 나아가 한반도의 평화문제는 비단 한반도에 국한되는 것이 아닌 동아시아 더 나아가서는 세계 평화와 직결된 문제이다. 여기에 단군민족주의의 근간인 홍익인간 정신은 무엇보다 유효한 사상이 될 수 있는 것이다.

이와 같이 서일이 걸어온 길은 우리 민족사에 길이 빛나고 있다. 그러나 그 빛은 희미하게 보일뿐이다. 철기 이범석의 말대로 서일은 모든 면에서 훌륭한 사람이었고 무엇보다도 정신적인 부분에서는 늘 주변 사람들에게 존경을 받았다. 그의 사람 됨됨이에 감화되어 주변에 사람들이 모여 들었던 것이다. 그러나 우리는 서일을 모르고 있었다. 그것은 서일이 후손이 없어서도 아닐 것이며, 다만 우리가 관심이 없었기 때문일 것이다. 서로 다른 길을 걸었던 홍범도가 우리 머릿속에 위인으로 새겨져 있고 서일의 제자인 김좌진은 북극성처럼 빛나지만 서일은 무슨 이유인지 그저 은하계 저편의 희미한 별과 같았다.

이제 우리는 서일을 제 자리에 돌려놔야 할 것이다. 대종교의 지도자가 아닌 대한민국의 기초설계자로 새롭게 조명될 필요가 있는 것이다. 그리고 서일을 통하여 한국근대사의 얼룩도 조금은 지워야 한다고 생각한다.

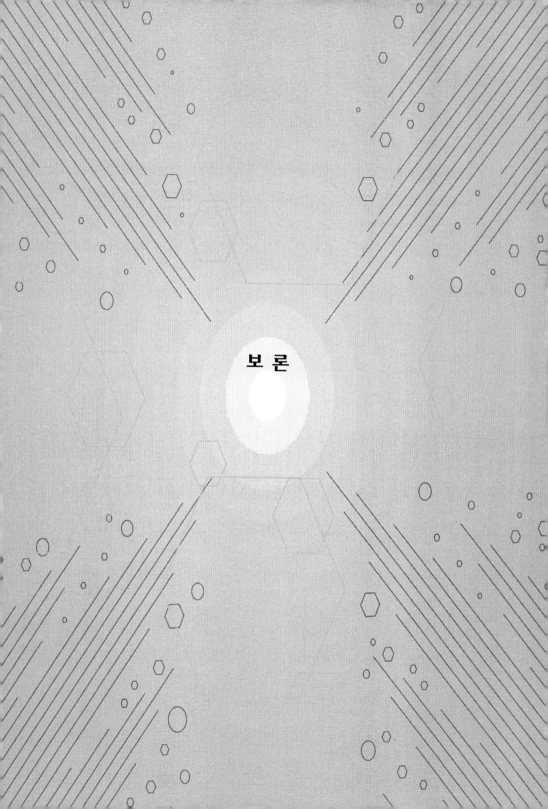

보 론

1. 나철의 생애와 사상

1) 나철의 생애

나철(羅喆)은 1863년 12월 2일 전남 낙안군 남상면 금곡리 (현 보성군 벌교읍 금곡리)에서 부친 나용집(羅龍集)과 모친 송씨 사이의 3형제 중 둘째 아들로 태어났다. 본명은 두영(斗永)이었으나, 인영(寅永)으로 개명하였다가 대종교 창교 후 철(喆)로 바꾸었다. 호는 홍암(弘巖)이다. 29세 때 문과에 장원급제하여 승정원 가주서(承政院假注書), 권지부정자직(權知副

[그림 48] 대종교 교조 나철

正字職) 등을 역임했다. 1905년 징세서장(徵稅署長)으로 재직하던 중 일제의 침략 야욕이 내정간섭으로 나타나자 그 해 5월 관직을 사임하였다. 이후 오기호(吳基鎬), 이기(李沂) 등과 함께 비밀결사인 '유신회'를 조직하여 구국운동에 앞장섰다.

러일전쟁 후 루즈벨트 대통령의 주선에 의한 포츠머스 강화회의가 열리게 되자 나철은 우리의 입장을 미국 조야에 호소하기 위해

도미를 결심하였다. 그러나 일본공사 임권조(林權助)의 방해를 받아 뜻을 이루지 못하였고, 다시 도쿄를 거쳐 미국으로 가고자 하였지만 이마저도 실패하고 말았다. 그는 도쿄에 체류하는 동안 이토 히로부미(伊藤博文) 및 당시의 총리대신 오쿠마 시게노부(大隈重信) 등에게 서신을 보내 항의했는데, 그 주요 내용은 조선 주권을 보장하고, 동양 평화를 위해 한·중·일 3국이 친선동맹을 맺고 선린우의로써 독립을 보장하라는 것이었다. 또한 일왕에게 정의대도(正義大道)와 동양 평화를 실현할 것을 촉구하며 궁성 앞에서 3일 동안 단식하며 항쟁하였다. 그러나 나철의 이런 행동은 모두 실패로 끝났다.

1905년 을사조약이 체결되었다는 소식을 듣고 오기호와 함께 "매국노를 모두 죽이면 국정을 바로 잡을 수 있다"며 칼 2자루를 행낭에 감추어 11월 30일에 귀국하였다. 이때 오기호는 학부대신 이완용(李完用), 외부대신 박제순(朴齊純), 군부대신 이근택(李根澤), 내부대신 이지용(李址鎔), 농상공부대신 권중현(權重顯) 등 세칭 '5적 대신'을 일시에 처단할 것을 계획했다. 이에 나철은 김인식(金寅植) 등 동지들의 자금지원을 받아 이대하(李大夏)로 하여금 권총 8정을 구입하도록 하였다. 또 이기, 윤주찬(尹柱瓚) 등이 자작회(自作會)를 조직하여 취지서를 작성하자 자신은 헌간장(軒奸狀)과 동맹서(同盟書)를 작성하였다. 또한 윤주찬 등에게는 우리 정부와 일본에 보내는 공문과 내외국민들에게 보내는 포고문을 작성하게 하고 김동필(金東弼), 박대하(朴大夏), 이홍래(李鴻來) 등으로 하여금 결사대를 조직하도록 하였다. 그러나 이 거사는 같은 조직원이었던 서창보(徐彰輔)가 체포되면서 실패로 끝났다. 나철은 자수하여 10년형을 선고 받고 지도(智島)로 유배를 갔으나 4개월 후 황제로부터 사면을 받고 석방되었다.

1909년 1월 15일 평소 뜻을 같이 하던 오기호, 이기, 김윤식(金允植), 유근(柳瑾) 등 수십 명과 함께 서울 재동의 취운정(翠雲亭)에서 제천의식을 거행하고 단군교 교주인 도교사(都司敎)로 추대되었다. 그는 1910년 '한국병합에 관한 조약'의 체결로 일제에 국권을 완전히 빼앗기자 새로운 구국 운동의 방법으로서 단군의 정신을 알리는 것이 중요하다는 깨달음을 얻었다. 국권을 잃은 원인이 사대모화(事大慕華) 사상에 있으므로 단군 정신으로 민족 고유의 종교 역사를 완성하고 민족정기를 새롭게 하여 보국안민(輔國安民)과 제인구세(濟人救世)를 해야 한다는 것이었다. 따라서 1910년 7월 30일 교령을 발표하여 한얼교 또는 천신교로 불리던 단군교를 '대종교'로 개명하여 민족의 종교로서 공포하였다.

나철은 포교를 위해 당시 통감부에 대종교를 종교로 인정해달라는 공문을 보냈으나 일본으로부터 모두 거부당하였다. 국내에서의 포교 활동이 어렵게 되자 단군이 남긴 손길과 발자취를 찾아 단군 관련 유적지의 답사를 떠났다. 역사경험주의를 입각하여 역사에서 교훈을 얻어 겨레의 나아갈 길을 모색하려 한 것이다. 강화에서 출발하여 평양을 거쳐 백두산 아래의 중국 화룡현(和龍縣) 청파호(靑波湖)에서 대종교의 확대 포교를 구상하던 중 총본사를 옮길 결심을 한다. 고대로부터 우리 민족이 살던 곳이고, 수많은 애국 독립지사가 정착해 있던 곳이었기에 국내보다는 자유로운 분위기에서 대종교가 크게 번창할 수 있는 곳이었다. 중국 이주 후 그는 종교사업과 동시에 교육 사업에도 열정을 보였다. 훗날 대일항쟁의 주도 세력이 된 서일, 김좌진, 박은식, 김규식(金奎植) 등이 그의 교육을 받았다.

중국 청파호에 총본사를 두고 표교활동을 전개한 대종교는 신도가 무려 30만에 이르렀다.[1] 비록 국외라고는 하지만 대종교의 세력이 점점 커지자 일본이 다시 탄압을 하기 시작하였다. 중국에서 대종교의 포교를 불허하기 시작하였고 1914년 중국 정부는 대종교 해산 명령을 내렸다.[2] 결국 나철은 서울로 돌아왔으나 일제는 대종교를 종교 단체가 아닌 항일 독립단체로 규정하고 남도본사를 해산시켰다. 이에 분개한 나철은 대응책으로 일본 천황에게 대한제국의 독립과 사상의 자유를 보장하라는 장문의 글을 보낸 뒤 1916년 음력 8월 4일 황해도 구월산 삼성사 참배 길에 올랐다. 8월 한가위에 교인들과 제례를 올리고는 "오늘부터 3일간 절식 수도에 들어갈 것이니 절대로 문을 열지 말라."고 방문을 봉하게 하고는 순교의 길을 택했다.[3] 나철은 죽음으로 그의 의지를 피력한 것이다.

이상과 같이 일본의 침략에 맞서 관직을 버리고 미국으로 가고자 한 노력, 일본에서의 활동, 을사오적에 대한 처단 계획, 대종교 중광과 순교에 이르는 그의 삶은 당시 지식인으로 최선을 다하여 지행합일 하는 모습을 보여주는 것이라고 할 수 있다.

2) 나철의 사상

나철의 사상은 기본적으로 단군 대황조를 내세우면서 정립되었다.

---

1) 차옥숭, 『한국인의 종교경험 천도교·대종교』, 서광사, 1977, 131쪽.
2) 김호일, 「나철의 민족종교 중광과 항일독립운동」, 『인문학연구』 권34호, 중앙대학교 인문학연구소, 2002. 32쪽.
3) 대종교에서는 나철 선생이 순교한 음력 8월 15일을 가경절(嘉慶節)로 정하고 이를 기념한다.

단군교 입교와 대종교 중광을 거치며 그의 사상은 유교적 측면에서 민족 전래의 신교적(神教的) 측면으로, 소아적 사상관에서 대아적 사상관으로, 민족이나 국가적 범주에서 범인류적 범주로 확대되었다.

나철이 민족적 자아를 자각하고 새롭게 태어난 결정적인 계기는 1905년 단군교에 입교하여 1908년 영계(靈戒)를 받고 1909년 대종교 중광의 주역이 되면서부터이다. 이는 나철 개인으로 보면 유교적 자아라는 지난날의 껍질을 벗고 민족적 자아로 변신하는 것을 의미하는 것이며, 민족적으로 보면 단절되었던 민족 문화의 큰 줄기를 연결시키는 일대 사건이라고 할 수 있을 것이다. 즉 단군민족주의의 구체적 발현이다. 단군민족주의는 단군을 민족 공동의 조상으로 간주하고 그 이름하에 민족적 자기 확인과 결속을 도모하여 민족의 자주독립과 통일, 발전을 추구하는 사상 또는 정치적, 문화적 운동으로 규정될 수 있다. 그 특징적 요소는 동조동근 의식과 혈연공동체 의식, 반만년 역사의 공유 의식, 민족정체성에 대한 자부심의 근원, 역사적·문화적 고유성의 근원, 그리고 국수보전론적 사고 등으로 이해된다. 이러한 요소들을 가장 복합적으로 내포하고 있고 또 드러내고 있는 것이 대종교였으며 단군민족주의를 대중적으로 보급 활성화시킨 주역 또한 대종교였다.4)

나철의 대종교는 한국정신사의 한 흐름인 선가(仙家)라는 특이한 사상과 문화의 흐름 속에서 성립한 것이었다. 고유한 문화의 흐름에 뿌리를 두었으나 중세기에 유교의 압력에 밀려서 산간에 숨었던 선

---

4) 정영훈, 「단군민족주의와 그 정치사상적 성격」, 단국대대학원 박사학위논문, 1993, 9~12쪽 참조.

가가 지배 이데올로기가 적절성을 상실하고 외침 앞에 민족적 위기
가 고조되자 역사의 전면으로 부활한 것이다.[5] 나철 스스로도 1910
년 9월 27일 교명으로 제정 발포한 의식 규칙에서 "우리 교는 신도
(神道)이니 유일무이(唯一無二)이며"[6]라고 하여 대종교가 선가의 주
류인 신교를 계승했음을 분명히 밝히고 있다.

나철의 사상이 집약된 것은 「단군교 포명서(檀君敎佈明書)」이다.
이 「단군교 포명서」는 단군교단을 통해 전수받은 것이지만 그 스스
로 적극적으로 찬동하며 떠받들어 만천하에 포고했음을 볼 때 나철
의 사상이라고 해도 과언이 아니다. 「단군교 포명서」에는 단군 어진
(檀君御眞) 고래로 널리 퍼져 숭상되었다고 한 고려의 평장사(平章
事) 이규보(李奎報)의 시가 인용되어 있는데, 나철은 그 전통을 계승
하여 1910년 8월 21일 처음으로 단군 영정(天眞)을 총본사에 봉안하
고 제례를 행하였다.

나아가 나철은 단군의 실재를 증명하기 위하여 많은 노력을 하였
다. 그중 대표적인 것이 단군의 자료에 대한 수집과 출판이다. 그는
1914년 당시 대종교 규제(規制) 기초위원(起草委員)이었던 김교헌(金
敎獻, 2대 종사)으로 하여금『신단실기(神檀實記)』를 저술, 간행케 했
다.[7]『신단실기』는 단군에 대한 사적과 신교 사상에 대한 자취를 모
아 자료집 형식으로 발간한 책으로서, 「단군교 포명서」에 언급된 신
교 문화를 구체적으로 기록한 책이다. 같은 해 5월 13일 백두산 북녘

---

5) 정영훈, 「홍암 나철의 사상과 현대적 의의」,『국학연구』제6, 2001, 20~21쪽
   참조.
6) 「儀式規例發布案」,『대종교 중광육십년사』, 앞의 책, 160쪽.
7) 『대종교 중광육십년사』, 앞의 책, 166쪽.

기슭 화룡현 청파호에 총본사를 설치한 것도 「단군교 포명서」에 단군 신앙의 핵심 요람으로 언급된 백두산에 포교의 총본산을 둠으로써 신교 계승의식을 뚜렷이 함과 아울러 배달국 이상향 건설의 꿈을 실현하기 위한 입지적 포석으로 이해할 수 있다.

이러한 기반에서 그의 사상의 핵심은 대종교의 교리와 연관된 '도(道)'와 '애(愛)', 그리고 '수(修)'에 집중되어 갔다. 그의 사상에 있어서 '도'는 대종교 중광의 대의명분이면서 동시에 당시 민족사회의 정신적 지표였다. '애'는 사전적 의미의 '애'가 아니라, 대종교의 홍익인간이나 접화군생(接化群生)의 삶과 연관된 것으로 '천리(天理)에 의해 엮어진 호생(好生)'을 의미하는 것이다. 끝으로 그의 생활에 전부였던 '수'는 인간과 사회혁명을 위한 중요한 수단이자 성통공완(性通功完)의 실천적 지표로 나타난다. 그 수행의 목표는 소아적인 삶의 성취가 아니고 중도적으로 대아적인 삶을 살도록 하는 것이었다. 즉 홍암 나철의 사상의 본질이라 할 수 있는 도, 애, 수는 비록 생소한 용어이기는 하지만 중도주의(重道主義)와 호생주의(好生主義) 그리고 수행주의(修行主義)로 파악하여 표현할 수 있다.

3) 나철의 대일항쟁 방식

이상에서 살펴본 바와 같이 나철은 단군 신앙을 기반으로 대종교를 중광 한 이후 유교적 자아의 껍질을 벗고 대아적인 민족주의자로 변신한다. 독립운동의 방략도 대종교의 정신을 토대로 종교적인 항전으로 바뀌었다. 단군교에 입교하기 전까지는 투사 형태로 민족운동을 전개하였으나 단군교에 입교한 후에는 모든 생각과 행동이 바

꾀게 되었다. 을사 5적 처단을 위한 결사대 행동과 같은 무력투쟁에서 주로 정신 교육에 주력하는 방향으로 전환되어 상당히 부드럽고 우회적이 된 것이다.

홍암은 대종교를 중광하면서 그 자신뿐만 아니라 신도들이 정치에 관여하는 것을 경계하였다. 중광과 동시에 발표한 「봉교과규(奉教課規)」에서도 "반드시 본분을 지키고 관청의 부세(賦稅)와 요역(徭役)을 공경하여 좇으며, 각자 맡은 일에 진력할 것"을 촉구하였다. 그는 대한제국이 무너지면서 점점 더 정치에서는 멀어졌는데 중광을 선언한 그해 말에 발표한 '세모소감'에는 "금년 초봄부터 정치사상이나 관리와의 교섭을 사절하고 사회의 일에 간여하지 않고 폐문수도 할 것"이라고 밝히기도 했다. 나아가 1910년 한일보호조약에 앞서서는 교인들에게 구체적으로 정교의 분리를 주장한 '사신(四愼)'[8]을 천명하였는데 이 원칙은 '자결시'에도 남아 있다.[9]

이러한 나철의 행보에 대해서는 다음과 같이 해석해 볼 수 있다. 당시는 일본의 침략시기였고 모든 권한이 일본 군부에 있었다. 정치에 관여를 하려면 친일을 해야만 했다. 이것이 정치에 관여하지 말라고 한 본뜻이었을 것이다. 무력투쟁을 반대한 것도 같은 맥락으로 볼 수 있다. 청일전쟁, 러일전쟁에서 승리한 일본에 녹슨 창칼로 대

---

8) 4신(四愼)은 "1) 敎는 시국에 무관하니 安身立命함 2) 新法에 주의하여 犯科가 없게 함 3) 財産保管은 所有權과 法律을 信賴함 4) 惑 寃枉을 被하면 誠心으로 解決함"으로서, 마음대로 행동하여 정치에 간섭하지 말고 분별없이 행동하여 법률을 범하지 말라"는 홍암 나철의 교시이다. 『대종교 중광육십년사』, 앞의 책, 159쪽.

9) 정영훈, 「홍암 나철의 종교 민족주의」, 『정신문화연구』 25-3, 2002년, 247쪽.

항을 한다는 것은 섶단을 지고 불길로 뛰어드는 것과 같은 이치라는
것을 누구보다 잘 알았기 때문일 것이다. 무엇보다 그의 사상은 홍
익인간을 중심으로로 한 '애합(愛合)'에 기본을 두고 있었다. 서로를
사랑하고 융합하는 것이 그 사상의 본질인 것으로, 한민족이 앞으로
살아나가기 위해서 사랑으로 사람들을 껴안고 가야 하는 방법 밖에
는 없다고 생각했기 때문에 그러한 길을 택한 것이다. 그의 사상은
당시 패배주의에 빠져 있던 많은 사람들에게 새로운 희망을 준 것이
분명하며 훗날 삼일운동에도 큰 영향을 주었을 것으로 추측된다.

　나철의 제자들은 서일 외에도 박은식, 김교헌, 이상룡 등이 대표적
이다. 김교헌은 나철에 이어 대종교의 법통을 지킨 2대 종사이고, 서
일은 3대 종사이자 대한군정서 총재로서 활약하였다. 박은식, 이상룡
이 상해로 가서 임시정부를 수립하는데 중추적인 역할을 한 것은 설
명할 필요가 없다. 이들의 관계는 스승의 사상을 정점으로 끈끈한
유대관계를 갖고 있었던 것으로 보인다. 이 외에 나철의 직접적 가
르침을 받지는 않았어도 수많은 대일항쟁 투사들이 대종교 교도들
이었다. 이들은 나철의 죽음 이후 1916년부터 본격적인 대일항쟁에
돌입한다. 따라서 나철의 대종교 중광은 항일독립운동에 양적, 질적
인 면에 일대 변화를 몰고 왔다고 할 수 있다. 먼저 대종교는 정치,
경제, 문화, 외교, 군사 등 실로 우리 사회 모든 분야에서 총체적 대
일투쟁의 기반을 마련했다. 또한 대종교의 구국운동은 한반도라는
공간에 한정된 투쟁이 아니라 민족의 정체성 확립을 백두산 남북 마
루를 중심으로 제창했고, 독립된 국가에 대종교적 이상사회를 건설
한다는 미래를 위한 투쟁이기도 했다.

2. 항일투쟁 기반으로서의 간도 한인사회

1) 한인들의 간도 이주사

대일항쟁사에 있어서 초기 항쟁의 시작은 간도가 중심이 되고 있다. 서일 또한 간도로 이주하면서 적극적 활동을 시작했다. 간도에는 일찍부터 한인사회가 형성되어 대일항쟁을 위한 인적 자원이 갖춰졌던 것인데, 그 과정에 대한 이해는 서일을 비롯한 대일항쟁 활동을 고찰하는 데 있어 매우 중요하다.

조선 후기부터 조선인의 농업 이민이 시작되었던 만주는 일제의 침탈이 본격화되면서 대일 항쟁을 위한 기지를 찾거나 경제적 활로를 찾는 많은 조선인의 최적의 이주처가 되었다.[10] 만주는 역사적으로 우리 선조들의 활동 무대였으며 지리적으로 압록강, 두만강을 사이에 두고 있어도 갈수기(渴水期)나 결빙기에는 쉽게 강을 건널 수 있어 항상 우리 민족의 향수와 관심의 대상 지역이었다.[11] 그러나 북경에 도읍을 정한 청나라 통치자들은 장백산을 그들 조상의 발상지인 '용흥지지(龍興之地)'로 간주하여 강희제의 통치 기간(1669~1681)에 흥경(興京, 현 요녕성 신보新賓) 이동과 이통주 이남, 두만강 이북의 광활한 지역을 봉금(封禁)하고 이민족의 거주를 엄금하였다.[12] 때문에 이 지역은 인구가 희소하게 되었고 태고의 울창한 삼

---

10) 박영석, 『한민족 독립운동사 연구』, 앞의 책, 6쪽.
11) 오세창, 「재만한인의 항일독립운동사연구-1910~1920년의 독립운동단체를 중심으로」, 성균관대학교대학원 박사학위논문, 1988, 1쪽.
12) 리광인, 앞의 글, 33쪽.

림에 버섯, 산삼 등 풍부한 자연자원과 더불어 광막한 토가 고이 간
직되어 있었다.13)

한편 1860년대에 들어와 조선에서는 왕조 후기 삼정(三政)의 문란
으로 관리들의 가렴주구(苛斂誅求)가 극에 달하였다. 1858년 함경도
지방 순시에 나섰던 암행어사 홍성유(洪成游)의 보고에 의하면 북관
의 인구는 남관보다 4~5천 세대나 적었음에도 불구하고 북관의 농민
들은 남관의 농민들보다 10여만 석이나 더 많은 양곡을 관청에 바쳐
야 했다.14) 이는 조선 6진의 관리들이 자체로 농민들을 강박하여 받
아들인 양곡은 포함되지도 않은 수량이며 북부의 농민들에게 부과
된 가렴잡세와 각종 고역 또한 놀라울 지경이었다. 더구나 조선 북
부 지구에는 1861년, 1863년, 1866년의 수재와, 1869년과 1870년의 연
속된 큰 가뭄이 있었다. 1861년 8월의 대 수재는 부령(富寧) 등 10개
읍 1,225세대의 민가를 쓸어가고 많은 사람들의 목숨을 앗아갔으며
무산(茂山), 경성(鏡城) 등 군과 읍의 수천 명 백성이 길가에 나앉아
야만 했다.15)

---

13) 오세창, 「재만한인의 항일독립운동사연구-1910~1920년의 독립운동단체를
    중심으로」, 앞의 글, 6쪽.
14) 강석화, 「조선후기 함경도 육진 지역의 방어체계」, 『한국문화』 36, 2003,
    297쪽.
    함경도 지방 방어를 위해 마천령 산맥을 기준으로 북관과 남관으로 크게
    구분하였는데, 북관은 무산령 북쪽에 있는 두만강변 경흥, 경원, 온성, 종
    성, 회령 부령(무산) 등 육진 지역과 경성에서 길주까지의 해안지대로 나눠
    지고 남관은 함흥에서 단천까지의 해안지역과 개마고원 일대의 고원 산악
    지역으로 구분된다.
15) 최홍빈, 「북간도 독립운동기지 연구; 한인사회와의 상관성을 중심으로」, 『한

따라서 조선 북부의 많은 농민들은 한밤중에 고향땅을 등지고 남부여대(男負女戴)하여 강을 건넜다. 이러한 농민들의 도강은 생존을 위한 투쟁이었지만 청나라 통치자들 입장에서는 지역의 골칫거리로 1848년부터 해마다 변방 순찰병을 파견하여 조선 도강자들의 집과 밭을 조사하여 파괴하고 쫓아냈지만 지속적으로 늘어나는 도강자들을 어찌할 수 없었다. 이러한 불법 도강에 대해 1869년 대흉년 당시 회령 부사로 임명된 홍남주(洪南周)는 마침 회령을 지나던 중앙 관료 조중헌(趙重憲)을 만나 백성들이 간도로 월강하는 것을 허락할 것을 부탁하였다. 나아가 홍남주는 회령 부내의 유지들과 의논하여 농민들의 민생고 해결은 월강 개간을 허락하는 길밖에 없다는 것을 알고 백성들에게 '인수개간청원서(引水開墾請願書)'를 올리게 하여 만주 지역으로의 이주를 허가해 주었다. 이는 조선 정부와 청국 사이의 정식 외교 조치는 아니었다. 1883년 조선의 서북경략사(西北經略使) 어윤중(魚允中)은 북관 6진을 순시한 다음 두만강 이북으로 월경하는 사람과 그것을 막지 못한 변방 관리 양쪽이 모두 처형되는 사정과 조선 이주민의 생생한 실태를 파악하고 '월강하는 죄인을 다 죽일 수 없다'고 조정에 보고함으로써 마침내 조선에서는 두만강 이북에 대한 이주를 정식 승인하게 되었다.[16]

반면 청나라 측의 상황과 조치 사항을 살펴보면, 1880년 청나라는 러시아의 침략에 대처하기 위하여 남강(南崗, 연길), 훈춘 성동, 홍기하, 흑정자 등지에 정변군(靖邊軍)을 주둔시켰다. 이듬해인 1881년에

국사연구』 111, 한국사연구회, 2000, 24쪽.
16) 리광인, 앞의 책, 35~38쪽 참조.

는 봉금을 폐지하고 중국인 이민을 받아들여 이민실변(移民實邊) 정
책을 실시하고자 현지 조사를 실시했는데, 연변 땅이 조선 이주민들
에 의해 많이 개간되고 있음을 뒤늦게 알고 조치를 강구하게 되었
다.17) 그 결과 1881년 북간도 지역에 대한 봉금을 완전 폐지하고 '성
경 동변간 광지 개간 조례(盛京東邊間曠地開墾條例)'에 근거하여 토
지가 비옥한 북간도 지역을 전면 개간하기로 결의하였다. 이때 길림
장군(吉林將軍)은 한인 유민들이 이곳에 정착하는 것을 용허하고18)
그들의 호적을 조사하여 훈춘과 돈화현에 맡겨 관할할 것을 요구하
였다. 이에 청조는 청령(淸領)을 경작하는 사람들은 청조의 국민들로
간주할 수밖에 없으며 청조에 지세(地稅)를 납부해야 할 뿐만 아니라
청국의 정교(政敎)를 준수하고 나아가서는 청복(淸服)을 착용하라는
지시를 내렸다. 이에 길림장군 명안(銘安)과 변무독판(邊務督辦) 오
대징(吳大澂)은 변민들의 호적을 조사 등록하여 청표(淸票)를 발급하
고 조세를 징수하도록 했다. 나아가 청나라의 인가 없이 조선 측에
서 토지 증서를 발급하거나 조세를 징수하는 현상이 없도록 조선 정

17) 위의 책, 38쪽.
18) 청조에서 실시한 봉금정책으로 인해 동북의 변경 지역은 무인 지구가 되어
    있었는데 1860년『북경조약』체결 후 러시아, 영국, 미국 등은 동북 지역에
    대한 침략 세력을 뻗으려고 하였다. 따라서 청조는 중국 관내의 한인(漢人)
    들을 동북 변경으로 이주시켜 개척하게 함으로써 러시아의 침략을 막고 정
    변군(靖邊軍)의 군량과 지방 재정난을 해결하는 이민실변정책을 실시하였
    다. 이러한 정책은 압록강 북안인 동변도(東邊道) 지방에서는 1875년부터,
    두만강 북안인 북간도 지방에서는 1881년부터 시작되었다. 이는 비록 중국
    관내의 한인(漢人)들에 대해 실시한 정책이었으나 북부 조선 변민들이 동
    북으로 대량 이주하는 데에도 커다란 편리를 주었다.

부에 통보하였으며, 훈춘에 간황총국(墾荒總局)을 설치하여 한인 이
주민들을 받아들이게 하였다.[19] 1885년에 이르면 두만강 이북에서부
터 해란강 이남까지 길이 700리, 너비 40~50리 되는 지역을 조선 이
주민의 전문 개간 구역으로 확정하고 거주와 토지 경작을 허락한다.

이러한 상황 속에서 생활고에 허덕이던 조선인들이 물밀 듯이 두
만강을 건너 1890년에는 무산으로부터 종성(鍾城) 건너편에 이르는
200리 두만강 이북이 전부 개간되었다. 이 200리란 오늘날의 화룡시
(和龍市) 덕화 구역으로부터 용정시(龍井市) 개산툰진(開山屯鎭)에 이
르는 구역을 말한다. 즉 조선 이주민의 두만강 이북 거주 지구는 두
만강 건너편으로부터 해란강, 부르하통하(布爾哈通河), 가야하(嘎呀
河) 유역 일대로 점차 확대되었다. 이에 1894년 길림장군은 관할 관
청 '초간국(招墾局)'을 '무간국(撫墾局)'으로 고치고 조선 이주민의
개간 구역에 따라 무산 간도 지구를 안원보(安遠堡, 현 화룡시 덕화,
용신, 숭선, 로과 일대)로, 회령 간도 지구를 수원보(綏遠堡, 현 용정
시 삼합, 지신향 일대)로, 종성 간도 지구를 영원보(寧遠堡, 현 용정
시 광개향과 도문시 일부)로, 경원 간도 지구를 진원보(鎭遠堡, 현 훈
춘시 경신향)로 편성하고 4개의 보를 또한 39개 사(社), 124개 갑(甲),
415개 패(牌)로 나누었다. 이에 귀속된 조선 이주민은 4,308세대에
20,899명이고 관에 등록된 경작지 면적은 15,400여 헥타르(대략 4,660
만 평)에 달했다.

1895년 청일전쟁 후 청조는 조선에 대한 통제권을 상실하였고
1897년 대한제국 수립이후 한국 정부는 조·청 국경 문제와 한인 이

---

19) 최홍빈, 앞의 글, 25쪽.

주 문제에서 압록강, 두만강 이북지역 한인들에 대한 보호책을 실행
에 옮기기 시작했다. 1901년 두만강 연안 지역에 진위대(鎭衛隊) 설
치, 1902년 변계경무서(邊界警務署) 설치, 1903년 간도관리사 파견 등
일련의 조치를 취하여 북간도 거주 한인에 대한 지배권을 확보하려
하였다. 하지만 일본은 1905년 11월 제2차 한일조약인 을사늑약을 체
결후 1907년 8월에 통감부 간도임시파출소를 북간도의 용정촌(龍井
村)에 설립하였으며, 1909년에는 간도협약을 체결하여 간도 한인들
의 생명과 안전을 보호한다는 미명하에 간도 문제에 적극적으로 개
입하였다. 이 시기 한인 이주민 수는 계속 증가세를 보였는데 1907년
하반기에는 연길, 왕청과 화룡 등 3개 현에 529개의 한인 촌락과 209
개의 중국인 촌락이 형성되어 있었다. 1907년 9월 자료에 의하면 위
3개현의 한인 인구는 77,033명이었고, 1908년 6월에는 16,101호,
82,999명으로 집계되었다. 이는 당시 3개 현의 총인구 110,370명의 약
75%에 해당된다. 1910년도에 이르면 북간도의 한인수는 109,500명에
이른다.

  1910년 일제가 조선을 병탄한 후 한인들의 북간도 이주는 더욱 급
속히 증가되었다. 일본이 1912년부터 1918년까지 조선에서 실시한
'토지조사사업'은 수많은 조선농민들을 파산시켰고 그들의 무단통치
(武斷統治)는 한민족의 반일운동을 여지없이 탄압하였다. 이에 따라
조선 국내에서의 반일운동에 한계를 느낀 수많은 의병장, 애국계몽
운동가, 독립운동가들은 반일운동의 활동 무대를 만주로 옮기지 않
으면 안 되었으며 이러한 이민 현상은 1919년의 '3·1항쟁'을 계기로
다시 고조되었다. 만주로의 이동은 이렇게 생계를 위한 이주와 일제
에 항쟁하기 위한 이주가 양축을 이루었다.

당시 일본인들이 조사한 바에 의하면 북간도내 한인 수는 1920년 28만 9천 여 명에서 1922년에는 32만 3천 8백 6명에 달하여 당시 북간도 총인구의 82.2%를 차지한다고 되어 있다.[20] 그러나 당시 『독립신문』에는 1920년대 초반에 이미 60만에 다다를 것으로 보도되었고,[21] 춘원 이광수는 50만 정도로 추산하였다.[22] 또한 1930년 말 일본 외무성 통계에 의하면 1920년 중국 동북의 한인 수는 45만 9천 4백 여 명이었는데 1930년에는 63만 9백 82명으로 급증하는 양상을 보였다. 당시 연변의 화룡, 연길, 왕청, 훈춘 4개 현만 해도 한인 수가 40만 9천 4백 2명에 달하는 등, 얼마나 많은 한인들이 고향을 떠나 북쪽으로 이주했는지 엿볼 수 있다.[23] 뿐만 아니라 거주지가 일정하지 않은 한인들은 이상의 통계에 포함되지 않았을 것인데 대표적으로 대일항쟁을 위해 잠입한 사람들을 들 수 있다. 따라서 일본 측 통계보다는 훨씬 많은 수의 한인이 간도에 거주했다고 볼 수 있다.

압록강 이북인 서간도의 이주 원인도 북간도의 경우와 마찬가지로 관리들의 가렴주구와 연이은 흉년 때문이었다. 이들 기민(飢民)들은 국금(國禁)이었음에도 불구하고 간도를 비롯한 남만주 일대로 유입되었는데 그 수가 점차 증가하자 강계부사(江界府使)는 1869년에 정부의 명을 받지 않은 채 압록강 대안(對岸) 일대의 중국령을 28면으로 구획하여 그 중 7면을 강계군에, 8면을 초산군(楚山郡)에, 9면을

20) 牛丸潤亮·村田懋麿, 『最近間島事情』, 朝鮮及朝鮮人社, 1927. 최홍빈, 앞의 책, 26쪽.
21) 「북간도 그 과거와 현재(1)」, 『독립신문』, 1920.1.1.
22) 이광수, 「저 바람소리」, 『독립신문』, 1920.12.18.
23) 리광인, 앞의 책, 39쪽.

자성군(慈城郡)에, 4면을 후창군(厚昌郡)에 배속하여 관할토록 하였
다.24)

한편 러시아령으로의 이주 실태를 보면, 한인들의 이주가 본격화
된 것은 1860년 베이징조약에 의해 연해주가 러시아의 영토로 편입
된 때부터였다. 그 이전에도 봄에 월경(越境)하여 겨울에 귀가하는
계절출가이민(季節出嫁移民) 형태가 존재해 왔으나 1860년 이후부터
는 주로 가족 이주형으로 블라디보스톡과 우수리 지방 등지에 거주
하였다. 러시아 측에서는 이주자들을 연해주 일대의 개척에 이용하
고자 귀화 정책도 적극적으로 추진하였으나 조선 정부는 안무사(按
撫使) 김연유(金淵有)를 파견하여 한인들의 러시아령 이주를 금하였
다. 그렇지만 정부의 금지령에도 불구하고 한인들의 연해주 이주는
점차 증가하여 1803년에 13호 뿐이던 것이 1908년에는 45,397명으로
늘어났다. 러시아는 한인 이주민을 교묘히 이용하여 연해주 일대의
미개간 지대가 개간되도록 하였다.25)

2) 간도 한인사회의 형성

북간도 지역의 한인 사회 형성은 서일이 항일투쟁 근거지를 마련
하는 데 직접적인 토대가 되었다. 한 지역사회에서 한 개 민족사회
를 구성하는 기본적인 조건은 인적 자원과 집단거주 형성이다. 북간
도 지역은 1910년도에 이러한 한인 사회가 형성될 수 있는 기본 조

24) 현규환, 앞의 책, 139쪽; 오세창, 앞의 책, 16쪽에서 재인용.
25) 박영석, 『만주 노령지역의 독립운동』, 앞의 책, 17~18쪽.

건들이 마련되었다고 할 수 있다. 앞에서 살펴본 바와 같이 북간도 내에서 한인들은 수적으로 절대적 우세를 차지했고 그들의 집단 거주 구역의 형성은 한인사회가 형성될 수 있는 지역적 공간을 마련해 주었다고 할 수 있다.

여기에서 주목해야 할 것은 한인들이 생존할 수 있는 거주권과 토지 소유권 문제이다. 1881년 남황위장(南荒圍場)에 대한 봉금이 철폐되고 북간도 지역에서 본격적인 이민실변 정책이 실시된 후인 1881년 10월 길림장군 명안과 오대징은 한인들에 대한 이른바 영조납조책(領照納租策) 실시를 건의하였다.26) 물론 이 영조납조책은 '치발역복 귀화입적(薙髮易服 歸化入籍)'을 전제로 하였지만 사실상 한인들의 거주권과 토지소유권을 승인한 최초의 시작이라 할 수 있다. 1909년 9월 일제가 청조와 체결한 간도협약 7개조 중 제3조는 한인의 거주권에 대하여 '청국정부는 종래와 같이 도문강북의 간지에 있어서 한민의 거주를 승인한다'고 규정하였고 제5조는 한인의 토지가옥권에 대하여 '도문강북 잡거구역 내에 있어서 한민 소유의 토지 가옥은 청국 정부에서 청국 인민의 재산과 같이 완전 보호한다'고 규정함으로써27) 한인의 거주권과 토지소유권이 법적으로 보장되기에 이르렀다.28) 따라서 간도협약 체결 이후 북간도 지역에는 치발역복, 귀화입적을 하지 않고서도 토지를 구입, 소유할 수 있는 전민제도(佃民制度)가 성행하여 수많은 비귀화 한인들이 이 방법을 이용하여 토지

---

26) 이민실변정책이 실시된 후 청조 정부에서 월간한민(越墾韓民)들에 대해 실시한 토지정책이다.

27) 金正柱 編, 『日帝秘錄』 1, 韓國史料硏究所, 1968, 387~389쪽.

28) 최홍빈, 앞의 글, 27쪽.

를 소유할 수 있었다.29)

1915년 중·일간의 토지상조권 분쟁 이후 중국 당국은 한편으로는 전민제도를 비롯한 한인들의 토지소유권과 소작권에 대해 엄격한 규제를 가했지만 다른 한편으로는 한인들의 귀화를 보다 적극적으로 권장함으로써 한인에 대한 지배권을 확보하려 하였다. 이를 위해 "한인 이주민들이 입적하면 토지소유권과 참정권 일체의 공권(公權)을 부여하고 일본 관헌의 체포구금도 면할 수 있다"고 선전하였고 지방관청에서는 한인들의 귀화 입적 절차를 간소화하였다.30) 중국 정부가 이와 같이 간도 지역 한인 이주민들로 하여금 '입적열(入籍熱)'을 일으킨 결과 불완전한 통계에 의하더라도 1917년 9월 간도 지역 한인 이주민 중 귀화 집조를 받은 호수가 1,427호, 귀화 수속 이행자 호수가 2,111호로 도합 3,538호에 달하였으며 1919년에는 4,982호로 대폭 증가하였다.31) 이는 간도 한인 사회의 정착이 더욱 가속화되었다는 것을 의미한다. 이와 같이 간도 이주 한국인들은 조상 전래의 수전(水田) 농업기술을 바탕으로 스스로의 정착촌락을 형성하고 그들의 생활을 영위하였으며 이렇게 형성된 한인사회는 곧 만주에서의 항일투쟁의 기초가 되었던 것이다.32)

---

29) 김춘선, 「<북간도>지역 한인사회의 형성 연구」 국민대학교 박사학위논문, 1998, 214~219쪽 참조.
30) 위의 책, 226쪽. 朝鮮總督府警察局, 『在滿鮮人ト支那官憲』, 行政學會印刷所, 1930, 209쪽.
31) 김춘선, 위의 책, 226~227쪽. 현규환, 앞의 책, 240쪽.
32) 박영석, 『한민족 독립운동사 연구』, 앞의 책, 6쪽.

3) 간도 한인 정치세력의 형성과 대종교의 역할

한인들의 간도 이주에 대한 일본의 입장은 굳이 막을 필요가 없다는 것이었다. 한반도내에 있던 반일주의자들이 속속 빠져나가면서 조선총독부 입장에서는 한반도를 관리하기가 쉬워졌다. 동시에 간도에 모인 반일주의자들을 효과적으로 관리할 수 있다는 장점이 있었다. 즉 일본이 마음만 먹으면 간도에 모인 사람들을 언제든지 조치할 수 있다고 생각한 것이다. 그 대표적인 것이 '간도참변'과 '자유시참변'같은 것이다. 하지만 일본의 이런 생각과는 달리 간도에서는 예상치 못한 세력들이 형성되었다. 한인사회가 자리잡는 과정에서 독자적 문화교육을 담당하는 단체들이 설립된 것이다.

한 민족의 이권을 대변하고 이끌어 나가는 단체의 존재와 문화권의 형성은 지역사회를 구성하는 기본 조건이다. 먼저 1909년 이동춘(李同春) 등이 간민교육회(墾民教育會)를 건립하였고 이를 토대로 1913년 4월에는 이동춘(李同春), 김약연(金躍淵), 김립(金立) 등에 의해 간민회(墾民會)가 설립되었다. 이외에도 북간도 지역에는 각종 한인단체들이 설립되어 한인 사회에 실업을 권장하고 교육을 진흥시키며 상부상조를 통한 민족의식을 고양시킴으로써 반일 독립운동의 기반이 되었다. 이들은 초기에는 평화적인 형태의 집단이었으므로 큰 문제가 되지 않았다. 하지만 1919년 용정의 3·13 만세시위운동 이후 이들 단체는 교육운동에 그치지 않고 적극적인 반일 무장투쟁으로 전환되면서 정치 세력과 정치 운동으로 발전해갔다.[33]

---

33) 최홍빈, 앞의 글, 28쪽.

나철을 중심으로 한 대종교도들도 초기에는 무력을 사용하거나 드러나는 반일을 하지 않았다. 그러나 나철의 조천 이후 서일은 적극적 무력투쟁으로 방향을 바꾸고 조직을 정비하였다. 당시 간도에 정치세력화 된 항일 무장단체를 보면 다음과 같다.

[표 8] 간도의 항일 무장단체

명 칭	종교계통	명 칭	종교계통
대한군정부	대종교	보황단(保皇團)	미상
대한국민회	예수교 장로파	맹호단	미상
대한독립군	공교회(孔敎會)	신의단(新義團)	미상
정의단	대종교 및 공교회	대동단(大同團)	미상
신민단	성리교(聖理敎) 및 천도교	철결광복단(鐵決光復團)	미상
광복단	공교회 및 대종교	독립단	미상
오숭단(五崇團)	공교회	창의단(倡義團)	미상
정명단(正名團)	공교회	결사대	미상
인도단(人道團)	미상	모험대	미상
정행단(正行團)	미상	일세당(一世黨)	미상
공의단(公議團)	미상	혼돈회(渾沌會)	미상
한족회	미상(서간도)	백산주국(白山主局)광복단	미상
강립단(强立團)	천도교(서간도)		

한편 1920년 일본의 간도 총영사관이 본국에 보고한 내용에 의하면 간도 지역에서 가장 큰 세력은 대종교가 주축이 된 조직이었음을 알 수 있다.

군정서에는 총재라 칭하는 서일과 부총재 현천묵이 있다. 총재실로서 별도의 한 호(戶)가 없고 또 총재실 내에는 그 직속으로 비서과를 겸해 재정부를 설치했다. 기타 기관으로는

1. 모연국(募捐局)
1. 경신국(경찰과를 둠)
1. 인쇄국(통신과를 둠)
1. 경리국(군수과 등 3과를 둠)
1. 교섭국(인사과 등 2과를 둠)
1. 징모국(운반대를 둠)
1. 경비대
1. 경호대

이상의 각 기관은 해당 부락의 각 호에 설치한 것을 목격하였음. 해당 본부 소재지 유수하는 약 40호가 거주하는 부락이나 소재지를 중심으로 주위에 상당한 조선인 부락이 있으며 부근 일대는 모두 본 단체의 근거지로 충당되어 불령선인은 약 7백명 이상을 헤아리린다. 그들이 소지한 총기는 본인 눈에 닿는 정도에서는 장총 3백정 기타 권총과 폭탄 다수를 장닉한 것을 보았으며 근래 다시 러시아령에서 1천정의 장총이 올 예정이라 한다. 그리고 장총대는 매일 풀색 군복 모양의 복장으로 군대의 분별 훈련에 노력하고 있다. 이 지방 각소에는 상당한 간격을 두고 경비소를 설치하고 통행자에는 군정서 발부의 통행권을 서로 맞추어 보고 교통을 허락하고 있으나 미소지자를 발견한 경우는 간첩으로 취급하여 구금하고 학대가 심하다고 한다.34)

이것만으로 보아도 대일항쟁사에서 대종교가 중요한 역할을 한 것은 간과할 수 없는 역사적 사실이다. 대종교는 처음에 '단군교'로 출발하였으나 1910년 대종교로 그 명칭을 변경하였는데 대(大)는

---

34) 한국사데이터베이스, 한국독립운동사 자료43, 중국동북지역편 V, 機密 제 209호(1920.8.16) 別紙公文 제140호, 「會寧龍井村間交通保護方法ニ關 スル件」, 발신 堺與三吉, 수신 內田康哉.

'한'이고 종(倧)은 '검'이므로 순수 우리말인 '한검교'를 한자음으로
바꾼 것이다.35) 대종교는 단군 신앙을 바탕으로 한 민족종교로서 일
본 침략에 대항한 투쟁에서 괄목할 만한 업적과 성과를 남겼다. 또
한 한민족 광복운동의 구심체로서의 역할을 충분히 이행하였으며
대부분의 광복운동 지도자들이 대종교 교도였다는 사실만 보아도
광복운동에서 대종교가 차지하는 비중을 가히 짐작할 수 있다.36)

---

35) 차옥숭, 『천도교 대종교-한국인의 종교 경험』, 서광사, 2000, 131쪽.
36) 1919년 4월 상해 대한민국임시정부가 수립될 당시 의정원 의원 29명 중에
    서 대종교 원로가 21명이었고, 의장에 선출된 이동녕과 정부조직에 임명된
    13명 중 11명이 대종교 원로였다. 현규환, 앞의 책, 571쪽.

부 록

[자료 1] 서일의 연보[1] 및 가계

○ **1881년(출생)** : 2월 26일 함경북도 경원군(慶源郡) 안농면(安農面) 금희동(金熙洞)에서 출생, 본명 서기학(徐夔學), 초명 서정학(徐正學), 도호(道號) 백포(白圃), 당호(堂號) 삼혜당(三兮堂), 본관은 이천(利川)이다. 이천 서씨(徐氏)의 시조는 신라의 개국공신 서두라(徐豆羅)의 후손인 아간공(阿干公) 서신일(徐神逸)이며, 서일은 아간공의 36세손이다. 선친은 서재운(徐在云)이며 서재운은 서장언(徐長彦)의 외아들인데 백부(伯父) 서장록(徐長祿)의 양자(養子)가 되었으니, 서일은 3대 독자로 태어났다. 아들 윤제(允濟)도 독자였는데, 그는 아들 경섭(京燮)과 만섭(萬燮) 형제를 두었다.

○ **소년시절**: 고향마을 서당에서 스승 김노규에게 『천자문』, 『사략초권』, 『동몽선습』 등의 교과목을 배우며 학문적 소양을 구축하고 역사인식과 민족의식에 영향을 받았다.

○ **1900년(20세)**: 이운협이 창설한 경성의 함일실업학교 전신인 '사숙'에 입학하여 신학문을 익히며 나라와 민족을 위해 헌신하는 삶을 결심하게 된다. 이 시기 신채호를 만나게 되었으며, 이해 겨울 채병권(蔡秉權)의 딸 채희연과 결혼하였다.

○ **1902년(22세)**: 함경북도 경성에서 사숙을 졸업하고 이해 봄부터 7~8년간 고향에서 교육사업과 애국계몽운동에 종사하였으며, 경

---

1) 리광인·김송죽, 『백포서일장군』, 민족출판사, 2015, 465~475 참조.

원학교 교장으로도 근무하였다.

○ **1905년(25세)**: 11월 17일, 일본에 의한 을사늑약의 강압적 체결로 민족의 아픔을 맛보게 된다.

○ **1907년(27세)**: 7월 《대한매일신보》 주필 신채호의 소개로 신민회에 가담하여 후원하기로 하였다.

○ **1908년(28세)**: 8월 러시아 연추(延秋; 한인마을)를 방문하여 최재형, 이범윤, 안중근, 황병길, 이위종, 유인석 등을 만나 연해주 의병항쟁의 실황을 파악하였으며, 비밀리에 신민회 회원이면서 대한협회 경원지회의 책임자로 활동하였다.

○ **1909년(29세)**: 음력 정월 15일 홍암 나철이 오기호, 이기, 김윤식 등과 함께 서울시 제동에서 단군 대황조 신위를 모시고 단군교를 중광하고, 10월 26일 안중근은 하얼빈역에서 조선침략의 원흉 이또 히로부미를 총살한다.

○ **1910년(30세)** : 3월 26일 안중근의 순국 소식을 듣고 경원학교 사생들과 추모행사를 열었으며, 8월 22일 체결된 '한일병탄조약'(8월 29일 반포) 직후 교육계몽사업을 접고 적극적인 항일독립운동을 결심한다.

○ **1911년(31세)** : 1911년 초 이홍래로부터 신민회조직의 지시를 신채호의 친필서한을 통해 전달받고 일가족(부친, 아내와 1남 2녀)과 현천묵 일가 4명, 박기호 일가 3명 모두 13명이 함께 조선 종성에서 두만강을 건너 왕청현 덕원리로 터전을 옮겼다. 3월, 현천묵, 이홍래, 계화 등과 항일무력단체인 중광단을 조직하여 단장으로 추대되었고, 7월 청파호로 대종교 교조인 홍암 나철을 찾아가 가르침을 받기 시작했다. 가을에는 계화와 함께 용정의 이동춘을 찾

아가 독립운동가 김동삼, 박찬익과도 인연을 맺게 되었다.

○ 1912년(32세) : 음력 8월, 수명의 동지와 협의하여 청파호에서 동
원당을 조직하였으며, 10월에는 대종교에 정식 입교하여 포교활
동에 힘썼다.

○ 1913년(33세) : 5월, 왕청현 덕원리에 명동학교를 설립하였다. 개교
당시 학생 수 32명에 교원은 2명이며 학제는 5년이었다. 서일은
교장으로서 직접 수업도 담당하였다. 10월, 대종교 참교(參敎)의
교질(敎秩)을 받음과 동시에 시교사(施敎師)에 임명되었다.

○ 1914년(34세) : 5월 13일, 나철은 서울 대종교총본사를 동도본사 1
사가 있는 화룡현 청파호로 이전하고 총본사 산하에 동·서·남·
북 4개 도본사를 두었으며, 각지에 시교당 48개소(연변에 22개소)
를 설치했다. 서일은 왕청현의 동도본사 책임자로 선임되어 중광
단 중심인물들을 지도하여 포교활동을 벌이면서 광복운동의 역
량을 키워나갔다. 11월, 일본의 집요한 탄압으로 대종교총본사는
동도본사 제2사가 있는 왕청현 십리평 쪽으로 다시 옮겨갔다.

○ 1915년(35세) : 10월, 대종교의 놀라운 발전에 당황한 일본은 '종교
통제안'을 공포하고 대종교를 불법단체로 규정했다.

○ 1916년(36세) : 4월, 대종교 최고 교질(敎秩)인 사교(司敎)로 초승
(超陞)되어 천궁영선(天宮靈選)에 참여하였다. 음력 8월 15일, 스
승이자 대종교 총전교인 홍암 나철이 구월산 삼성사에서 조천. 서
일은 스승의 순국과 「순명삼조」를 마음에 새겼다.

○ 1917년(37세) : 명동학교에 중학부를 설치하였다. 소학부는 유수하
동쪽기슭에, 중학부는 서쪽 기슭에 위치하였고, 학생들은 모두가
대종교 신자들이었으며, 교장 서일이 직접 교수를 맡고, 고평, 계

화 등 동지들이 교원으로 참여하였다.

○ **1918년(38세)** : 윌슨의 '민족자결론'에 힘을 얻어 대종교 동지들이 중심이 된 39명의 명의로 「대한독립선언서」에 가담하여 항일무장투쟁을 발기하였다.

○ **1919년(39세)** : 3월 1일, 한반도 전체에 3·1항쟁이 일어나자 3월 13일 용정을 비롯한 화룡, 연길, 왕청, 훈춘 각지에서도 운동이 이어졌다. 연변지구만 해도 동년 5월 1일까지 30여 곳 53차례의 반일집회 및 시위가 열리고 8만여 명이 동원되었다. 왕청현에서는 서일의 지도하에 덕원리 중학부 학생들을 중심으로 각지 사립학교 학생들과 많은 대종교인들이 만세운동에 나섰다. 제2세 교주 무원 김교헌이 대종교 교통을 넘기려고 하였으나 서일은 김교헌의 간곡한 권유를 5년간 보류키로 하고 무장투쟁 준비에 심혈을 기울였다.

4월, 중광단을 토대로 대한정의단을 발족하고, 정의단 내에서 한글 신문 『일민보(一民報)』와 『신국보(新國報)』를 발간하여 무장항쟁을 고취하면서 결사대원을 모집하였다.

7월, 계화, 김붕, 김일봉, 정신, 김암과 함께 하라 다카시(原敬) 총리에게 경고문을 보냈다.

8월, 대한정의단 산하에 무장조직인 대한군정회를 조직하고, 신민회·신흥무관학교 출신인 김좌진, 조성환, 이장녕, 양림, 박찬익, 박성태 등 남만주 출신들을 초빙하여 군정회를 맡겼으며, '대한정의단 창의격문(大韓正義團倡義檄文)'을 발표하여 누구나 대일 혈전에 동참할 것을 호소하였다. 대한정의단 본영을 왕청현 서대파구 십리평에 두고 연변 각지에 5개 분단, 70여 지단을 설치하였다.

12월, 대한정의단과 대한군정회를 통합하여 대한군정부로 개편하였다가 임시정부의 지시를 받기로 하고 '국무원 제205호'에 의거 '대한군정서'로 개칭하였으며, 총재로 추대되었다. 이때부터 대한군정서는 대한민국임시정부의 군사기관으로 되었다.

○ **1920년(40세)** : 3월 1일, 대한군정서 산하 사관연성소를 개교하였다. 소장은 김좌진, 학도단장 박영희, 교관은 이장녕, 이범석, 김규식, 양림, 김홍국, 최상운 등이 맡았다. 사관생은 400여 명으로, 주로 대종교 산하 청년들과 덕원리 명동중학교 학생들로 이루어졌으며 나이는 18~30세였다.

4월에 이어 7월 26일에도 무기 운반대를 인솔하고 연해주로 들어가서 무기를 구입하여 9월 7일 귀대하였다. 이러한 무기구입 과정을 통하여 대한군정서는 군총 1,300정, 권총 150정, 기관총 7문을 확보할 수 있었으며, 9월 9일 오전 10시, 십리평 잣덕의 본부에서 사관연성소 제1회 사관생 졸업식을 거행, 졸업생은 298명이었다.

9월 17일, 대한군정서 부대를 동부와 서부 2개 전선으로 나누기로 결정하고 십리평 잣덕 본부를 떠났다.

10월 21~26일, 홍범도의 연합부대와 김좌진의 대한군정서 부대는 선후로 백운평전투, 천수동전투, 완루구(完樓溝)전투, 어랑촌전투, 고동하전투 등 대소 9차례의 전투에서 일본정규군 1,200여 명을 사살하는 전과를 올렸다. 서일은 훈춘 동북부와 왕청의 동녕 이서지구인 동부전선에서 대한군정서 유수(留守)부대를 이끌고 최진동의 군무도독부 부대, 신민단, 의군부, 나자구 의사부, 훈춘한민회 등 800여 명과 함께 10월 23일의 왕청현 십리평전투를 서막으로 왕청현 나자구, 노모저하(老母猪河), 장가점, 하마탕, 훈춘현 삼도구, 우두산(牛頭山), 소수분하(小水芬河), 팔가자 등에서 수차의 전투를 펼치며 많은 적들을 소탕하였다.

간도회전 후 서일의 대한군정서, 홍범도의 대한독립군, 안무의 대한국민회군, 재간도 대한국민회군, 대한신민회, 도독부, 의군부, 혈성단, 야단, 대한정의군정사 등 10개 항일무장부대 대표가 밀산현 평양진에 모여 '대한독립군단'을 결성, 서일이 초대 총재로 추대되었다.

○ 1921년(41세) : 일본군의 압박, 추위, 굶주림 등의 급박한 상황을 해결하기 위해 1월, 대한독립군단은 러시아령 연해주 이만으로 이동하였다. 서일은 공산주의화를 경계하면서 참다운 광복군단 편성과 민족개병주의에 의한 총동원제 시행계획을 천명하면서 지속적이고 강력한 군사력을 갖추기 위해 진력한다. 극동공화국은 간도 및 노령방면 한인 무장부대들을 자유시로 이동시키면서 외교상 문제로 무장해제를 요구받자 서일은 일부 소부대를 거느리고 당벽진으로 돌아와 일시 둔병제를 채택하여 양병하였다.

3월 하순 외세에 이존하지 않는 참다운 항일무장단체의 결속을 위하여 육단회의(군정서, 신민단, 의군단, 광복단, 도독부, 의민단)를 개최하고 대한총군부라는 통일단체를 조직하였다.

4월 12일 이만에서 대소 36개 단체 수뇌자가 참석한 독립군대회를 개최하여 대한총군부를 대한독립단으로 명칭을 바꾸고 서일이 총재로 추대되었다.

6월 28일, 자유시로 간 대한독립군단이 러시아군에 의해 무장해제를 당한 자유시사변으로 치명적 타격을 입게 되었다.

8월 26일, 천보산 마적들이 서일이 주둔하는 당벽진 둔전을 야습하여 서일의 부하 열두 의사(義士)가 이에 대항하여 분전하다가 몰사한다.

8월 27일 오전, 당벽진 참변의 인명피해 책임을 통감하고 대종교의 발전과 광복운동 단체들의 단합을 염원하며, 마을 뒤 수림(樹林) 속에서 대종교의 최고 수련법인 조식(調息)법으로 순국 조천하였다.

○ 1962년 3월 1일 건국훈장 독립장을 추서 받았다.

○ **서일의 후손** : 서일이 1911년 왕청현 덕원리로 이주할 당시 동행한 가족은 서일의 아버지 서재운, 서일의 아내 채희연(1875.1.10.~1938), 맏딸 서죽근(당시 10세, 출가 후 병사), 둘째딸 서죽청(徐竹淸, 6세, 1906~?), 아들 서윤제(徐允濟, 4세, 1908~1969)였다. 서일이 당벽진에 머물 때 유숙하던 권씨 집 딸을 며느리 삼고 싶어 했는데 그의 유지에 따라 3년 뒤인 1924년에 아들 서윤제가 결혼하여 서경섭, 서만섭을 낳았다. 서일의 가계는 아들 대까지 4대 독자로 내려왔으며 아들 서윤제가 형제를 두어 간신히 독자를 면했으나 후대가 단출한 내력이었다. 둘째 딸 서죽청은 1923년 최관(崔冠, 1900~1980)과 결혼하였다. 최관은 함경북도 종성 사람인데 1919년 서일이 세운 명동학교를 졸업하고 3·1항쟁 이후 왕청현 여러 곳에서 교편을 잡다가 1926년경 덕원리로 돌아와 명동학교 소학부에서 4~5년간 교사로 재직하였다.

1930년 10월 왕청에서 중국공산당 '연변특별지부'가 일으킨 대규모 폭동에 조선공산당원들 및 왕청과 덕원리 대부분의 군중들도 호응하였는데, 서윤제와 그의 부인 권씨, 서죽청과 그의 남편 최관 등도 모두 이 폭동에 참여했다. 진압군들이 시위 참가자들을 모조리 잡아가자 아들 서윤제와 사위 최관은 피난을 갔으나 남아있던 서윤제의 조부는 진압군의 총에 맞아 며칠 앓다가 죽었다. 1931년 봄 서윤제는 고향인 금희동으로 돌아갔고 최관은 명동학교 교사 4명과 함께 일경에 체포되었다가 한 달 만에 풀려났는데 명동학교 교사직을 사임하는 조건이었다.

1933년 말 중국으로 다시 온 서윤제는 어머니 채씨와 아들 경섭(9세)과 만섭(4세)을 데리고 최관을 따라 동경성으로 갔다. 1938년 서일의 부인 채씨가 64세로 세상을 떠난 후 서윤제는 1939년 허정숙과 재혼하였으나 슬하에 자식이 없었다. 1942년 11월 19일 '임오교변(壬午敎變)'이 일어나 대종교 간부 25명이 체포되고 서윤제와 최관도 체포되었으며 이날 일경들은 서윤제와 최관의 집을 샅샅이 뒤져 서일 일가의 모든 친필 기록과 사진들을 몽땅 가져가 후세에 전하는 것이 없다.

출옥 후 서윤제는 1년 가량 농사를 짓다가 광복이 되자 향토와 인민정권을 보위하기 위해 동경성 12중대를 창설하고 중대장을 맡게 된다. 그 후 중국공산당에 가입하고 중국해방전쟁에 참전하였고, 제대하여 목단강 병기공장, 목단강 22창합작사 경리, 목단강시 농기계공장 당지부 서기로 근무했다. 퇴직 후 부인과 함께 흑룡강성 해림현에 가서 양봉을 하던 중 억울한 누명을 쓰고 1969년 62세의 나이로 죽었다. 유해는 중국 흑룡강성 해림시에서 2007년 국립서울현충원에 이장되었으며, 독립운동가 안희제와 발해농장 등으로 독립운동을 벌이다가 피체되어 1944년 1월 중국 목단강 액하감옥에 수감되었다가 석방, 1993년 건국포장에 추서되었다.

최관은 명동학교 교사직에서 물러난 후 1934년 정월 동경성으로 이주했다. 대종교 3세 교주 윤세복에 감화되어 입교한 후 동년 3월 9일 동경성에 경일시교당을 설립했다. 당벽진에 있던 대종교 총본사가 동경성으로 옮겨오자 총본사의 사무를 보좌하였으며 1939년 8월 대종교서적 간행위원회 8명의 발기인 중 한 사람으로 활동하였다. 1942년 임오교변 때 체포되어 8년형을 받았으나 1945년 8월 12일 소련 적군에 의해 풀려난 후 대종교 총본사 경각봉선을 맡았다. 이후 1946년 1월 총본사가 서울로 귀환할 때 동경성에 남아 영안현 고려인민회장을 역임하고 영안현 선전과장을 거쳐 신안진 조선족학교장으로 근무했다. 퇴직 후 목단강에서 거주하다가 1980년 80세로 병사하였다.

[자료 2] 『도해삼일신고강의』 원문(국학연구소 소장)

序

神誥。天書也。理晦而微。凡眼覷之。如塞壚焉。苟非化者。難與語妙。雖然塵境多迷。人情

易任。若以斯道。謂徵且大。不敢由之則愈任愈迷。其勢必偏。不克自拔。此

天祖所以不忍岸視而石室珍本。所以重出於世也。第湖神誥之傳來則众公頒受。誌仙畫

傳。只三百六十六言。然而其民大化。無爲而治也。此。太古淳朴而親見化也。再傳而有彣民

譯書。三傳而有克師讀法。此。上古尙朴。去聖稍近也。四傳而有渤海太祖御贊。盤安王序。

任雅相註。然。其曰封卼。曰口不逑。曰妄求於外者。此。中古漸紛。去聖已遠也。由众公

至茥。聖千二百歲。由茥聖至克師。又千餘歲。由麗初至渤海。又七百歲。凡三千餘載之

間。人智俏俏。若是其差。況四千三百年之今日乎。惟我

弘巖宗師。至誠感天。弘量濟世。重光以來。斷葷燒楮。一心讀誥。已八載矣。煊化收墜。道

力漸張。誠信景奉。不啻輻湊。雖然。敎理之尙未擴展者。斯非世愈遠而俗愈下者耶。一猥

以宋學。叨忝司務。目見斯道之不行。苟泥於妄。不思所以闡明啓發則其實安在。於是。齋

沐立誓。專心研慘者殆歲餘。乃演本義及講解。以發微言之未柝。並述五訓諸圖。以實備

圖解三一神誥講義　序

考之資。役完。實疑於

宗師。師。遂命名圖解三一神誥講義。至是年夏。偶契

神師之默佑。漸悟道原。復取舊日所述者。解而張之。範而標之。定著章句。大綱斯擧。細

目畢張。嗚呼。塵培露霑㤼爲敢曰功。雖然。初讀者。恕而察之。則或爲問津之一助。亦未

可知

開天四千三百七十三年丙辰季夏之日

末學　白圃　徐一　齋沐謹序

二

圖解三一神誥講義

司敎白圃徐一　講義

三一神誥

〔註〕三一。三眞歸一也。神。明也。誥。文言也

〔義〕三一兩字。其義該博。二雖不言。已在其中。三乃二一合成。一卽二三同出。神誥之理。錯綜万德而貫之則會而歸而已。調禁相會。歸於一止。和康相會。歸於一平。知保相會。歸於一通。推此則万殊一致

綜案〔三〕
　一序案。二爾案。三績案。

序案〔二〕
　一原序。二御贊

原序〔五〕
　一起釋賦受　二段敎出果　三贊
　　美誥文　四克揚緣纂　五自述

一起釋賦受　上四句。言有因兄炷。下四句。言
　　　　　　一分万殊

臣竊伏聞。群機有象。眞宰。兇形。藉其兇而陶鈞亭毒。曰
天神。假其有而生歿樂苦。曰人物。厥初神錫之性。元兇眞妄。自是人

受之品。乃有粹駁。譬如百川所涵。孤月同印。一爾所潤。万卉殊芳

〔義〕元數爲群。惟一爲眞。群元。言理。假有。言質。陶人模下圓轉曰鈞。品其形曰亭。

成其質曰毒。生歿。以軀殼言。樂苦。以靈魂言。歿初。有生之始。眞本惟一。因有妄故。

始有眞名。是故元元。自我受來。岐妄始著。是故乃有。月、兩、喻性。川、卉喻品

二段敎由果

嗟嗟下九句。嘆迷任迷。不壹二句。
鏗下。玆蓋下三句。明敘。鏗聯一府。結上

嗟嗟有众。漸紛邪愚。竟昧仁智。膏火。相煎於世爐。腥塵。交絞於心

實。因之以方榮方枯。旋起旋滅。齷齪同帶晞之群蜉。未免赴燭之屛蛾。

不壹孤子之井泠。寧忍慈父之岸視。玆蓋大德、大慧、大力

天祖之所以化身降世。所以開敎建極也

〔義〕嗟嗟。嘆辭。紛。雜。昧。昏也。紛故相煎。昧故交蔽。世爐。喻物欲。心實。喻本性如

樹背陽。榮枯暫須。如燈臨風。起滅倏忽。晞晩變宗。蜉則不知。燭撲爲𤟆。蛾則不覺。痛

論有众之迷

圖解三一應語講義　序案一　原序

二

三 贊美誥文

極言檀理之大也。肉眼句。
翻揚檀誥而反襯下文。

若三檀誥者。洵檀府寶藏之最上曰珠。化衆成書誥之曰二眞經。精微
邃玄之旨。磊明炳煥之篇。有非肉眼凡衆之所可窺測者也
〔義〕檀府。喻曰。寶藏。喻誠修存養。曰珠。喻眞理。肉眼。喻礙而不通

四兄揚贊辭
惟我下五句。美述大業名藉下四句。
克續御製。于時下三句。綱述盛德。

惟我
聖上基下。素以天縱之姿克紹 檀卑之統。既奠金甌。乃垂黃裳。爰
捧天訓之瓊爰。載輝宸翰之寶賁。五彩騰於雲漢。七曜麗於紫極。于
時。四海波安。万邦民寧。於戲懿哉

〔義〕基下。猶言陛下。人君世襲續承基業故。云。天姿聖明。克全厥初故。曰縱。檀祖垂
統。傳及後裔故。曰甬。金甌。喻大地山河。圖全厥缺。黃裳。繡裳也。
宸翰。御筆也。星帶森密。望之如昭雲明河故。曰雲漢。七曜。列宿也。自地仰空。極爲中高

圖解三檀誥義。序案一 照序

三三

圖解三一神誥講義　序案一　原序

列宿外錯。如相環著故。曰麗。波夢。喻聖世。天兀滾風。海波不揚

　　五　自述

臣猥以末學。叨承　聖勅。才有限而道之兀窮。心欲言而口不逮。縱有所

述兀異乎塵埃喬嶽露靈巨浸也

〔義〕猥叨二字。謙稱。塵露。喻才。嶽浸喻道

天統十七年三月三日　盤安郡王臣野勃　奉勅謹序

御贊〔四〕

〔義〕天統。渤海太祖年號。野勃。太祖御弟也。

　一禮降設敎
　二大宗眞理
　三诰明奧義
　四自述

上四句。極寫天山之光景。下四
句。極美天庾之功德

贊曰。戢彼長白。巖巖蒼穹。霧濛霞靄。万嶽祖宗。惟

帝庾降。爰檀寶宮。建極垂敎。覆幬家中

〔義〕戢。高峻貌。長白。太白山一名。巖巖。鎧出貌。大氣蒼然。望之中高故。曰蒼穹藹霞

也。霞。日傍形雲。靄瑞雲也。　天庾下降處。即爲天宮故。曰窮檀寶宮。中立取正曰極。布

四

示於後曰岢。覆蓋也。帳帳也。宇內曰寰。

二大宗眞理

首二句燭顯理之眞。中四句燭化。又成善之效。末三句燭同仁二視

帝演寶誥。擒篆瑞璘。大道眞宗。邁化超塵。卽三卽一。返妄歸眞。恒照恒樂。群象同春

〔義〕演。衍同。布也。擒篆。只因古文字體而言。非漢字大篆小篆之謂。瑞璘。玉文氷鎖遙化超塵。言邁過化行。起昇種明也。照兊不燭。樂兊不被。蒼蒼有生。一春自樂。極賛其美

三誥明奧義　　言眞理之愈明也

爰命善工。始克箋誥。探蹟闡微。昭如剔烓。啓覺濟迷。兊央有部。詳露彩曒普天溯照

〔義〕善工。賢明之官。指任雅相也。記識曰箋。訓註曰誥也。賾。幽隱難見。微。隱細難形剔剪也。喻探闡娃燈心。喻箋誥。央半。部全也。言使人。啓其知覺。濟其愚迷。兊半淦臍

有全體備矣

圖解三一神誥講義　序案二　御

四自述
上二句。寫戒懼之意。次二句。
次二句。言誠修之意。末二句。寫軟籲之意。
寫謙抑之意。

朕承丕緒。夙夜戰兢。封部粘妄。曷由超昇。煮馞跪讀。三途乃澄。庶

祈默佑。勿墜勿崩

〔義〕五緒。大業也。部。覆曖障明之小席。膠固不通曰粘。曷。何也。煮燒。馞大香也。默

冥冥也

天統十六年十月吉日　題

六

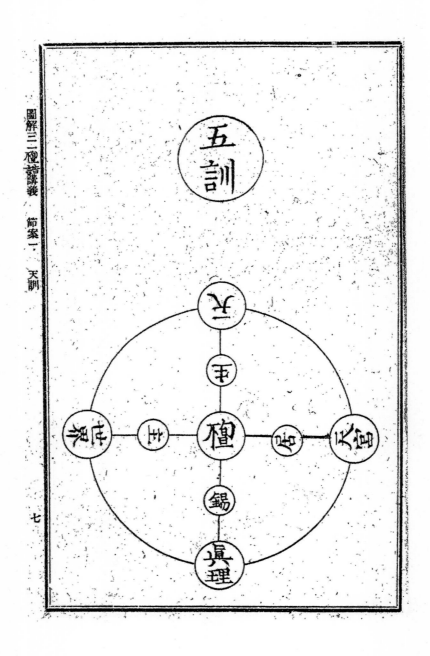

圖解三檀誥講義　節案一　天訓

節案〔五〕

〔一天訓。二檀訓。三天宮訓。四世界訓。五眞理訓〕

按五訓中眞理訓。圭言人道。餘。各言天、檀、天宮、世界之事。然。提綱絜維則莫非人事收繫。即天爲性檀爲統。天宮爲刱。世界爲身。莫不備我。讀者。近取諸身。沈潛反復。轉迷爲悟。庶得其趣

天訓〔三〕

〔一叙事。二引證明示。三說破實相〕

一叙事　首揭六言。下貫五訓

〔註〕訓。誨也

按訓旨。重在虛、盧一句故。二非、三兀字。是證虛空。以明天本非有。亦兀所有。蒼、玄、形質、端倪、上下四方等字。是證在容以明虛空。非有不在兀有不容

帝

坵丁計曰元輔彭㕦元俱切

〔註〕帝。檀帝。一檀化降也。元輔。官名。彭㕦。人名。受　帝勅。奠山川。爲土地祇也

八

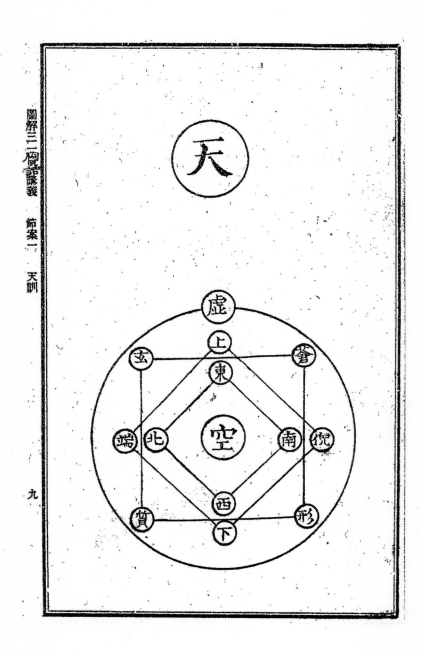

圖解三復語講義　案一　天訓

〔義〕此。人君命臣之辭。史臣所述

蒼蒼。非天。玄玄。非天

二　一　先
引證明示二　引

〔註〕蒼。蒼深青色。玄玄。黑而有黃色。地外氣也

〔義〕氣凝則著。蒼蒼蒼色然。氣遠則寞。玄玄象然。譬如鏡本明矣。縱觀則碧。水本淸矣。臨潭則幽。人知蒼玄。爲天色象而不知其爲地外氣。又知蒼玄。包圍萬有而不知其亦虛中物故。先提一句。以明其非

二　先
證

一天。兀形質兀端倪兀上下四方

〔註〕端倪。始際也。上下四方。以自身觀有。以天觀兀也

〔義〕入之於天。觀術不一。曰卑觀。望之穹窿者。形之。輕淸者。質之是也。曰世界觀。極之出地者。端之。入地者倪之是也。曰自身觀。己之戴履者。上下之。向背者。四方之是也。

十

雖然。此以人觀天。非天觀天。人觀是有。天觀是兒。故。次提三句。以明其兒

三 說破實相

虛虛空空兒不在兒不容

（註）人物微孔。雖視力不到處。盡在也。大而世界。小而纖塵。盡容也

（義）有外有虛。而達兒外。兒中兒空。而在有中。是故。万有之生。後天天容。先天天在。虛

本空幻公理由起

贊曰。理起一兒。體包万有。冲虛曠漠。擬議得否。正眼看來。如啓窓

牖。雖然群機疇能仵耦

（義）凡言理則万殊同出於天。故曰起。言體則万象。同在於天。故曰包。冲虛。兒破。曠漠。

允際。以若凡眼。或可擬議。惟以善眼觀之。譬如啓牖而徹虛也。然。至於包容群機之量則

雖善之通。亦不可得而仵耦之也

檀君〔四〕

圖解三一神誥講義　卷一　天訓

一統論主體。二承叙造化。
三顯揚妙用。四勉示返元。

十一

圖解三一神誥講義　案一　天訓

〔按〕篇分兩段。聲氣以上。主言　天神。以下。並言。人神。以見人之原天也。又篇中兩在字。最玩味處。前者。言　神之惟一神二體也。後者。言　神之變化萬億。橫盡豎互。神所不在用也。絕字。遞對有字。有故。能顯其大。不敢名量。神故。能寂其微聲量奧神是故。以有觀神不可不絕。以神觀神不可不通

一　統論主體

神。息隣切。在神上一位。有大德大慧大力
〔註〕神。神上一位。神二聲所也。大德。生養諸命。大慧。裁成諸體。大力。斡旋諸機
〔義〕上上神上主體定矣。因神有有。因有有大。作用著矣

二　承叙造化

生天。主神數世界。造蚖蚖物
〔註〕生造。主宰也。神數世界。群星辰也。蚖蚖。物多頒
〔義〕天本一神。幻有顯神故。曰生。星辰。各自有界。同在一天國內故。曰主神云云有生。化於神爲故。曰造

十二

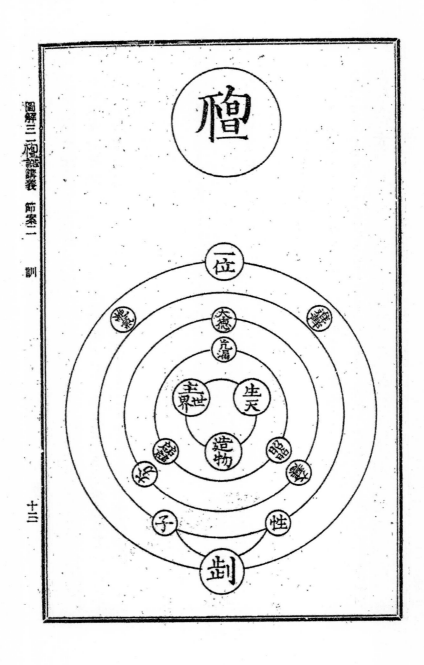

纖塵兇漏。昭昭兢兢[節下切]兢。不敢名量

〔註〕漏。遺失也。昭昭兢兢。造化也

〔義〕大德。體虛。包容兇遺。大慧。恒明。昭昭行化。大力。用健。兢兢發迹。其造化之妙。孰
敢擬議

四　勉示返元

三　顯揚妙用

聲氣願禱[絶親見]自性求子。降[胡江切]在爾[乃老切]

〔註〕聲氣願禱欲聞　神之聲見　神之氣而禱也。自性。自己真性。求。覓也[剄]。頭髓一
名神府。此身。未出胎前。　神已在[剄]。人妄求於外也

〔義〕神本兇言。由聲欲聞。神本兇形。由氣欲見。爲由得之。聽兇視兇。是以絕也。人以
性爲天。以子爲種。自人天而究其原則　神在。可想兇人種而溯其本則我來。可知。近取
諸已。何須乎外

贊曰。至昭至兢。万化之主。既剛而健。慧炤德溥財成神機。如持規

矩。離聲絕氣。不見眞府

〔義〕檀道昭誋。極於先溜。故。曰至。万化。万有生化之機也。
能也。如持規矩一句。並督造化之妙也。離聲故。聽芃。絕氣故。視芃是。以不得親見其
檀之收居、反觀自性求子之意

天宮訓〔三〕
　一標示莊嚴。二讚頌
　位所。三獎示實踐

〔按〕善德二字。爲一篇中雙個關鍵而復以兩大字。照應兩万字。其曰吉祥。万善之實。其曰
光明。万德之華也。通則芃瑰。德之至大處。完則芃弨。善之圓滿處。陛善之最上階。故。
完。八德之芃。二門。故。通。攷一字。尤有昧。以明天宮。芃有定所。惟 檀𢗈降處則皆是

　一　標示莊嚴

天。檀國。有天宮。階万善善。門万德

〔註〕天宮。非獨在於天上。地亦有之。太白山南北宗。爲檀國。山上 檀降處。爲天宮。人
亦有之。身爲檀國。𡴋爲天宮。三天宮。一也。階。陛也。門。入也。

〔義〕神國。天宮之義。原註備矣。階曰万善則陛降於是者。莫敢不善。門曰万德則出入
於是者。亦莫敢失德。是故。善不積。其階。可望不可陛。德不行。其門。可仰不可入。然
則爲神國民者。豈可忽一善、蔑一德。自墮厥階而入禍門歟

二　賛　頌　位　所

一神。攸居。群兒諸壽　陛列切　護侍大吉祥。大光明處

〔註〕群兒。神將。諸壽神官也

〔義〕至尊。御臨兄上。競喜。侍立左右。万善所湊。吉祥。孰大。万德所耀。光明。孰大

三　獎　示　實　踐

惟性通功完者。朝。永得快樂

〔註〕性通。通眞性也。功完。持三百六十六善行。積三百六十六陰德。做三百六十六好事
也。朝。覲一神也。永得快樂。兄等樂。與天同享也

〔義〕位之尊嚴。如彼。宮之壯麗。如是。豈人人能到處。惟善施於人。完而兄缺。德合于
神。通而兄碳者。乃可朝也

十六

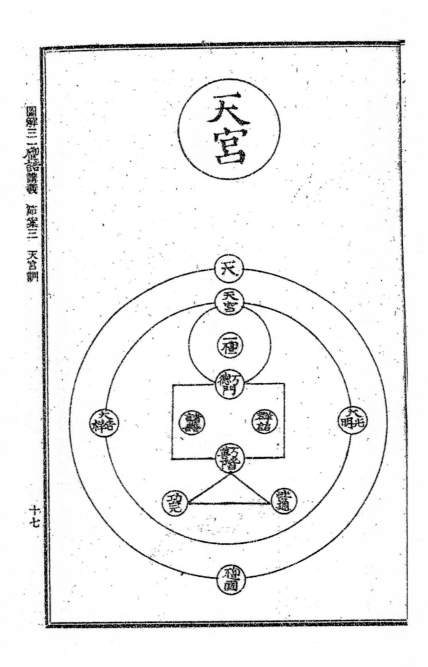

讚曰 玉殿嵼嵼 寶光煜煜。惟善惟德。方陞方入。至尊左右。百靈扈

立。遊戲娛樂。檀雨霙霏

〔義〕嵼嵼。高圓貌。宮殿之麗。玉潤如也。祥光之明。火煜如也。極美其莊嚴也。其階則

惟善方陞其門則惟德方入。又勵其實踐也。檀雨喻 檀祖恩澤。並頌後來諸善俱依

大衆眞理而同得此朝天之樂也

世界訓〔五〕
　　一該擧全體二溯論想原。三明
　　敘主從。四實相。五結證功化

〔按〕訓旨。重在地世界而首言奎世界。次言日世界。又次。乃言地。正如人國。有省有縣。
大體小屬。非然有序。天人一理於此可驗○衆人。只見地外有氣。地表受熱而不察裏面
之如何。又知地方而靜。日月繞行而不知自體之遊行。故。此篇中拳字。見七百之繞
日。丸字。證地體之圓轉。中央二字。明地體之本熱。包底二字。示地在大氣之中。凡七
十二言之內。宇宙万象。一括无餘。句句字字。妙入眞境。苟非凡衆之可窺也

十八

一 該擧全體

圖解三一神誥講義 節案四 世界訓

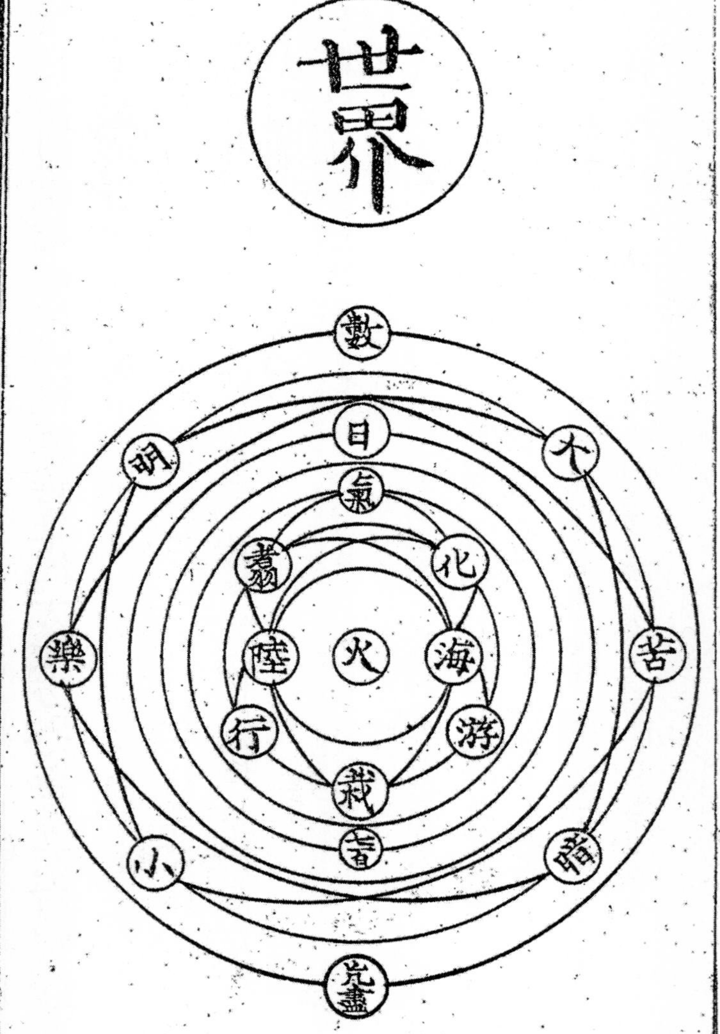

爾觀森列星辰。數兀盡。大小。明暗。苦樂。不同

〔註〕森。木多貌。列。布也。數。算也。兀盡。不能計也。群星辰。皆爲

一神之所造世界而與地比準。有大者。小者。明者。暗者苦者。樂者也

〔義〕星之錯列如木林立故。曰森。其數甚繁。非人能計。故。曰兀盡。語其自體見象則有大

有小。有明有暗。語其生物情景則有苦有樂。故。曰不同

二　溯論起原

一神造群世界

〔義〕彼森森列星果誰爲之造耶。衆人。只知其世界之有而不知其有本於兀。又知其數

之兀盡而不知其同出於一。故。間寫一句。以明世界之起。莫不依眞也

三　明示主從

一神勅日世界使者　嗜　耆羣　七百世界。爾地自大。一丸世界

〔註〕日世界使者。受　一神勅。主治大陽之神官也。羣車軸也。七百世界群星辰中七百。

二十

屬於日。如車軸所湊也自大。人從人。以地大。莫與爲仇。亦日屬內之一世界也。丸園轉物。

較諸日則如小丸也

（義）上命曰勅。統下曰黎以地之大而如一丸則主星之大。可知。以日之大而只聲七百

則主宰之大。亦可知。然則爲其所載在者。亦安敢自大云

四寶相

中火震溼。海幻陸遷。乃成見象 形旬切

（註）中火震溼。地中火與地面水。相搏海凸爲陸。陸陷爲海。幻遷不一也。見象。今所示

形也

（義）地本熱體。外受大氣。震溼幻遷。大火中念。寒溼表見。而液而固。海陸相包。有如是

象

五結證功化

橿。呵氣包底照日色熱。行著化游裁。物。繁殖

（註）呵噓也。包裹也。照。烝也。地與人物兆氣色熱。初不生活。

圖解三種語講義　節案四　世界訓

二十一

圖解三一榙語講義　節案四　世界訓

一榙。呴以包之。命曰世界使者。呴之也。行。足腹動類羲。羽族類。化。金石水火土類游。

魚族類。栽。草木類也。繁殖。多生也

〔義〕圜筑全體曰包。呴而發之曰熱。物。資氣以生。資熱以化。二者。造物之大原也。人知

物之在地而生而不知其地之在氣也。又知地之受氣熱而化而不知其包呴之德。出於

禮。故。復起此節而明之。非謂地成之後。乃呴乃呴也。行。地面爬走者羲。空間飛翔者。

化。隨時變態者。游。水中潛泳者。栽。水陸種植者。生生不已曰殖

贊曰。陶輪世界。星絡轕轇。依眞而起。如海噴沫。太陽線躔。七百回

幹。群生芸芸。水激火搋

〔義〕長遠曰轇。廣遠曰轕一榙造也。陶鈞如矣。世界起也。海沫如矣。極贊眞理之兄爲也。

線躔回幹釋萫字芸芸。釋繁殖義。激搋釋震溫勾遷等句

眞理訓〔四〕
一通叙初竟。三因根說果。
二因根說果。
三人事作成。四修行效果。

二十二

〔按〕天賦皆同。人全物偏。人受兄別。衆任嘉化。惟全故。能返眞。惟化。故。能返妄。然則
一迷一悟。曾在返不返而已。故。兩返字。爲此篇大要。而讀者之尤津津著眛處。此訓。
又爲四訓之綜會處。卽首段之同字。遙照天訓之兄不字。二段之根字。遙襯智訓之子字
末段之相雜句。遙對世界訓之不同句。又性通句。遙應天宮訓之快樂句。眞可謂徹上徹
下。合作一貫者也

一 通叙初竟 二
　一 題品
　二 歸納

人物。同受三眞。曰性。命。精。人全之。物。偏之、
〔註〕受。得也。眞惟一元二也。性○主權也切。命。口分房也切。精△呲岳也切。强相其妙也。全具
備也。偏。不齊也
〔義〕有生必初。俱賫三大。德之所包。同得爲性。慧之所炻。同得爲命。力之所施。同得爲
精。何曰同。惟同仁故。何曰偏。不同實故。因同爲一。因殊爲万。同同殊殊。乃成不齊

圖解三一神誥講義　節案五　眞理訓

二十三

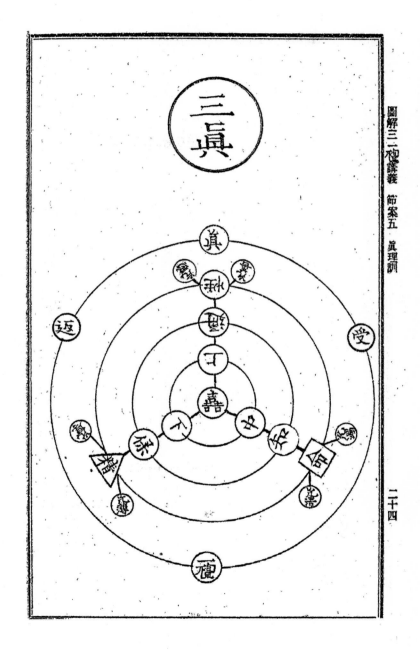

眞性光善惡上喆通眞命光清濁中喆知眞精光厚薄下喆係返

眞。一。檀。

〔註〕喆。檀之下聖之上也。上喆與檀合德。通永不塞也。中喆與檀合力。保永不滅也。下喆與檀合慧。知永不愚也。

〔義〕性本虛矣。心未迹焉。善惡何有。命本明矣。氣未分焉。清濁何有。精本健矣。身未遷焉。厚薄何有。上喆心平。洞然徹虛故。通。中喆氣和。昭然透明。故。知。下喆身康。泰然永健。故。係。論品則三。成之乃一。卽眞則喆返之乃檀

二　因根說果　二
一　眞本

惟众　之神
迷地三妄著根曰心氣身

〔註〕众。凡人也。迷地。胚胎初也。妄。岐而不定。著根。眞本也。心。情慾器也。

〔厥〕初允二。迷之爲众。眞本惟一。岐之有二。惟一允二。何有眞妄。心司知覺靈變不一。氣司運動。幻變不一。身司受容。遷變不一。是故爲妄。凡人胎初。化育未全。故。曰迷地。其胎化也。譬如植物之資地胚化。故。曰著根

圖解三一神誥講義　節案五　眞理訓

二十五

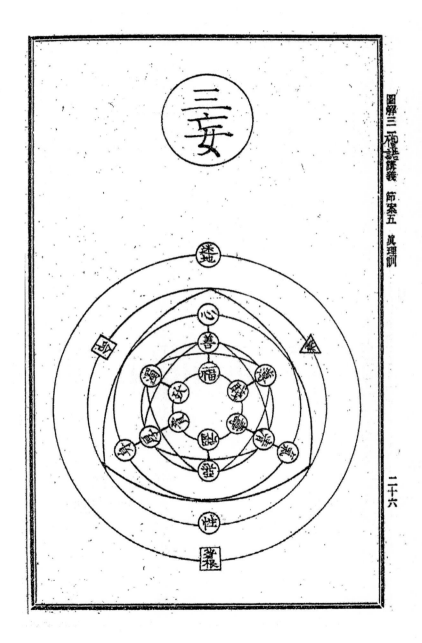

圖解三神誥講義 節案五 眞理訓

二十六

二 報應

心。依性。有善惡。善福惡禍。氣。依命。有淸濁。淸壽濁殀。身。依精。有厚
薄。厚貴薄賤
(註)依。附也。福。百順也。禍。百殃也。壽。久。殀。短也。貴。尊。賤。卑也
(義)心因虛生。氣因明化。身因健成。故。曰依。天鑑所昭。妍蚩何隱。天秤所懸。輕重誰
逃。慶殃之報。猶影響提。何須輪回。何須審判。世人不察。著斷吉凶。命談生死。相
言窮達。妄之又妄。迷而不返。可勝嘆哉

眞妄。對。作于賀三途曰感息臰切玉
(註)對。猶間也。作。造也。途。路也。感。識辨主息。出納客。臰。傳途奴也
(義)心主感。外激內應。氣主息。陳出新入。身主臰。表受裏達。自相不悖。有如行路。故。
曰途。尤性則塞。途何由通。尤命則暗。途何由辨。尤精則窮。途何由達。故。曰對

三 人事作成二
 一 一 交幻

圖解三一哲學演義 節案五 眞理訓

二七七

轉成十八境。感。喜懼哀怒貪厭。息。芬彌寒熱震濕。卑。聲色臭味淫抵

〔註〕境。界也。喜懽忻。懼。恐惶也。哀。悲憐。怒。恚憤也。貪嗜好。厭。苦避也。芬草木氣。彌。炭尸氣也。寒。冰氣。熱火氣也。震。電氣。濕。雨氣也。聲。耳受。色。目接也。臭。鼻嗅昧。口嘗也。淫凸相冒交。抵肌襯也

切

〔義〕感與息交。息與身交。身與感交。其勢錯互。有如輪換。故曰轉

二　錯別

四　修行劝果二

一　轉墮五苦

众善惡淸濁。厚薄。相雜。從境途任走墮。生長肖惡遨病殁苦

〔註〕雜。不純全也。從。就也。任走。爲众第一長技也。墮。落也。生。始出也。長。壯大也。肖。衰微也。病。疾痛也。殁。散終也。此地。爲五苦世界也

〔義〕妄而不一曰雜。自暴自行曰任。迷不知止曰走。推轉而下曰墮。雜任。指心言。走墮。指聲言。生長肖病殁。指軀殻言。由心有妄。而雜而任。眞我不悟。反役於妄。是以迷走。乃爲情慾器所熱縛。竟墮其苦。众之爲众。實由此故

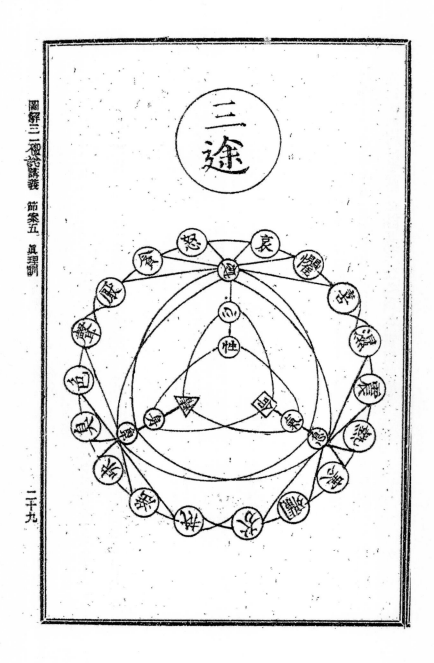

二　超昇永樂

嘉。止感。調息禁觸。一意化行。返妄卽眞。發大神機。性通功完。是

〔註〕止感心平。調息氣和。禁觸身康。止調禁三法。防妄賊苦魔之利伏也。一意。絕万起邪想。二正其意。万挫不退万搖不動。做成一團也。化行。爲嘉兀二寶訣也。眞本兀滅。

圓滿自在。回妄卽眞也。大神機。曰見神機。近而自他之臟腑毛根。遠而天上及群世界。

地中、水中諸情形。瞭然見之也。曰聞神機。天上地上及世界之人物語音。皆聞也。曰知

神機天上天下、身前身後、過去未來之事、人物心中潛伏之事。神秘鬼藏兀遺洞知也。

曰行神機。耳目口鼻之功能互用。兀盡數之羣世界、如帚往返。空中、地中、及金石水火。

兀礙通行。分身万應。變變化化。隨意行之也。是。永離五苦世界。朝天宮而享天樂也。

〔義〕惟嘉悟是。我心我東。止不妄感。節不妄息。愼不妄觸。知變而化。惟化

故。返。惟返故。卽神機之妙。自然發見。是名通完。超昇天階。得兀等樂。嘉之爲嘉。亦此

之故

三十

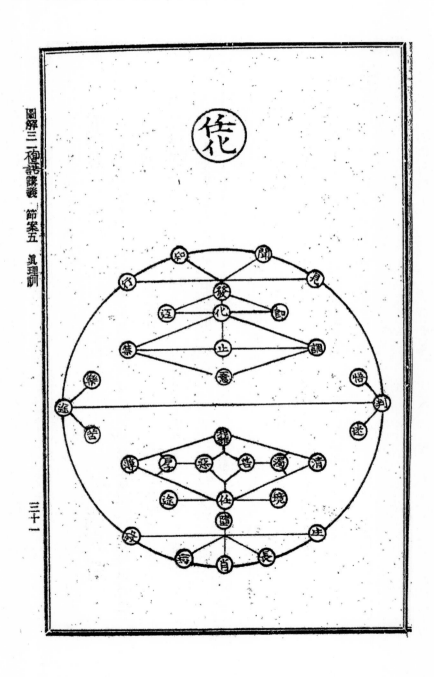

贊曰。自一而三。眞妄分圖。會三之一。迷悟判途。任化之間。殊慶自呼
錯綜至理。惟神之府
〔義〕自一。言神錫之初。之一。言人返於初也。上句。重在眞字。下句。重在悟字而帶言妄
與迷者。皆抑揚嘉之意。是故。說眞妄則曰分。說迷悟則曰判。以示二者之不可同曰語
也。殊。指禍大賊三苦。慶。指福壽貴三樂也。交而互之。一左一右曰錯。總而絜之。一低
一昻曰綜。符。合也。言眞理之妙。錯綜万端而莫不歸合于　神明也

續案〔二〕
讀法〔三〕　一方法　二戒愼
　一讀法　一奉藏記
　　方法
　　　一讀法　二勸　勉
麻衣克再思曰嗟。我信衆。必讀神誥。先擇精室。壁眞理圖。盥漱潔身。
整衣冠。斷葷酒。燒栴檀香。欲膝跪坐。默禱于、
一神。立大信誓。絶諸邪想。持三百六十六顆大檀珠。一心讀之。正文
三百六

三十二

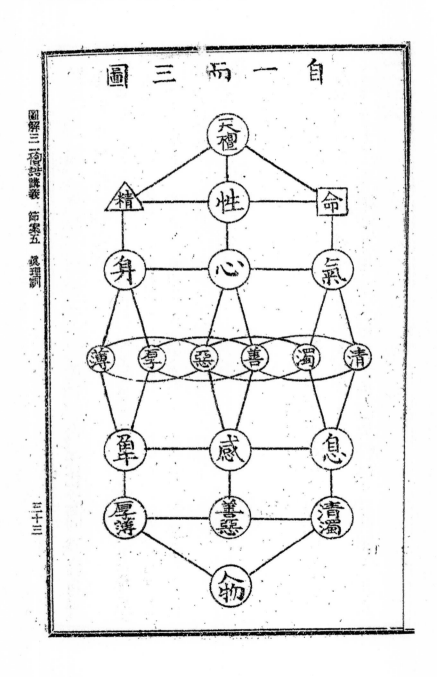

會三之一圖

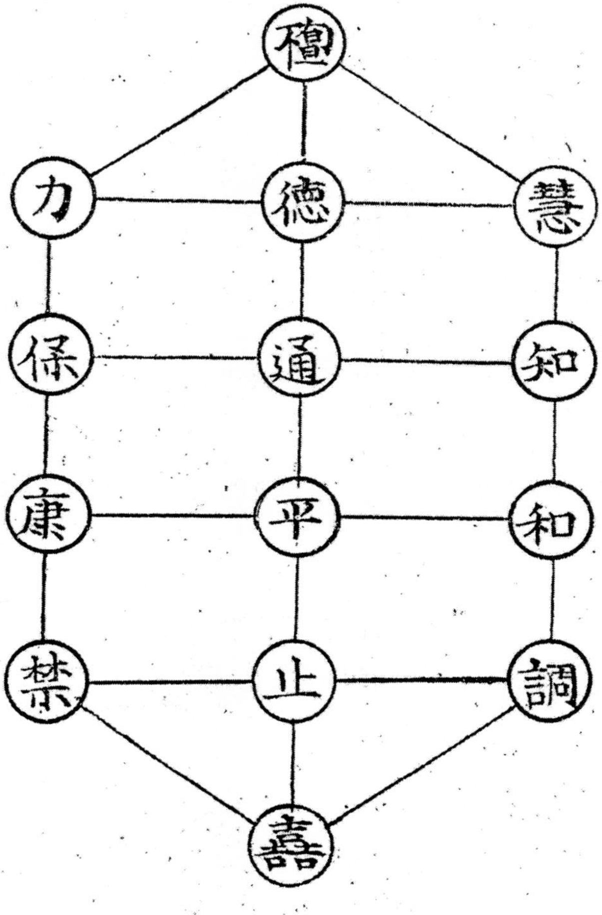

十六言之眞理。徹上徹下。與珠合作一貫

〔義〕壁。掛之於壁也。董。辛腥之物。整容曰斂

二 勸 勉

至三万回。災厄漸消。七万回。疾疫不侵。十万回。刀兵可避。三十万回

禽獸馴伏。七十万回。人鬼敬畏。一百万回。艗盡括導。三百六十六萬

回。換三百六十六骨。湊三百六十六穴。會三百六十六度。離苦就樂。

其妙。不可殫記

三 戒 懲

若口誦心違。起邪見。有褻慢。雖億万斯讀。如入海捕虎。了沒成功。反

爲壽祿減削。禍害立至。轉墮苦暗世界。杳兌出頭之期。可不懼哉。曰助

奉藏記〔三〕

一參攷古蹟二傳來
半實。三奉藏理由
一參攷古蹟

之勉之

謹按古朝鮮記曰三百六十六甲子

三檀詁講義 賴案一讀法

三十五

命握天符三印。將雲師雨師風伯雷公降于太白山檀木下。開拓山河生育人物。至再週甲子之戊辰歲。上月三日。御彧宮。誕訓檀誥。時。彭虞率三千團部众。嶺首受之。高矢採青石於東海濱。檀誌。畫其石而傳之。後朝鮮記曰箕子。聘一士山人王受兢。以殷文。書檀誥于檀木。桃而讀之

〔義〕古朝鮮。卽倍達國。三百六十六甲子。溯邃初有民之始而計也。戊辰。卽開天後一百二十五年之干支也。上月。十月也檀誌。高矢。皆人名。後朝鮮者。箕子。避周東來。受檀朝命。封于那羅團部。其後。漸大。補後朝鮮也。桃。刊木也。

〔二〕傳來事實

然則檀誥。原有石檀二本而世傳石本。藏於扶餘國庫檀本。則爲衛氏之有。幷失於兵燹。此本。乃高句麗之所譯傳而我高考之讀而贊之者也

〔義〕扶餘。國名。其先。皇子扶餘之所封也。衛氏。指衛滿也。高考。指太祖也

〔三〕奉藏理由

小子。自受誥以來。恒恐失墜。又感石檀二本之爲世波所盪。玆奉

靈寶閣御藏珍本。移藏于太白山。報本壇。石室中。以爲不朽之資云

爾

大興三年三月十五日　藏

〔義〕大興。渤海文王年號。

圖解三一檀語講義　終

圖解三一檀語講義　資案二　奉藏記

三十七

圖解三一神誥講義　跋

跋

蓋神誥之復見於世也。實惟我

天祖好生大德而吾禮族。窮極返本之秋也。然。惟上天。兀形兀言。故。下民之不敬不信者。

衆。忘本背源而不知其返之之道。此古之所以

神降設教而今之所以聖承司敎者也。吾道之重光于世。不逾六七載。敎界日廣。信徒日众。

豈徒神化之收曁二而已。亦多賴其闡明啓發之功焉。一則曰白峯神師之誠力也。二則曰

弘巖宗師之信力也。惟　兩宗師之誠力信力。能合乎神機之斡旋。故。大敎之展。所以丞丞

日上。迷暗之众。隨導而轉陞。光明吉祥之域也。正文之旨義深奧。質註之文體閒古。啓牖凡

眼。亦不易。由是。敎理未擴。誠修多艱。故。識者。憂之。惟我白圃先生。以儕門信士。每歎反

斯道之不能廣布。乃於專修之暇。推本神誥。實諸原註。更互演繹。作爲圖解講義。丁寧反

復。開示蘊奧。使人。開卷瞭然。自有剔炷添油之快效。其費心致力。當何如哉。盖　兩宗師

之誠力。於是益著而吾道之傳。果有賴矣。三誠薄識劣。不能贊一辭。於其間。然。因玆而大

敎發展則誠有感悅不能已已也。故。書此卷尾

開天四千三百七十三年丙辰季夏晦

宗學 知敎 一圖 鄭三韑 跋

圖鮮三一種誥譚後 跋

二

[자료 3] 대한정의단 창의격문(大韓正義團倡義檄文)

(騷密 제6080호(1919.8.2.), 「獨立運動二關スル件」(國外日報 제113호), 『現代史資料』 26, 앞의 책, 249쪽.)

자아동포(咨我同胞) 대한인(大韓人)아, 금아(今我) 대한정의단(大韓正義團)은 독립군정회(獨立軍政會)를 조직하고 정리(正理)와 대의(大義)로써 동지자(同志者)를 규합하야 천하만세(天下萬世)의 공적(公賊) 일본(日本)에 성죄행토(聲罪行討)하려 하노라.

완피일본(頑彼日本)이 향이(向已) 불의(不義)로써 아대한제국(我大韓帝國)을 합병(合倂)하고 이제 또 불의(不義)로써 아대한독립(我大韓獨立)을 저해(沮害)하야 인도(人道)의 정의(正義)도 불사(不思)하며 세계(世界)의 공유(公諭)도 불고(不顧)하고 오직 낭자(狼子)의 야심(野心)으로 야추(野雛)의 하복(河腹)만 충(充)하야 감히 동양(東洋)의 평화(平和)를 파괴하며 인권(人權)의 평등(平等)을 억압하니 이는 아신성민족(我神聖民族)으로 하여금 영(永)히 노예안(奴隷案)에 편(編)하여 야만종(野蠻種)의 대우를 여(與)함이라.

차(此)를 엇지 인(忍)하며 차(此)를 엇지 내(耐)하리오.

기(起)하라. 내(來)하라. 십년(十年)의 대치(大恥)를 쾌설(快雪)함도 시일(是日)이며 만고(萬古)의 대의(大義)를 신명(申明)함도 시일(是日)이니라. 오조약(五條約)의 늑성(勒成)을 분분(忿憤)하야 한성협실(漢城挾室)에서 이도자재(以刀自裁)하던 민영환공(閔泳煥公)이 다시 무(無)한가 유(有)하거던 속히 그 의충(義忠)을 진(盡)할지며, 국적오대신(國賊五大臣)을 사살(射殺)하야 정부(政府)를 징청(澄淸)하려던 나인영공(羅寅永公)이 다시 무(無)한가 유(有)하거던 속히 그 의지(義志)를 분(奮)할지며, 의사(義士)를 소취(召聚)하야 대마도(對馬島)에서 아식(餓食)하던 최익현공(崔益鉉公)이 다시 무(無)한가 유(有)하거던 속히 그 의절(義節)을 표(表)할지며, 하얼빈 정거장에서 공적(公賊) 이등(伊藤)을 포(砲)하던 안중근공(安重根公)이 다시 무(無)한가 유(有)하거던 속히 그 의협(義俠)을 발(發)할지며, 해아만국평화회석(海牙萬國平和會席)에서 열혈(熱血)을 일쇄(一灑)하던 이준공(李儁公)이 다시 무(無)한가 유(有)하거던 속히 그 의열(義烈)을 양(揚)할지며, 한성(漢城) 종로가(鍾路街)에서 매국적(賣國賊) 이완용(李完用)을 자살(刺殺)하려던 이재명공(李在明公)이 다시 무(無)한가 유(有)하거든 속히 의분(義憤)을 격(激)할지며, 고의병장(故義兵將) 민종식(閔宗植) 허위(許蔿) 강기동(姜基東) 제공(諸公)이 다시 무(無)한가 유(有)하거든 속히 그 의용(義勇)을 여(與)할지어다. 오호라, 수(誰)가 종(祖宗)이 무(無)하며 수(誰)가 자손(子孫)이 무(無)한가. 상(上)으로 신성(神聖)의 영(榮)을 조종(祖宗)에게 전귀(專歸)하려거든 하(下)으로 노예(奴隸)의 욕(辱)을 자손(子孫)에게 불유(不遺)하려거든 차시(此時)를 물실(勿失)하라. 차신(此身)을 불유(不有)하라. 일신(一身)을 순(殉)하야 백신(百身)을 속(贖)함이 인도(人道)의 원훈(元勳)이니라. 소수(少數)를 생(牲)하야 다수(多數)를 활(活)함이 정의(正義)의 공덕(公德)이니라. 수(誰)가 생(生)을 불욕(不欲)가마는 노예(奴隸)코 생(生)은 생(生)의 욕(辱)이며 수(誰)가 사(死)를 불악(不惡)아마는 신성(神聖)코 사(死)는 사(死)의 영(榮)이니라.

　본단(本團)은 정의광부(正義匡扶)를 강령(綱領)으로 하며 조업회복

(祖業恢復)을 목적으로 하는바, 군책군력(群策群力)을 일단(一團)으로
결합(結合)하고 취인취재(聚人聚財)를 쌍방(雙方)으로 진행(進行)하노
니, 유아동포(惟我同胞) 대한남매(大韓男妹)아, 지모(智謀)가 유(有)한
자(者)는 지모(智謀)로, 용기(勇氣)가 유(有)한 자는 용기(勇氣)로, 기
예(技藝)가 유(有)한 자는 기예(技藝)로 각자 영능의투(逞能義投)하며,
무기(武器)가 유(有)한 자는 무기(武器)로, 양미(粮米)가 유(有)한 자는
양미(粮米)로, 금전(金錢)이 유(有)한 자는 금전(金錢)으로 각자(各自)
수력수연(隨力隨捐)하야 써 공적(公賊) 일본(日本)을 토멸(討滅)하야
천하(天下)의 공분(公憤)을 설(雪)하며 아한독립(我韓獨立)을 공고(鞏
固)하야 만세(萬世)의 광영(光榮)을 유(遺)하라.

사무여명(士無餘命)은 수(壽)를 요(要)함이 아니며 사무여재(士無餘
財)는 상(賞)를 악(惡)함이 아니라. 시운소지(時運所至)에 능(能)히 아
신(我身)을 사유(私有)치 못하며 대세소구(大勢所驅)에 감히 아부(我
富)를 유유(猶有)치 못하나니 양재(諒哉)하여 욱재(勖哉)이다.

대한민국(大韓民國) 원년(元年) 칠월(七月)

대한정의단(大韓正義團)」

[자료 4] 대한정의단 규제

(機密公信 제23호(1919.6.27), 「不逞鮮人等正義團組織二關スル件」, 국사편찬위원회, 『한국독립운동사자료』41, (중국동북지역편Ⅲ), 2005, 243쪽.)

사대강령(四大綱領)
-. 정대(正大)한 의리(義理)의 천장(闡場)
-. 정당(正當)한 의무(義務)의 이행(履行)
-. 정직(正直)한 의무(義務)의 장려(獎勵)
-. 정순(正順)한 의거(義擧)의 찬동(贊同)

칠대약장(七大約章)
-. 서약(誓約) 필천(必踐)
-. 명령(命令) 필준(必遵)
-. 양민(良民) 물침(勿侵)
-. 타단(他團) 물섭(勿涉)
-. 규율(規律) 필수(必守)
-. 역무(役務) 필담(必擔)
-. 망언(妄言) 물작(勿作)

삼대부신(三大符信)
-. 단장(團長)의 인증(印證) 또는 증권(證券)의 호수(號數)가 있지 않

은 경우에는 청종(聽從)하지 않을 것.

-. 단장(團長)의 소집명령(召集命令)에 의하여 굴기(屈期) 집합(集合)할 것.

-. 서약서(誓約書)와 동호(同號)의 증권(證券)이 있지 않으면 단원(團員)이라고 인정하지 않을 것.

단, 증권(證券)을 분실했을 때는 보증연서(保證連署)로서 청원함. 또한 본증권(本證券)의 호수(號數)를 비밀로 할 것.

[자료 5] 대한군정서 격고문(大韓軍政署檄告文)
(『독립신문』, 1921.2.25.)

　아한(我韓)이 독립(獨立)을 선언(宣言)함으로 내외(內外)가 동성(同聲)하야 상(上)으로 임시정부(臨時政府)가 설립하고 하(下)으로 민군각단(民軍各團)이 병기(竝起)하야 일면으론 재정을 구취(鳩聚)하고 무기(武器)를 구입하며 일면으로는 사관(士官)을 연성(練成)하고 군인(軍人)을 훈련하여 대자(大者)는 수천(數千)에 이달(已達)하고 소자(小者)도 수백(數百)에 불하(不下)이라. 적수공권(赤手空拳)으로 분기하여 전후 범(凡) 이재(二載)의 간(間)에 이만한 실력(實力)을 거유(據有)함은 참 우리 간고 민족(民族)의 심진역갈처(心盡力竭處)라(羅) 아니치 못할지라. 차등(此等) 실력(實力)을 각거(各擧)하여 진정한 분투를 용결(勇決)할진대 하(何)를 도(圖)하여 위(爲)치 못하며 하(何)를 어(禦)하여 이(利)치 못하리오. 설혹 대승리(大勝利)를 미획(未獲)한다 할지라도 영(寧)히 백인(白刃)를 도(蹈)하여 정의(正義)에 순(殉)할지언정 그 구퇴모활(苟退謀活)하야 천고(千古)의 치(恥)를 이(貽)함과 갈약(曷若)하리오. 호사(好事)의 마(魔)와 순경(順境)의 애(碍)는 시세(時勢)에 관한 종종의 경우이니 우리는 다만 이를 직수횡피(直受橫避)하고 근시신종(謹始愼終)할 뿐이니라.

　본년 8월 이래로 적(敵)의 독균이 간도(間島)에 파급하야 중국(中國)의 군대(軍隊)는 적의 교섭에 분로(奔勞)하고 산비(山匪)의 소배(小輩)는 간활(奸猾)에 이용되어 적군(敵軍)이 일도(一渡)에 대국(大局)이

졸변(猝變)이라. 완피수적(頑彼讐賊)은 사기(詐機)를 승(乘)하여 천명
(天命)을 무외(無畏)하며 정의(正義)를 배(背)하여 인도(人道)를 박멸
하니, 슬프다 우리 무고 양민이 적의 독봉하(毒鋒下)에 원혼된 자는
기하이며 무산(無算) 재곡(財穀)이 적의 학염(虐焰) 중에 잔신(殘燼)된
자는 기하이며, 당차지동(當此地凍)에 한기(寒氣)는 폄골(骨)한테 무
의무가(無衣無家)하고 도로에 아부(餓莩)된 자는 또한 기하인가.

적세방치(賊勢方熾)에 나망(羅網)이 사거(四擧)하니 지편(紙片)에
대한(大韓) 이자(二字)만 현발(現發)되어도 그 가(家)는 회진(灰盡)을
당하며 탄피(彈皮)의 공각(空殼) 일개만 노출되어도 그 인(人)은 이멸
(夷滅)을 수(受)하니 토녀(土女)가 겸구(鉗口)하고 도로가 이목(以目)
이로다. 교당(敎堂)을 분훼(焚)하고 학교(學校)를 훼파(毀破)하여 문명
(文明)을 박멸에 천인(天人)이 공분(共憤)이라.

하물며 다시 병졸(兵卒)을 사종(四縱)하여 민가(民家)의 수색을 위
명(爲名)하고 재백(財帛)을 약탈하고 간음(奸淫)을 강행하니 아족(我
族)은 통한입골(痛恨入骨)에 원구(怨溝)가 익심(益深)이라. 영웅은 용
무(用武)의 지(地)가 무하고 인민은 갈상(曷喪)의 일(日)만 유하도다.
겁자(怯者)는 풍성(風聲)에 자퇴(自退)하고 경자(驚者)는 곡목(曲木)에
개주(皆走)라. 언념급차(言念及此)에 영불한심(寧不寒心)가.

본서(本署)는 자못 일려(一旅)의 약력(弱力)으로 절지(絶地)에 고립
(孤立)하여 장교(將校)는 복생(復生)의 심(心)이 무(無)하고 사졸(士卒)
은 감사(敢死)의 기(氣)를 유(有)하여 혈전(血戰) 4·5일에 적의 연대장
이하 수십 장교와 1,200여의 병졸을 살사(殺死)하였도다.

그러나 중과(衆寡)가 이세(異勢)하고 행장(行藏)이 유시(有時)하여
부득이 험요(險要)를 퇴보(退保)하여 재거(再擧)를 모(謀)할 뿐이므로

자에 좌개(左開)를 격포(檄佈)하여 우리 동포(同胞)의 각단(各團) 집사
제공(執事諸公)과 초택암혈(草澤巖穴)에 둔서(遯棲)하신 첨군자의 동
정을 간요(懇要)하노니, 대개 견의용위(見義勇爲)는 우리 독립군(獨立
軍)의 정신이오 임전무퇴(臨戰無退)는 우리 독립군(獨立軍)의 기혼(氣
魂)이니 엇지 계공모리(計功謀利)하여 대의(大義)를 성패(成敗)의 간
(間)에 구구(苟求)하리오. 격도즉일(檄到卽日)에 각(各)히 분의동정(奮
義同情)하여 현시(現時)의 대세를 만회하며 서약(胥弱)의 민족(民族)
을 증제(拯濟)하여 대한광복(大韓光復)의 원훈대업을 극기(克期) 완성
하시압.

좌개(左開)

一. 수적(讎敵)을 최억(崔抑)하고 시국을 수습코자 할진대 군책군
   력(郡策群力)을 집중하여 일심동모(一心同謨)하는 것이 유일양
   책(惟一良策)이니 우리 독립군(獨立軍) 각(各) 단체(團體)는 속
   히 협합(協合)할 것.

一. 상금도 고중(孤衆)을 시(恃)하고 중의(衆議)를 불(拂)하여 합군
   류력(合郡戮力)에 불긍(不肯)하거나 또는 교식녕폐(巧飾녕蔽)하
   여 전쟁(戰爭)을 회피하려는 자는 공중(公衆)에 포명(怖明)하고
   성죄행토(聲罪行討)할 것.

一. 군인은 국(國)의 간성(干城)이오 장교는 병(兵)의 사령(司令)이
   라. 그 인(人) 곧 아니면 존망이 계재(係在)하나니 간혹 허명과
   부영(浮榮)을 탐투(貪偸)하는 자들이 문자를 초해(稍解)하면 참
   모(參謀)라, 병조(兵操)를 약지(略知)하면 사령(司令)이라 함은
   참으로 군국생명(軍國生命)을 중시치 않음이니 어찌 한심치 아

니한가. 자자이왕(自玆以往)으로 관칭기인(官稱其人)하고 장득
기인(將得其人)하여 군공(軍功)을 완성케 할 일.

一. 모단(某團)을 물론하고 그 무기(武器)는 모두 우리 인민의 고혈
　로 종출(從出)한 자이라. 이를 공연히 지중(地中)에 심매(深埋)
　하고 전시(戰時)에 충용(充用)치 않음은 도저 불가하니 이를 무
　루굴출(無漏掘出)하여 전용(戰用)에 공(供)할 것.

一. 간혹 단체(團體)의 무력(武力)을 빙자하고 간핍(艱乏)한 인민에
　게 무정한 징색(徵索)을 행하여 그 산업을 안보(安保)치 못하게
　하는 자가 유할 시는 이를 역시 성토할 것.

一. 적인(敵人)에게 헌미(獻媚)하여 동족(同族)을 잔해(殘害)하는 자
　는 물론이어니와 간혹 양민을 공갈 또는 감유(甘誘)하여 소위
　거류민회(居留民會)의 명색에 참가케 하는 자는 그 원악(元惡)
　을 조사하여 징형(懲刑)할 것.

一. 이번 환난 중에 양민의 피살과 가옥의 피소(被燒)와 재곡(財穀)
　의 피손(被損)한 자를 일일이 정사(整查)하여 호상구휼(互相救
　恤)할 것.

一. 격도(檄到) 3일(日) 내에 각단(各團)에서 회시(回示)하심을 요함.

[자료 6] 대한군정서 임원 구성

○ **총재(總裁)** : 徐一(蘷學, 白浦, 白圃라 부름), 부총재(副總裁) : 玄天默(號 白醉), 명예고문(名譽顧問) 金佐鎭·崔在亨(死亡)·林昌世(甲石, 前 野團團長)

○ **총재부(總裁部)**

비서국장(秘書局長) 金星(秉德), 비서 尹昌鉉·李楨

인사국장(人事局長) 鄭信

군법국장(軍法局長) 金思稷, 이사(理事) 南鎭浩, 직원 李載弘

응접과장(應接課長) 金嚇(前正尉), 교섭원 許中權

경비과장(警備隊長) 許活·黃熙(後任?)·李教性(後任?)

○ **서무부(庶務部)**

서무부장 任度準, 경신국(警信局) : 국장 蔡奎伍, 警察課長 孫容穆(容默)·金俊爕(前任?), 通信課長 蔡信錫

징모국장(徵募局長) 金禹鍾, 징모과장 李時權·安熙(後任?)

간사국장(幹事局長) 金光淑, 편수과장(編修課長) 黃泰永, 인쇄과장(印刷課長) 李泰煥

계사국장(稽查局長) 金德賢·金京俊(德賢과 동일인)

○ **재무부(財務部)**

재무부장 桂和, 탁지국장(度支局長) 尹珽鉉

모연국장(募捐局長) 李鴻來, 모연과장 金國鉉·李遠復·崔行, 모연대장(募捐隊長) 崔壽吉·金淨·金泰禹(金澤과 동일인?)·金澤·玄甲

(道元, 현천묵의 實子)

○ **참모부(參謀部)**

참모부장 李長寧, 참모부장(參謀副長) 羅仲昭, 참모 鄭寅晳, 군사
정탐대장(軍事偵探隊長) 許中權

○ **사령부(司令部)**

사령관(司令官) 金佐鎭(號 白冶), 부관 朴寧熙

기관국장(機關局長) 梁鉉(玄), 보관과장(保管課長) 徐靑, 수리과장
(修理課長) 林起虎

경리국장(經理局長) 崔益恒, 군수과장(軍需課長) 蔡伍, 군향과장
(軍餉課長) 金熙, 회계과장(會計課長) 金俊(俊變), 영선과장(營繕課
長) 李範來

사관연성소(士官練成所) : 소장 金佐鎭, 교수부장 羅仲昭(參謀部長
兼), 교관 李範奭(範錫), 학도단장(사령부 부관 겸) 朴寧熙 제일학
도대 : 대장 崔駿寧(俊榮), 제1구대장 李敏華, 제2구대장 白宗烈,
제3구대장 金訓, 제2학도대 : 대장 吳尙世, 제1구대장, 姜華麟, 제2
구대장 李敎性, 제3구대장, 許潤

교성대(敎成隊 : 대정9년 9월 중순 사관연성소 졸업생으로서 편
성함) : 대장 羅仲昭, 副官 崔俊衡, 中隊長 李範奭, 小隊長 : 李敏
華, 金勳, 李鐸, 南益

연성대(硏成隊, 대정10년 3월 18일 대한민국임시정부 군무부 발
표, 대정9년 10월 하순 사관학생 150명으로 편성, 사령부일지에
서, 교성대의 명칭변경 인정됨) : 대장 李範奭, 장교 李敏華, 金勳,
白鍾烈, 韓時源

보병대대(步兵大隊 : 대정9년 9월중순 편성, 사령부일지에서) : 대

장 金思稷, 대장대리 洪忠憙, 중대장 洪忠憙(前副尉)·金燦洙(前參尉)·金奎植(前副尉)·吳詳世·金燦洙·吳詳世, 중대장대리 姜華麟, 부관 金玉玄, 소대장 李敎性·許活·申熙慶·姜承京·蔡春·金明河·李詡求·鄭晃洙·金東燮·崔培厚·姜正浩·李福·金允强, 소대장대리 李雲岡

기관총대 소대장대리 金德善, 崔麟杰, 군의정(軍醫正) 朱彬, 군의 朱見龍, 군의1등 金周斌, 군의2등 嚴廷勳(嚴成律과 동일인?), 군의3등 朱雲崗(朱見龍과 동일인?)·羅秉浩·林學瀅·林學賢(林學瀅과 동일인?)·金鼎鎬·李傭先

특무정사 羅尙元·權重行, 보병참교 李基律, 대장(隊長) 朱成三

무기운반대 중대장 李麟伯·李昊龍·李根植·金鼎, 소대장 安尙熙·崔浣

전참위(前參尉) 朴亨植·전정위(前正尉) 劉禹錫(모두 대정9년 8월 20일 京城에서 서대파로 옴)

金守一(대정9년 參議長 수행원으로서 봉천으로 파견됨)

지방시찰원(地方視察員) 金錫九, 정찰원(偵察員) 崔晃·張南吉·金聖麟

金東鎭(사령관 김좌진의 實弟)

[자료 7] 대한독립선언서(무오독립선언서) 원문

大韓獨立宣言書

我大韓同族男妹와 暨我遍球友邦同胞아. 我大韓은 完全한 自主獨立과 神聖한 平等福利로 我子孫黎民에 世世相傳키 爲하야 玆에 異族專制의 虐壓을 解脫하고 大韓民主의 自立을 宣布하노라.

我大韓은 無始以來로 我大韓의 韓이오 異族의 韓이 안이라. 半萬年史의 內治外交는 韓王韓帝의 固有權이오 百萬方里의 高山麗水는 韓男韓女의 共有産이오 氣骨文言이 歐亞에 拔粹한 我民族은 能히 自國을 擁護하며 萬邦을 和協하야 世界에 共進할 天民이라. 韓一部의 權이라도 異族에 讓할 義가 無하고 韓一尺의 土라도 異族이 占할 權이 無하며 韓一個의 民이라도 異族이 干涉할 條件이 無하며 我韓은 完全한 韓人의 韓이라.

噫라 日本의 武孽이여. 壬辰以來로 半島에 積惡은, 萬世에 可掩치 못할지며 甲午以後의 大陸에 作罪는 萬國에 能容치 못할지라, 彼가 嗜戰의 惡習은 曰 自保 曰 自衛에 口를 籍하더니, 終乃 反天逆人인 保護 合併을 逞하고, 後가 渝盟의 悖習은 曰 領土 曰 門戶 曰 機會의 名을 假하다가, 畢竟 悖義非法의 密款脅約을 勒結하고, 後의 妖妄한 政策은 敢히 宗敎와 文化를 抹殺하얏고, 敎育을 制限하야 科學의 流通

을 防遏하얏고, 人權을 剝奪하며 經濟를 籠絡하여 軍警의 武斷과 移民의 暗計로 滅韓殖日의 奸凶을 實行한지라, 積極消極으로 我의 韓族을 磨滅함이 幾何뇨. 十年 武孼의 作亂이 此에 極하므로

天이 彼의 穢德을 厭하사 我에 好機를 賜하실새 天을 順하며 人을 應하야 大韓獨立을 宣布하는 同時에 彼의 合邦하든 罪惡을 宣布懲辦하노니 一. 日本의 合邦動機는 彼所謂 汎日本의 主義를 亞洲에 肆行함이니 此는 東洋의 敵이오 二. 日本의 合邦手段은 詐欺强迫과 不法無道와 武力暴行이 極備하얏스니 此는 國際法規의 惡魔이며 三. 日本의 合邦結果는 軍警의 蠻權과 經濟의 壓迫으로 種族을 磨滅하며 宗敎를 强迫하며 敎育을 制限하야 世界文化를 沮障하얏스니 此는 人類의 賊이라. 所以로 天意人道와 正義法理에 照하야 萬國立證으로 合邦無效를 宣播하며 彼의 罪惡을 懲膺하며 我의 權利를 回復하노라.

噫라, 日本의 武孼이여. 小懲大戒가 爾의 福이니 島는 島로 復하고 半島는 半島로 復하고 大陸은 大陸으로 復할지어다. 各其 原狀을 回復함은 亞洲의 幸인 同時에 爾도 幸이어니와 頑迷不悟하면 全部 禍根이 爾에 在하니 復舊自新의 利益을 反復曉諭하노라. 試看하라. 民庶의 魔賊이든 專制와 强權은 餘熖이 已盡하고 人類에 賦與한 平等과 平和는 白日이 當空하야 公義의 審判과 自由의 普遍은 實노 曠劫의 厄을 一洗코져 하는 天意의 實現함이오 弱國殘族을 救濟하는 大地의 福音이라. 大하도다 時의 義니, 此時를 遭遇한 吾人이 無道한 强權束縛을 觧脫하고 光明한 平和獨立을 回復함은 天意를 對揚하며 人心을 順應코져 함이며 地球에 立足한 權利로 世界를 改造하야 大同建設을 協贊하는 所以일(ㅣㄹ)새 玆에 二千萬大衆의 赤衷을 代表하와 敢히

皇皇一神게 昭告하오며 世界萬邦에 誕誥하오니 우리 獨立은 天人合應의 純粹한 動機로 民族自保의 正當한 權利를 行使함이오 決코 眼前 利害에 偶然한 衝動이 안이며 恩怨에 囿한 感情으로 非文明인 報復手段에 自足함이 안이라. 實노 恒久一貫한 國民의 至誠激發하야 彼異類로 感悟自新케 함이며 우리 結實은 野鄙한 政軌를 超越하야 眞正한 道義를 實現함이라. 咨嗟다, 我大衆아 公義로 獨立한 者는 公義로 進行할지라. 一切方便으로 軍國專制를 剷除하야 民族平等을 全球에 普施할지니 此는 我獨立의 第一義오. 武力兼倂을 根絶하야 平均 天下의 公道로 進行할지니 此는 我獨立의 本領이오. 密盟私戰을 嚴禁하고 大同平和를 宣傳할지니 此는 我復國의 使命이오. 同權同富로 一切同胞에 施하야 男女貧富를 齊하며 等賢等壽로 智愚老幼에 均하야 四海人類를 度할지니 此는 我立國의 旗幟오. 進하야 國際不義를 監督하고 宇宙의 眞善美를 體現할지니 此는 我韓民族이 應時復活의 究竟義니라. 咨我同心同德인 二千萬 兄弟姉妹아. 我檀君大皇祖게서 上帝에 左右하사 우리의 機運을 命하시며 世界와 時代가 우리의 福利를 助하는도다. 正義는 無敵의 釰이니 此로써 逆天의 魔와 盜國의 賊을 一手屠決하라. 此로써 四千年 祖宗의 榮輝를 顯揚할지며 此로써 二千萬赤子의 運命을 開拓할지니. 起하라 獨立軍아 齊하라 獨立軍아. 天地로 網한 一死는 人의 可逃치 못할 바인즉 犬豕에 等한 一生을 誰가 苟圖하리오. 殺身成仁하면 二千萬 同胞가 同體로 復活하리니 一身을 何惜이며 傾家復國하면 三千里 沃土가 自家의 所有ㅣ니 一家를 犧牲하라. 咨我同心同德인 二千萬 兄弟姉妹아 國民本領을 自覺한 獨立인 줄을 記憶할지며 東洋平和를 保障하고 人類平等을 實施키 爲한 自立인 줄을 銘心할지며 皇天의 明命을 祗奉하여 一切邪網에서 解脫하는 建國

인 줄을 確信하야 肉彈血戰으로 獨立을 完成할지어다.

檀君紀元 四千二百五十二年 二月 日

가나다順

金教獻 金奎植 金東三 金躍淵 金佐鎭 金學萬 文昌範 朴性泰 朴容萬 朴殷植 朴贊翊 呂準 孫一民 申楗 申采浩 安定根 安昌浩 柳東說 尹世復 李光 李大爲 李東寧 李東輝 李範允 李奉雨 李相龍 李世永 李承晩 李始榮 李鍾倬 李沰 任방 鄭在寬 趙鏞殷 曹煜 崔炳學 韓興 許혁 黃尙奎

[자료 8] 「서북간도 동포의 참상 혈보」 전문 및
피해 집계(『독립신문』 1920.12.18.)

임시정부 간도통신원의 확보(確報)

금번 서북간도에 산재한 우리 동포의 당한 참상은 공전절후(空前絶後)한 사변이라 피(彼) 정의 인도에 대역(大逆)인 왜적의 잔인과 만행은 세계상 유사 이래로 초유한 괴사(怪事)요. 본이(本以) 수천년 오족(吾族)과의 불공대천지수(不共戴天之讎)에 또 불공대천지수로 승(乘)하엿다 피(彼) 집정자의 폭학은 과거한 엇던 국여국간(國與國間)에 비례할 수 업고 피(彼) 만족(蠻族)의 사독(蛇毒)은 무엇과 동일하다고 이름을 붙일 수도 없다. 자단(藉端)과 건과(愆過)를 득(得)지 못하야 고심하며 무시로 우리의 의형지매(義兄志妹)를 살해하던 적은 소위 훈춘사건이 발생된 후 언칭(言稱) 생명 재산 보호이니 호비(胡匪)를 초멸이니 하고 출병하엿다, 기(其) 내용은 먼저 우리 독립군을 멸절(滅絶)하고 후에는 동삼성(東三省)에 입을 대여 보려고 수월전(數月前)에 4만의 다수 군병을 몰고 봉오동으로 달려들었다. 그러나 천연적 양호한 지대와 신묘한 전술을 가진 우리 독립군을 저당(抵當)할 수 없어 도로혀 십여 차의 전패와 3천명에 근(近)한 사망을 받았다. 동시에 왜적은 기(其) 독을 우리 농민 동포와 및 그 거류하는 촌락에 다 발한다. 그래서 10월 9일부터 11월 5일 합(合) 27일간의 도처에 양민을 학살하고 부녀를 강간하고 가옥과 노적과 교당(敎堂)과 학교를 소신(燒燼)하는 중 더욱 백발의 노친(老親)과 강보의 유아들이 혹은 왜도(倭刃)를 받고 혹은 기한(飢寒)으로 백설상(白雪上)에 쓰러지는 참상 뉘가 피눈물을 흘리지 아니하리오. 그러나 이 만행으로는 절대적 우리 단손(檀孫)의 정신과 충의를 탈절(奪折)하기 불능(不能)인 것은 현하(現下)의 사실이고 다만 세계에 피(彼)의 폭악을 또 한번 자랑할 뿐이며 각국의 저주를 일층(一層) 더 수입할 뿐이라. 참상 조사표는 여하(如下)하다.

10월 9일부터 11월 30일까지의 된 사실 조사

地名	被害人			被燒物			
	被殺	被擒	強奸	民家	學校	會堂	穀類
琿春縣共	249			457	2		9825
錦塘村	10			70	未詳		未詳
電線村	五			二三	一		九二〇
煙桶子	一〇			一四	未詳		五八〇
大荒溝	七			未詳	一		
頭道溝	一七五			二九三	未詳	未詳	八三二五
東溝帶	四二			五七	未詳		
汪淸縣共	三三六	三		一〇四六	四	二	五〇七〇
西大浦	二三〇			一〇〇	一		二五〇〇
蛤蟆塘	未詳			六〇	未詳		未詳
苜苆川	未詳			二	未詳		未詳
琵琶洞		三					
鳳梧洞	未詳	未詳		六七	未詳		一九〇〇
大洞	三〇			未詳			未詳
大甸子	四〇			八〇〇	三	二	
茱營溝	三六			一七			六七〇
和龍和共	六一三	傷一		三六一	一五	二	八三二〇
堰松市	四六			一一五	未詳		三七六〇
西里洞	一四			三	一		

地名	被害人			被燒物			
	被殺	被擄	强奸	民家	學校	會堂	穀類
南河村	一四			五			
高麗崴				四			
柳嶺				一二			
石峯	一四			五			
三洞浦		傷一		五			
厚洞				三			
僧巖村	四			一			
東良				二七			
水七溝	四			三			
大金場	五						
德化坪				二			
池洞				四			
和龍街	七						
六道溝				四			
五道溝				30			
廟兒溝	5						
江城洞	9						
地巖曲	10			5			
時建坪	2						
火狐狸	29						
明東	未詳			一二	明東一	一	
章洞	五			一	一		八〇〇
廉忠峴	二〇			未詳	一		未詳
馬牌	一五				一		未詳
天水坪	六						未詳
靑山里	四〇九			一二〇	一		三七六〇
正東	未詳			未詳	二		未詳
延吉●	一四二八	四二	七一	一三四四	一九	七	30,050
藥●洞	二七一			五七	一		一七一〇

地名	被害人			被燒物			
	被殺	被擒	强奸	民家	學校	會堂	穀類
大●鹿	一一七			五六	一	一	一六〇〇
小●子	一六六		二五	五六	一	一	七七五〇
許門	四五		八	二六	一	一	
獐巖	七五			六一	一		一八〇〇
九龍坪	未詳			二五			七五〇
慈●江	四			五七	一		九五〇
漁郎村	未詳			三〇			三二〇
土門子	未詳			三八			九二〇
會寧村	未詳			五九	一		一八二〇
大廟溝		一四		四			一五〇
小廟溝	未詳	未詳		一			五〇
南溝		七		未詳	一	一	未詳
平●	未詳	未詳		未詳			未詳
局子街		六					
同西溝	五			七	一		
依蘭溝	六五	1	2	154	3		4620
岔頭溝	一			二三			六九〇
見長溝	三	三					
襄城子	三二			四〇			一二〇〇
神仙洞	未詳			二〇			六〇〇
九戶村	未詳			9			二七〇
柳樹河	未詳			九	1	1	270
寬道口	二			未詳	1	1	
二道溝	四〇						
完搜溝	四五一		二〇	三四〇			10,100
朝陽河	19			120	2	2	
救世洞				一			三〇
灰幕洞	六		四	一五	一		四五〇
六道溝	三五		二	未詳			

地名	被害人			被燒物			
	被殺	被擒	强奸	民家	學校	會堂	穀類
大敎洞	四三		六	未詳			
八道溝	四四			50			
細鱗河	6		4	70	1		
陽九河				10			
九水河	1			2			
茶條溝	2						
倒木溝		5		2			
銅佛寺		6					
明月溝				2			
柳河縣共	43	125		未詳	未詳	未詳	未詳
三源浦	43	125		未詳	未詳	未詳	未詳
興京縣共	305			未詳		3	未詳
旺淸門	305			未詳		3	未詳
寬甸縣共	495			1			150
城內	2						
葡萄嶺	3						
三道溝	4						
子溝				1			150
長蔭子	6			1			
鐵嶺及寬甸間	480						
總計	3,469	170	71	3,209	36	14	54,045

비고: 우(右) 표 중에는 화룡현 송언시에서 중국 순사 피살 40명과 연길현 견장구에서 중국 군인 피살 3명 급(及) 피금(被擒) 3명과 동(同) 약수동에서 중국인 피살 1명이 포함되고, 연길 팔도구에서 는 유아 4명을 도(刀)로 책살(磔殺)하고 동현(同縣) 약수동에서는 피살인의 시체를 소화(燒火)하 야 강중(江中)에 유입하였으며, 화룡현 화호리자에서는 청년 4명을 생매(生埋)하고 동(同) 마패 에서는 교사와 학생을 병(倂)히 살해하는 등 극학극악(極虐極惡)의 참극을 연출하다.

[자료 9] 서일이 일본총리에게 보낸 서신 원문 및 국역

- 한국사데이터베이스 국외항일운동 자료 일본외무성 기록, 機密
제53호(1919.10.4) 「排日鮮人等ノ行動急報ノ件」, 발신 堺與三吉(간
도총영사대리), 수신 內田康哉(외무대신).

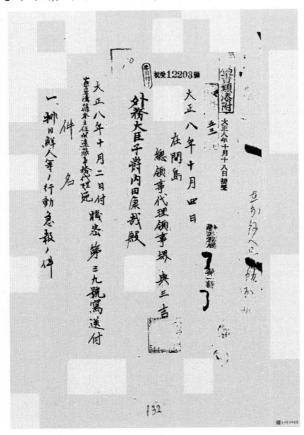

機密第三九號

大正八年十月二日

百草溝出張所

主任 篠本 重吉

在間島

總領事館事務代理 遠藤海 殿

排日鮮人等ノ行動急報ノ件

其後附右ニ聞レ親日鮮人ノ通報並ニ諜報員ノ
内偵セル情報ノ綜合入ルトニ左記ノ通リニ有之候
ニ付爲御參考此ノ段急報申進候也

左記

133

八其根據地ヲ失フノ恐レアル為メナリト云々亦大坎子

ノ山中ニ潜伏セルニ百餘名ノ決死隊員等ハ

今明日ニ同地ヲ引揚ゲ蛤蟆塘方面ニ出デ

ルトノ噂アリ大坎子ノ鮮人等ハ各〻彼等ノ飼牛

ヲ賣却レ寄附金ニ先ヅベク去ル二十日ヨリ今一日

ニカケ約百頭ヲ彈者市場ニ齎ギ行ケリト云々

一、原總理大臣等ニ呈スル徐一等ノ建白書送付ノ

件

當局卑地内ニ居住スル鮮人金元愃ナルモノハ民會議

員ニシテ學務委員ヲ兼ネ居ルモノナルガ彼レハ平

バ排日不ノ人物トレテ注意中ノモノナルガ今回同

人ヲ謀者トレテ大坎子及ビ大汪淸方面ヘ派

遣セリニ前記全面鐽ノ報告ト大同小異ノ

昔々蘭シタルガ大汪清ニ居住シ目下桂燈等
ト潜伏セル大坂子ナル（合ノ民家（以戸程）ニ
御蔭ナリト云フ）ニ於テ後合
ヨリ小官及ビ原首相究ノ別紙達自書交付
方依頼セラレタリトテ昨夜持参致シ二付其ニ一
拙ヨリ御送付候間御査閲ノ上可然御取計
相成度候也

一、在間島日本領事館特館

大韓民國元年九月 日、憂時者徐一、謹拜書于
在中領百草溝日本領事篠本重吉座下噫吾
韓自與貴國有脣齒之勢一至一寒不待智者而
貴國猶遠交異洲之英近攻同族之韓使戒韓
人痛入骨髓臥薪嘗膽者不止一日則雖捲束洋
平和之詔勅扶植友邦獨立之盟約徒歸孟浪
而韓人之悲溝日以益深雖以目本易地而處
豈可無分立興復之舉乎此固天下萬世公正不
易之理而貴國猶餘加鎮壓之術者恐誠者之
所笑耳自越俎而代庖敦調讓也非蹊田奪牛
豈無悉乎然而吾韓人々獨餘舍垢忍辱區々游
十年勢力之下者徒以毛羽不豊與其怒脚踼餓
而速禍寧耐氣受笞而媛圖故垂至今日亦不得

己也噫 貴政府諸公之用心於我韓强欲合而不
分者固不恩之甚也以歷史則半萬年舊邦也
開國之先於日本者戡二千載矣能令同化耶以
地理則三千里沃壤也地雖褊小錦海連陸自成獨
立之局面矣能令同化耶以人民則二千萬神族也
宗教之大禮俗之厚言語文字之備足可爲自立
之程度矣能令同化耶其勢既不能同化則分
合之理已定矣不知之而然耶期知其不可爲而强
之先進寧不知之而然耶昧於時勢矣此某等所
爲之則是自絕於天而昧於時勢矣此某等所
以切憂者也故某等特念東亞之將來方懼目
韓之現在審於目前以此意寄書于 貴內閣
而尚未見採者恐或喬況也玆不避〔煩瀆敢將蕪

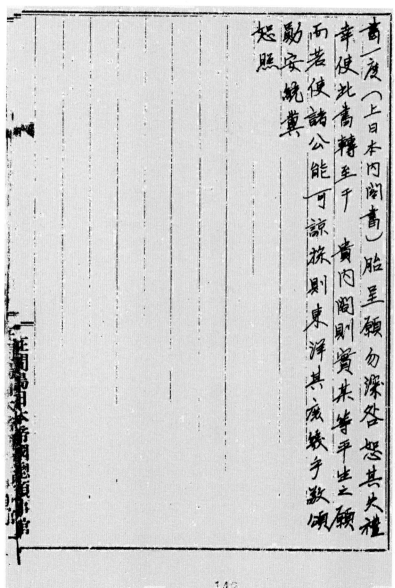

書一度（上日本內閣書）胎呈願勿深咎怒其失禮
辜使批書轉至于　貴內閣則實某等平生之願
而若使諸公能可諒恕則東洋其庶幾乎數領
勳安銳翼
怒照

己未七月　日朝鮮人士徐一桂和金鵬金一鋒鄭

信金壐等謹拜致書于

日本內閣總理大臣原敬閣下蓋聞時不再來勢

不兩立故識時務者貴因勢揣勢位者貴乘時為

北所謂非時勢莫能造英雄者也今日日本果為

東亞光進國耶則某等不敢不言他日本柳為

世界富強國耶則某等亦不敢不言執事者甚

無以朝鮮人為朝鮮謀德之則東洋華甚試觀西

勢之束漸日甚一日而尚未聞東人之咸有加於

遠西一寸土者他也盖五旗之中占勢力之優勝

界者惟白人也六洲之大為時哥之競爭場者惟

東亞也英之於印度法之於安南德之於小亞細

亞俄之於西伯里亞所在皆然而惟日本以旭昇

一主則屬于日本朝鮮事官

之勢崛起於遠東之一闊雄新五十年蔚然為東
亞之強一戰而割臺灣於清朝再戰而奪旅順於
俄領三戰而占青島於德租於是日本之勢如日
中天而白人遠東之略遂大挫炎然而今日日本
只務廣地之計則已如欲溪根固蔕戴牛耳於現
黃族之間而將有凌駕白人之志則日本之現施
於東亞之策亦已晚耳何也只能掀格十九世紀
以來西人侵略主義之陳迹而固非二十世紀願
新之良好策也故其成効也常著々瞠立乎西人之
後也何幸天壓其盈大強必折故歐洲之戰起
於料外白人之優而強者自相戕賊故黃族之禍
以之而稍緩耳若使前之白人國同心併
力專意於遠東之計則以一日本而能櫻其鋒也

故其勢固未免以鄰壑楚而黃族之肉不爲白人
之强食錢餚今也則英德法俄之勢一死一傷若有
中立而觀其變者從其傷而刺之則彼白人者烏能
免市肆之索乎是時黃族之不振者其亦白人之
幸耳開戰以來歐洲白人之國莫不受瘡痍者而
百年遠東之略一舉掃地於是立而謀者噬其臍
坐而談者齒其足汲汲於救時挽勢之策故平和之
會纔終聯盟之論又擧此二者其爲白人謀則可
矣而就非黃族之利也何以言之積年于戈白人之
戎年者什無一存如是遷延數則自族無遺類
失此平和會之不得不速開者也又使經亂諸國
不爲與民休息以冀生聚教訓之計則白族無
强日矣此聯盟會之不得不繼興者也雖然彼白

人者堂能懼東亞之諸國也哉惟有一日本所自
人立枕不敢甫黃禍之說徑而起外施平和之論
諸合東西小弱諸族而內實宰制黃族之張者也
濠洲人種差別之不欲撤廢者非此而何未人
排日運動之有時激起者又非此而何是誠東洋
志士單之痛一洋二之秋也僧觀者莫不以此爲自
黃族之危而當司者猶以爲自安之計則豈非自
迷於遠交近攻之策者耶今之迎取主義者
動以爲島國譬々不可居年必心也倂吞半島進
據大陸然後可以握東洋之霸柄而過西人之
橫勢云鳴乎此乃過時逆勢之論也夫時勢者
不干常者也以世界最專制之露西亞而變爲共和
政則時無常位也以世界最大孫之普魯士而一

在間島日本帝國總領事館

敗為俘虜因則勢無常勝也故今日者乃民族
平等之時代而殊非昔日一人橫行之時代也然則
所謂侵掠主義者乙成蔗蘆耳只以朝鮮一事論
之合併之有利於日本者無一焉而其以蓍起不
利者殆不勝屈也朝鮮者蓍邦也其歷史也
獨立其宗教也獨立至於言語文字倫理習俗莫
不一獨立者則同非臺灣琉球之比也若其民智
稍開人心自決則十數年來政府之若心於同化
者空自敝烏有而乙其不利一也合併以未施韓
之業自是減水不漏然猶應歷竹斜筍狙椎
暗袖故居官者不敢蹰步於大都之中而常
汲々於警察之役賞心賞謝無所不至其不利
二也朝鮮者資國也舉一國之產不能供經常

之用則不可不懼毋國之財而補光之其不利二

也朝鮮者張族也歸陣無退背勿見獻之遺

訓饒智久已讀〻於人心者故早春之宣言獨

立以來未半丹心甲仆乙起雖被死傷刑獄之

愕而奮不自顧期破光復而後己烏窮猶啄

况舉國之人一心同聲者乎若使日本大施鎮

壓立策動數萬之師齎巨億之財幸可全勝之也

誠雖悅服其心矣其不利四也且黃族之爭白人

之利也蚌之鉗鷸必有漁者之毒手崔之捕蟬

不無震人之飛彈其不利五也日韓之爭一起則

中華之反對黨俄國之過激派亦將乘機而來

淨乎和維持之集行將壞矣其不利六也又目

本之强歐美人之所惡也其所扶植朝鮮獨立

在間島日本領國總領事館

云者豈真愛惜我韓耶其造固木聲不出岩漸
削日本之勢也則必於動師縻財猶不顧惜以一
服八島可瀕手甚不利七也有北大不利而日本
猶利之北其等所以未解者也為今日東亞計莫
如兩利而為全之分立朝鮮以實昔日友邦扶植
之盟約親善中華以全東洋平和維持之政東
鼎峙而立唇齒而倚其實權養其實力與歐
美四大强能何爭衡然後進而散安南印度等東
亞諸族放白人鉗勒之下則兩人不畏東瀛而東
洋之人莫不歸德於日本也夫如是則蔽於天下
吳將何憚而不為或白人之一敗墜地日本之獨
雄東亞亦莫非時勢之造而實惟千載不一遇之好
機也時至不行乃知者之所戒而其咎亦不淺矣

336 항일무장투쟁의 별 대한군정서 총재 서 일

夫豈非當局執事之深謀而遠慮者乎耶蓋
守舊今日之弊列五條不足爲日本自員
之善策而人種若別寅日本莫大之恥辱也
故某等之畫北計者固北光齊做素而日本
之用北計有亦爲獎非趙也顧勿以狂犬之言
爲業亦勿以自私者謀爲變則寶吾東洋之
華而黃族之福也惟
閣下藏之激頌

勛安

1. 국역: 서일이 간도 총영사에게 보낸 글

대한민국 원년(1919년) 9월 일 때를 근심하는 자 서일은 재(在) 중국령 백초구의 일본 영사 시노모토 쥬키치(篠本重吉, 백초구 출장소 주임) 좌하에게 삼가 글을 올립니다.

아아, 우리 한국은 귀국과 순치지세(脣齒之勢)로 하나가 망하면 하나가 위태롭다는 것을 지혜로운 자를 기다릴 것 없이 모두 아는 바이다. 그런데 귀국은 오히려 멀리 있는 이주(異洲)의 영국과는 외교를 맺고 가까이 있는 동족인 한국을 공격하니, 우리 한인은 고통이 골수에 들어차 와신상담하는 것이 하루에 그치지 않았다. 즉 동양평화를 유지하는 조직과 우방의 독립을 부식(扶植)하는 맹약이 한낱 헛되고 허무맹랑하게 되어 한인의 원망은 날로 더욱 깊어졌도다. 비록 일본이 처지를 바꾸고자 하여도 어찌 독립하지 않고서 부흥의 일을 도모할 수 있겠는가? 이것은 실로 만세의 공정한 일이요 바꿀 수 없는 이치이다. 그런데 귀국은 오히려 진압의 술수를 더욱 가하여 식자들의 웃음거리가 되고 있으며, 자신의 본분을 넘어 남의 일에 간섭하는 것을 누가 겸양하는 자세가 있다고 말하리오. 밭두둑을 넘어서 소를 몰았다고 소를 빼앗는 잔인한 처사가 아닐 수 없으니 어찌 원망함이 없겠는가. 그러나 우리 한인은 오히려 허물을 뒤집어쓰고 치욕을 견디며 구구히 10년간 너희 세력의 치하에서 한날 터럭만큼이라도 풍족한 적이 한 번도 없었다. 분노의 발길로 방울을 차서 재난을 재촉하기보다는 오히려 인내력으로 매를 맞고 서서히 도모하여 금일에까지 이르렀으니 또한 부득이한 일이었다. 오호라 귀정부와 여러 인사들의 우리 한국에 대한 마음 씀이 강제로 합병하고자만

하고 독립시키지 않음은 진실로 우리를 생각하지 않음이 깊은 것이라.

우리 민족은 역사로서 말하면 반만년의 오랜 나라요 일본보다 개국이 앞선 것이 거의 2천년이니 어찌 너희와 동화될 수 있겠는가? 지리로 말하면 삼천리가 비옥한 땅이니, 땅은 비록 작으나 바다가 둘러있고 대륙과 연결되어 스스로 독립을 이룩한 국면인데 어찌 동화될 수 있겠는가? 인민으로 말하면 이천만의 신족(神族)으로 위대한 종교와 후덕한 예속, 언어와 문자가 완비되어 가히 자립을 이룰 수 있는데 어찌 동화시킬 수 있겠는가? 그 세력이 이미 동화 될 수 없으니 분합(分合)의 이치는 그 속에 정해져있음이 명백하도다. 귀국은 동아문명의 선진으로서 어찌 이것을 모르고 그럴 수 있는가? 그 불가함을 명백히 알면서도 강제로 그렇게 한다면 이는 하늘을 끊어버리는 일이요 시세에 몽매한 것이라. 이에 우리들이 간절히 바라는 것이다.

그러므로 우리들은 특히 동아의 장래를 생각하고 한일간의 현재 상태를 걱정하여 일찍이 한 달 전에 이러한 뜻의 글을 귀 내각에 보내었다. 그런데 아직 채택되지 못한 듯하니 아마 중간에 사라진 듯하도다. 이에 다시 번거롭고 더러운 것을 피하지 않고 감히 한 번 더 별지로서 일본 내각에 올린다. 원컨대 너무 꾸짖지 말고 실례를 용서하시라. 이 글이 귀 내각에 전해진다면 다행이겠고 이는 실로 우리들의 평생 소원이다. 만약 여러 인사들이 양해하여 채택하여 준다면 동양은 아마도 평안하여질 것이니 이 글을 너그러이 살펴주시기를 바란다.

2. 국역: 서일 등이 일본수상에게 보낸 글

기미년(1919) 7월 일, 조선인사 서일, 계화, 김붕, 김일봉, 정신, 김암 등은 삼가 절하고 일본 내각 총리대신 하라 다카시(原敬) 합하께 편지를 올립니다.

때는 두 번 다시 오지 않고 세력은 양립할 수 없으니, 시무(時務)를 아는 사람은 귀하게 되고 세력을 인연하여 세력 있는 자리를 조종하는 사람은 귀하게 된다고 들었습니다. 때를 탄다는 것은 이른바 '시세(時勢)가 아니면 영웅을 만들지 못한다'는 것입니다.

지금 일본은 과연 동아시아의 선진국이 되었습니까? 그렇다면 저희들은 감히 말씀드리지 않을 수 없습니다. 훗날 일본은 그때도 세계의 부강한 국가가 되겠습니까? 그렇다면 역시 저희들은 감히 말씀드리지 않을 수 없으니 일을 맡으신 분은 조선인이 조선을 하는 말이라고 치부하고 듣지 말아야 할 것이니, 그렇게 되면 동양을 위하여 매우 다행할 것입니다.

보건대 서양 세력의 동점이 하루하루 심해지는데 아직도 동양인의 위세가 먼 서양의 한 뼘 땅에 미쳤다는 소식이 들리지 않음은 어째서 입니까? 5대양 민족 중에 가장 앞선 세력을 점하고 있는 자는 오직 백인이고, 6대주에서 크게 시국의 경쟁 장이 된 곳이 동아시아입니다. 영국이 인도를 통치하고, 프랑스가 베트남을, 독일이 소아시아를, 러시아가 시베리아에 점유하는 것이 모두 그렇습니다.

일본은 아침 해가 떠오르는 기세로 극동 지역의 한 모퉁이에 우뚝 서 유신 50년 만에 울연히 동아시아의 강국이 되어, 한 번 싸움에 청으로부터 대만을 분할하였고, 두 번 싸워서 여순을 러시아 령으로부

터 빼앗고, 독일의 조계에서 청도를 점령하였습니다. 이에 일본의 세
력은 해가 중천에 있는 것처럼 드러났고 백인들의 극동 지역에 대한
책략은 마침내 크게 꺾였습니다. 그러나 오늘날 일본이 다만 땅을
넓히는 데만 힘쓸 뿐이라면 그만이겠지만, 만일 뿌리를 깊게 하고
줄기를 굳게 하여 황인족 사이에서 패자(覇者)가 되어 장차 백인들의
의지를 능가하려 한다면 일본이 현재 동아시아에 시행하는 정책은
이미 늦습니다. 어째서인가? 다만 19세기 이래 서양 침략주의의 묵
은 자취를 주워 모으기는 했지만 진정 더욱 새로운 20세기의 좋은
정책은 아니기 때문입니다. 그러므로 그 효과는 항상 서양인들의 뒤
에서 눈을 휘둥그레 뜨고 서 있게 됩니다.

그러나 다행스럽게도 하늘은 가득 찬 것을 누르고 강대한 것은 반
드시 꺾는지라, 유럽의 전쟁이 뜻밖에 일어나 우월하고 강한 백인들
끼리 서로 죽이게 되었습니다. 그러나 황인족의 재앙은 조금 누그러
졌을 뿐입니다. 만일 몇 년 전의 백인 나라들이 한 마음으로 힘을 합
쳐 오로지 극동 지역을 노렸다면 일본 홀로 능히 그 기세에 맞설 수
있었겠습니까? 그 형세는 참으로 추(鄒)가 초(楚)를 대적함을 면하지
못했을 것이요 황인족의 살은 강한 백인들의 먹이가 되지 않는 것이
없었을 것입니다. 지금은 영국과 독일, 프랑스와 러시아의 세력이 한
쪽은 죽고 한쪽은 상하였으니, 중립을 지키다가 그 변화를 보아가며
상한 것을 따라 찌른다면 저 백인들이 어찌 시장 점포에 널린 물건
같은 신세를 면할 수 있겠습니까? 이때 황인족의 지지부진함은 또한
백인들의 다행입니다.

전쟁이 벌어진 뒤로 지금까지 구주(歐洲) 백인들의 나라에서는 상
처받지 않은 자가 없어 백 년 동안 진행해 온 극동에 대한 책략이

한꺼번에 물거품이 되었습니다. 이에 서서 계획한 자는 그 배꼽을 물어뜯을 것이요 앉아서 이야기나 하던 자들은 그 발을 그려 시대를 구하고 형세를 유리하게 이끌 계책을 짜내기에 급급할 것입니다. 그러므로 평화회의가 끝나자마자 국제연맹에 대한 논의가 다시 일어나고 있으니, 이 두 가지는 백인들을 위한 계책은 되겠지만 참으로 황인족들에게 이로운 것은 아닙니다. 어떻게 그렇게 말하느냐고요? 오랫동안 전쟁으로 백인 중에 성년(成年)된 자들이 열에 하나도 남지 않았으니 이렇게 몇 년 만 더 끌어간다면 백인족은 남아 남지 못할 것입니다. 이것이 평화회의가 빨리 열리지 않을 수 없었던 이유입니다. 또 전란을 겪은 여러 나라들이 국민들과 함께 휴식하여 국민을 기르고 나라를 부강하게 할 교훈으로 삼을 계책을 삼지 않는다면 백인족들은 강해질 날이 없을 것이니, 이것이 국제연맹에 대한 모임을 이어서 일으키지 않을 수 없는 이유입니다. 비록 그렇기는 하지만 저 백인들이 어찌 동아시아의 여러 나라들을 두려워하겠습니까? 오직 일본이라는 한 나라가 있어 백인들이 베개를 높이 베지 못할 황인들의 화가 일어난다는 설이 계속해서 일어나기 때문입니다. 밖으로는 평화론을 퍼뜨려 동서의 약소한 여러 민족을 단합하기를 꾀하고 안으로는 실제 황인족이 강해지는 것을 견제하자는 것이니, 호주 사람들의 차별을 철폐하지 않는 것이 이것이 아니면 무엇이며, 미국인들의 배일 운동이 때로 격렬하게 일어나는 것이 또 이것이 아니면 무엇이겠습니까? 이는 참으로 동양의 지사들이 통탄하고 눈물짓지 않을 수 없는 상황이며 지켜보는 자들이 황인족의 위기라고 하지 않는 이가 없는데, 당국자는 오히려 스스로 편안할 생각만 하고 있으니 어찌 원교근공(遠交近攻)의 계책에 어두운 자가 아니겠습니까?

　지금 진취주의를 견지하고 있는 자들은 '섬나라는 답답해서 살 수가 없다. 반드시 반도를 병탄해서 대륙으로 진출할 근거로 삼은 뒤에야 동양의 패권을 잡을 수 있고 서양인들의 횡행하는 세력을 넘을수 있다.'고 선동하고 있으나 이것은 바로 시대를 지나치고 대세를 거스르는 소리입니다. 시대의 대세라는 것은 항상 변하지 않는 것이 아닙니다. 세계에서 가장 전제적인 러시아도 공화정으로 변했으니 시대에 따라 변하지 않는 위상은 없는 것이며, 세계에서 가장 강한 프러시아도 패하여 포로가 되어 갇혔으니 항상 이기는 세력이란 없습니다. 그러므로 지금은 바로 민족 평등의 시대로서 지난날 한 사람이 횡행하던 시대는 아주 아닙니다. 그렇다면 이른바 침략주의라는 것은 이미 웃음거리가 되었습니다. 조선에 대한 한 가지만 가지고 논해 보더라도, 합병하여 일본에 유리함은 하나도 없고 불리함을 야기하는 것이 손꼽을 수 없을 지경이니 그것은 무엇 때문이겠습니까?

　조선은 오래된 나라입니다. 그 역사가 독립되어 있고 그 종교가 독립되어 있으며 언어와 문자와 윤리와 습속 등에 이르기까지 어느 하나 독립되어 있지 않은 것이 없으니, 이는 대만과 유구에 비할 바가 아닙니다. 만약 그 민중의 지혜가 조금 열려 인심이 스스로 결정하게 된다면 십 수 년 동안 정부에서 동화하려고 고심한 것이 헛되이 돌아가고 말 것이니, 그 첫 번째 불리함입니다.

　합병 이래 한국에 시행한 정책에 대해 '담아 둔 물이 새지 않는다'고 스스로 여기고 있습니다만, 대나무 순이 눌러도 옆으로 삐져나옴을 염려하여 교활하게 꺾고 남몰래 소매로 가리는 것과 같습니다. 그러므로 관직에 있는 자들은 대도시에서 혼자 나다니지 못하고 항상 경찰의 힘에 의지하여 마음과 재물을 낭비함이 끝이 없으니, 그

두 번째 불리함입니다.

조선은 가난한 나라입니다. 온 나라의 재정을 다 털어도 경상(經常) 비용을 댈 수 없습니다. 그렇다 보니 모국(母國)의 재정을 덜어다 보충하지 않을 수 없으니 그 세 번째 불리함입니다.

조선 민족은 강한 민족입니다. 싸움에 나서서는 후퇴함이 없고 등을 적에게 보이지 말라는 유훈(遺訓)의 습관이 이미 오랫동안 사람들의 마음에 젖어 있습니다. 그러므로 이른 봄에 독립을 선언한 이래로 맨주먹이지만 붉은 마음으로 하나가 쓰러지면 다른 하나가 일어나며, 비록 죽거나 감옥에 들어가는 참상을 겪더라도 용감히 자신을 돌보지 않고 기필코 광복하고야 말겠다고 하고 있습니다. 새도 궁하면 사람을 쪼는 것이거늘, 하물며 온 나라 사람들이 한 마음 한 목소리로 부르짖는 것이야말로 말할 것이 있겠습니까? 만일 일본이 대대적으로 진압 정책을 써서 수만 명의 군대를 동원하고 수억의 재산으로 요행이 모두 이긴다고 해도, 참으로 그 마음을 열복(悅服)시키기는 어려울 것이니, 그 네 번째 불리함입니다.

또 황인족끼리의 싸움은 백인에게 이롭습니다. 조개가 도요새를 물고 있으면 반드시 어부의 독수(毒手)가 있을 것이며, 참새가 사마귀를 잡으려 할 때에는 사냥꾼의 화살이 없지 않으니 그 다섯 번째 불리함입니다.

일본과 한국의 전쟁이 일어나면 중국의 반대당과 러시아의 과격파도 그 기회를 틈탈 것이니 동양평화를 유지하겠다는 정책은 무너질 것이므로, 그 여섯 번째 불리함입니다.

또 일본의 강함은 구미인이 싫어하는 바이니, 그들이 조선의 독립을 도와준다고 하는 것이 어찌 우리 한국을 애련히 여겨서겠습니까?

그 방법은 참으로 일본의 세력을 점차 깎아 내려는 것에서 나오는 것들입니다. 그렇다면 반드시 군사를 움직이고 재정을 소비하는 것도 아깝게 여기지 않을 것이니, 혼자 여덟을 굴복시키는 것이 어찌 가능하겠습니까? 이것이 일곱 번째 불리함입니다.

이렇게 크게 불리한 데도 일본에서는 오히려 이롭다고 여긴다면 이것은 저희들이 이해하지 못하는 바입니다. 오늘날 동아시아를 위하는 계책은 양쪽이 서로 이롭게 되는 것 만한 것이 없는데, 그것은 조선을 분립하는 것입니다. 이는 실로 옛날 우방을 부식(扶植)하겠다는 맹약으로 중국과 친선하고 전 동양의 평화를 유지하는 정책으로, 세 나라가 정치(鼎峙)하여 입술과 이처럼 의지하여 그 주권을 공고히 하고 그 실력을 길러 구미의 4대 강국과 균형을 다툴 수 있게 된 뒤에야 나아가 베트남과 인도 등 동아시아의 여러 민족을 백인들의 굴레에서 구원할 수 있습니다. 그렇게 된다면 서양인들이 감히 동쪽으로 고기잡이 하지 못할 것이요 동양인들은 일본에게 덕을 돌리지 않는 자가 없을 것입니다. 그렇게 된다면 천하를 대적한다 해도 무엇을 꺼려 못하겠습니까? 백인들이 일패도지(一敗塗地)하면 일본이 동아시아에서 홀로 웅거하게 됨도 시세의 조화가 아님이 없으리니 그야말로 천재일우의 호기입니다. 때가 이르러도 실행하지 않는 것은 바로 지혜로운 이들이 경계하는 것이자 그 허물 또한 적지 않으리니, 어찌 당국의 집권자가 깊이 도모하고 멀리 생각해야 할 것이 아니겠습니까?

일찍이 오늘의 5대 강국이 나란히 있는 것은 일본이 자부하는 기쁨과 영화가 되기에 부족하며 인종차별은 일본의 막대한 치욕입니다. 그러므로 저희들의 이 계획은 참으로 제(齊)를 먼저하고 진(秦)을 뒤로 하자는 등의 계획이 아니며, 일본이 이 계획을 쓰는 것도 초(楚)를 위한 것이지 조(趙)를 위한 것이 아닙니다. 그러니 광부(狂夫)의 말이라 버리지 마시고 또한 자신들을 위한 계책이라 의심하지 마시길 바랍니다. 그렇게 되면 실로 우리 동양의 다행이고 황인 민족의 복일 것이니, 합하께서는 재량하시길 바랍니다. 삼가 편안하시기를 바랍니다.

참고문헌

〈기초자료〉

고평 편수, 『사책합부』, 대종교동도본사, 1918.
국사편찬위원회, 『한국독립운동사자료』 39~43, 탐구당, 2003~2007.
姜德相 編, 『現代史資料』 27/28, みすず書房, 1976.
金正柱 編, 『朝鮮統治史料』 2, 韓國史料硏究所, 1970.
대종교종경종사편수위원회, 「嘉慶歌詞」, 『대종교경전』, 대종교총본사, 1973.
이 정, 「진중일지」, 『독립운동사 자료집』 제10집, 독립운동사편찬위원회, 1976.
독립운동사편찬위원회편, 『독립운동사자료집』 10, 독립유공자사업기금운용위원회,
        1976.
일본외무성아세아국 편, 『재만조선인개황』, 1933.
조선총독부, 『사립실업학교 설립관계서류』, 조선총독부학무국학무과, 1910.
한국사데이터베이스 국외항일운동 자료 일본외무성 기록.
한국사데이터베이스 한국독립운동사 자료 41~43(중국동북지역편Ⅲ~Ⅴ)
한국사데이터베이스 조선소요사건 관계서류.
『독립신문』, 『동아일보』, 『조선일보』, 『황성신문』

〈단행본〉

강수원, 『우리배달겨레와 대종교역사』, 한민족문화사, 1993.
金正明 編, 『朝鮮獨立運動』 1~4, 原書房, 1967.
金正柱 編, 『日帝秘錄』 1, 韓國史料硏究所, 1968.
김윤환 외, 『독립군의 전투』 4, 민문고, 1995.
김준엽·김창순, 『한국공산주의 운동사』 제4권, 청계연구소출판부, 1986.

김철수, 『연변항일사적지 연구』, 연변인민출판사, 2002.
국사편찬위원회, 『한국독립운동사』 3, 정음문화사, 1968.
대종교총본사, 『대종교 중광육십년사』, 1971.
독립운동사편찬위원회 편, 『독립운동사』 5, 독립유공자사업기금운용위원회, 1973.
리광인 외, 『만주벌의 혼-독립군총재 서일』, 백포서일기념사업회, 2011.
문일민 편, 『한국독립운동사』, 애국동지원호회, 1956.
박성수, 『민족사의 맥을 찾아서』, 집현전, 1985.
_____, 『한국독립운동사론』, 한국정신문화연구원, 1996.
_____, 『나철-독립운동의 아버지』, 북캠프, 2003.
박영석, 『한민족 독립운동사 연구』, 일조각, 1982.
_____, 『만주 노령지역의 독립운동』, 독립기념관 한국독립운동사연구소, 1989.
_____, 『일제하 독립운동사 연구』, 일조각, 1997.
박은식, 『한국독립운동지혈사』, 上海 維新社, 1920.
수촌박영석교수화갑기념논총간행위원회, 『수촌박영석교수회갑기념 한민족독립운
　　　　동사논총』, 탐구당, 1992.
윤병석 외, 『중국동북지역 한국독립운동사』, 한국독립유공자협회, 1997.
서중석, 『신흥무관학교와 망명자들』, 역사비평사, 2003.
신용하, 『한국민족 독립운동사 연구』, 을유문화사, 1986,
심　현, 『이홍래의사 소전』, 청림각, 1979.
연변조선족약사 편찬조, 『조선족약사』, 백산서당, 1989.
윤병석, 『국외한인사회와 민족운동』, 일조각, 1990.
_____, 『근대한국민족운동의 사조』, 집문당, 1996.
_____, 『독립군사』, 지식산업사, 1990,
이범석, 『우둥불』, 사상사, 1971.
_____, 『철기 이범석 자전』, 외길사, 1991.
이상용, 『석주유고』, 고려대학교 출판부, 1973.
이현종 편, 『근대민족의식의 맥락』, 아세아문화사, 1979.
정원택·홍순옥 편, 『지산외유일지』, 탐구당, 1983.
조영명, 『러시아혁명사』, 온누리, 1985.
조창용, 『백농실기』, 독립기념관 한국독립운동사연구소, 1993.
차옥숭, 『천도교·대종교-한국인의 종교 경험』, 서광사, 2000.

채근식, 『무장독립운동비사』, 대한민국공보처, 1949.

한국민족운동사연구회, 『한국민족운동과 민족문제』, 국학자료원, 1999.

한국일보사편, 『재발굴 한국독립운동사』 제1편, 한국일보사, 1987.

현규환, 『한국유이민사』 상, 어문각, 1969

김노규 저·이동환 역, 『북여요선』, 『영토문제연구』 창간호, 고대민족문화연구소, 1983.

〈논 문〉

강석화, 「조선후기 함경도 육진 지역의 방어체계」, 『한국문화』 36, 2003.

강용권, 「서일 종사와 그의 후예들」, 『올소리』 제6호, 흔뿌리, 2008.

김동환, 「대종교의 민족운동」, 『한국 독립운동의 역사』 38, 독립기념관 한국독립운
          동사연구소, 2008.

_____, 「무오독립선언의 역사적 의의」, 『국학연구』 제2집, 국학연구소 1988.

_____, 「백포 서일의 삶과 사상」, 『올소리』 제6호, 북캠프(한뿌리), 2008.

김재두, 「청산리전투의 재조명-체코여단과의 만남」, 『주간국방논단』 제827호, 2000.

김태국, 「청산리전쟁 전후 북간도 지역 일본영사관의 동향과 그 성격」, 『한국사연
          구』 111, 2000.

김호일, 「나철의 민족종교 중광과 항일독립운동」, 『인문학연구』 권34호, 중앙대학
          교 인문학연구소, 2002.

박민영, 「1908년 경성의병의 편성과 대한협회 경성지회」, 『한국근현대사연구』 제4
          집, 1996.

박창욱, 「봉오동전투와 청산리전투 연구-경신년반토벌전을 재론함」, 『한국사연구』
          111, 2000.

서중석, 「청산리전쟁 독립군의 배경」, 『한국사연구』 111, 2000.

서굉일, 「서일의 생애와 민족운동에 관한 자료검토」, 『선도문화』 제8권, 국학연구
          원, 2010.

선도문화연구원편, 『한국선도의 역사와 문화』, 국제평화대학원대학교출판부, 2006.

신용하, 「대한(북로)군정서 독립군의 연구」, 『한국독립운동사연구』 제2집, 한국독
          립운동사연구소, 1988.

신운용, 「서일의 민족운동과 대종교」, 『백포 서일, 그 현재적 의미』, 국학연구소 학

술회의 자료, 2012.

양대석, 「철기 이범석 장군과의 대담」, 『한얼』, 한얼청년회, 1971.10.

이동언, 「홍암 나철의 생애와 구국운동」, 『대종교 중광의 인물과 사상』, 국학연구소, 1999.

_____, 「서일의 생애와 항일 무장투쟁」, 『한국독립운동사연구』 제38집, 독립기념관 한국독립운동사연구소, 2011.

오세창, 「재만한인의 항일독립운동사연구-1910~1920년의 독립운동단체를 중심으로」, 성균관대학교대학원 박사학위논문, 1988.

임형진, 「백포 서일의 독립정신과 자유시 참변」, 백포 서일 총재 및 자유시참변 제90주기 추모대제전 자료, 2011.

삿사 미츠아키(佐佐充昭), 「간도 한인 사회와 대종교의 민족독립운동」, 『일본하 간도 지역의 한인사회와 종교』, 한국학중앙연구원 문화와 종교연구소 국제학술대회 자료, 2009.

정영훈, 「단군민족주의와 그 정치사상적 성격」, 단국대대학원 박사학위논문, 1993.

_____, 「홍암 나철의 사상과 현대적 의의」, 『국학연구』 제6, 2001.

_____, 「홍암 나철의 종교 민족주의」, 『정신문화연구』 25-3, 2002.

조준희, 「삼신사상에 대한 문헌적 고찰」, 『국학연구』 7, 국학연구소, 2002.

조필군, 「항일 무장독립전쟁과 청산리전역의 군사사적 의의」, 『나의 학문과 인생』, 충남대학교출판부, 2009.

최홍빈, 「북간도 독립운동기지 연구; 한인사회와의 상관성을 중심으로」, 『한국사연구』 111, 한국사연구회, 2000.

허중권, 「한국 고대 전쟁사 연구방법론」, 『軍史』 제42호, 2001.

정길영

경남 합천 출생
거창고등학교 졸업
경상대학교, 대학원 졸업(농학석사)
국제뇌교육종합대학원대학교 졸업(국학박사)
경남농업기술원, 농촌진흥청 농촌지도관
전 국학운동시민연합 경기도연합회 회장
경기도국학기공협회 회장
(사) 국학연구소 이사
(사) 동북아역사연구회 이사
(사) 서일기념사업회 이사

논 저
백포 서일 연구(학위논문)
서일의 대일항쟁 전략과 그 결과
서일의 대한군정서 설립과 임시정부에서의 역할

항일무장투쟁의 별
대한군정서 총재 서 일

2019년 10월 25일 초판 인쇄
2019년 11월 05일 초판 발행

지 은 이   정길영
발 행 인   한정희
발 행 처   경인문화사
편 집 부   한명진 김지선 유지혜 박지현 한주연
마 케 팅   전병관 하재일 유인순
출 판 신 고   제406-1973-000003호
주   소   파주시 회동길 445-1 경인빌딩 B동 4층
대 표 전 화   031-955-9300   팩 스   031-955-9310
홈 페 이 지   http://www.kyunginp.co.kr
이 메 일   kyungin@kyunginp.co.kr

ISBN 978-89-499-4847-8   93910
값 25,000원